Transformation des Sozialen –
Transformation Sozialer Arbeit
Band 1

Das Soziale ist ein politisches Programm und eine kulturelle Übereinkunft, die sich seit dem 19. Jahrhundert in spezifischer Weise entwickelt hat und ihren institutionalisierten Ausdruck in zweifacher Weise findet: Versicherung, Versorgung und Fürsorge erfolgen im Modell der sozialen Sicherung zum einen über Geldleistungen, zum anderen im Rahmen eines öffentlichen Dienstleistungssektors in den Bereichen Bildung, Gesundheit und Soziales. Gegenüber der standesgemäßen Festschreibung des sozialen Status in vor-modernen Gesellschaften wurde den Bürgerinnen und Bürgern damit zumindest teilweise eine selbstbestimmte Gestaltung ihres Lebenslaufs ermöglicht. Dieses Modell des Sozialen – und das damit verbundene gesellschaftliche Integrationsversprechen – ist seit dem Ende des 20. Jahrhunderts einer grundlegenden Transformation unterworfen.

Die HerausgeberInnen präsentieren in dieser Springer VS-Buchreihe Forschungsarbeiten und Diskussionsbeiträge, die die gegenwärtigen Transformationsprozesse des Sozialen, insbesondere in Bezug auf den öffentlichen Dienstleistungssektor der Sozialen Arbeit analysieren.

Herausgegeben von
den Mitgliedern des HBS-Promotionskolleg „Widersprüche gesellschaftlicher Integration. Zur Transformation Sozialer Arbeit"

Fabian Kessl

Soziale Arbeit in der Transformation des Sozialen

Eine Ortsbestimmung

 Springer VS

Prof. Dr. Fabian Kessl
Universität Duisburg Essen, Deutschland

ISBN 978-3-531-18657-3   ISBN 978-3-531-19170-6 (eBook)
DOI 10.1007/978-3-531-19170-6

Die Deutsche Nationalbibliothek verzeichnet diese Publikation in der Deutschen Natio-
nalbibliografie; detaillierte bibliografische Daten sind im Internet über http://dnb.d-nb.de
abrufbar.

Springer VS
© Springer Fachmedien Wiesbaden 2013

Springer VS ist eine Marke von Springer DE. Springer DE ist Teil der Fachverlagsgruppe
Springer Science+Business Media.
www.springer-vs.de

Inhalt

Teil 3
Transformierte Denkweisen und Ausprägungsformen Sozialer Arbeit.
Vom Gegenstand einer wohlfahrtsstaatlichen Transformationsforschung

Die Perspektive einer wohlfahrtsstaatlichen Transformations- forschung in der Sozialen Arbeit – ein Ausblick

Zur Transformation der wohlfahrtsstaatlichen Sozialen Arbeit – ein Systematisierungsvorschlag zum Einstieg

1. Die Rede von der Transformation

Der vorliegende Band trägt den Titel „Soziale Arbeit in der Transformation des Sozialen". Die dabei verwendete Rede von der Transformation kann dem Bildungs- und Sozialforscher schnell zum Eigentor geraten, schließlich weist er damit auf das Phänomen permanenter Veränderungs- oder Wandlungsprozesse sozialer Zusammenhänge, den „sozialen Wandel" (Zapf 2003), selbst hin. Über die Transformation des Sozialen zu sprechen, ist dann, wie wenn die Medizinerin auf das Faktum von Gesundheit und Krankheit an sich hinweist oder der Physiker auf die Tatsache der Kräfteverhältnisse: Derartige Verweise bleiben allzu schnell basal, weil sie den Ausgangspunkt der jeweiligen wissenschaftlichen Überlegungen, aber nicht deren Gegenstand darstellen.

Norbert Elias (1939/1990, S. XIIf.) hat aus seiner zivilisationstheoretischen Perspektive daher bereits Ende der 1930er Jahre darauf aufmerksam gemacht, dass „(d)er Begriff des sozialen Wandelns allein als Forschungswerkzeug nicht aus(reicht…). Ein bloßer Wandel kann auch von der Art sein, die man an Wolken oder an Rauchringen zu beobachten vermag: bald sehen sie so aus, bald sehen sie anders aus. Der Begriff des sozialen Wandels ohne klare Unterscheidung (…) ist ein sehr unzureichendes Werkzeug der soziologischen Untersuchung". Nicht der Verweis auf den sozialen Wandel, auf die Transformation der Gesellschaft, kann daher sinnvollerweise der Gegenstand bildungs- und sozialtheoretischer Überlegungen sein, sondern die Analyse der historisch-spezifischen Charakteristika dieses Wandels, die konkrete Ausprägung ihrer „Figuration" (ebd.).Was Elias in seinen Überlegungen für die Soziologie formuliert, gilt ebenso für Forschungsarbeiten in Bezug auf die Soziale Arbeit, für die Erziehungswissenschaft, die Sozialpolitik und die Wohlfahrtsstaatsforschung – für alle entsprechenden systematischen Vergewisserungsarbeiten im Bereich der Bildungs- und Sozialforschung.

Der Fokus des vorliegenden Bandes gilt dementsprechend der Gestalt(ungs) form der gegenwärtigen Transformation des Sozialen – konkretisiert am sozialen Dienstleistungsbereich der Sozialen Arbeit im bundesdeutschen Kontext. Die zentrale Frage, die in den, in diesem Band zusammengefassten Beiträgen bearbeitet wird, ist also diejenige, wie sich der Prozess der Neugestaltung des Sozialen in den vergangenen 35 Jahren – und insbesondere in ihrer Dynamisierung seit dem Ende der 1990er Jahre (vgl. auch Lessenich 2009), innerhalb und in Bezug auf die Felder der Sozialen Arbeit realisiert.

Soziale Arbeit wird dabei als eine öffentliche Sozialisationsinstanz gefasst, deren Funktion die Regulierung und Gestaltung subjektiver Lebensführungsweisen von Gesellschaftsmitgliedern in den Fällen darstellt, in denen diese als sozial problematisch oder potenziell sozial problematisch markiert werden (vgl. Brumlik 2000). Seit dem 19. Jahrhundert sind die professionell verfassten Erbringungsstrukturen der Sozialen Arbeit in unterschiedlicher Form im deutschsprachigen Raum institutionalisiert. Die soziale Dienstleistungsinstanz Soziale Arbeit ist daher ein konstitutiver Bestandteil des seither etablierten „wohlfahrtsstaatlichen Arrangements". Als solches beschreibt Franz-Xaver Kaufmann idealtypisch (1997, S. 29) eine gesellschaftliche Formation, in der die „gleichzeitige (…) Steigerbarkeit individueller Freiheit und kollektiver Vorsorge" angestrebt wird. Kaufmann bestimmt drei zentrale Strukturprinzipien eines solchen Arrangements: (1.) eine wirtschaftliche Produktionsweise, die Privateigentum gewährleistet, diese Verfügbarkeit aber zugleich staatlich reguliert; (2.) eine an einer Bedarfermittlung orientierte dem ökonomischen System nachgeordnete Güterdistribution; und (3.) die Bereitstellung von zur Familie sekundären Integrationsleistungen (Bildungs-, Gesundheits- und soziale Dienstleistungen). Diese „sekundären Integrationsleistungen" umfassen in der Funktionsbeschreibung von Kaufmann auch die soziale Dienstleistungsinstanz Soziale Arbeit.

In den vorliegenden Überlegungen wird diese im Anschluss daran als eine öffentlich verfasste Instanz der Sozialisation bestimmt. Aufgrund ihrer Positionierung als Teil des wohlfahrtsstaatlichen Arrangements ist die Soziale Arbeit dann auch als ein Feld zu verstehen, in dem sich die gegenwärtigen wohlfahrtsstaatlichen Transformationsprozesse ebenso realisieren, wie in allen anderen wohlfahrtsstaatlichen Bereichen, nicht zuletzt in den benachbarten Feldern der Sozialversicherung und der Versorgung. Ein Sachverhalt, der allerdings bis heute in der Sozialpolitik- und Wohlfahrtsstaatsforschung weithin unberücksichtigt geblieben ist. Eine systematische Blindstelle, auf die am Ende dieses Bandes nochmals einzugehen sein wird.

Bei der Betrachtung und Diskussion der gegenwärtigen Transformationsprozesse sind zwei Dimensionen zu unterscheiden: Erstens die diesen gegenwärtigen Transformationsprozessen unterliegenden veränderten Denkweisen , die inzwischen mit vielfachen Stichworten gekennzeichnet werden: u.a. „Aktivierung" (vgl. Galuske 2004), „Responsibilisierung" (vgl. Krasmann 2000), „Ökonomisierung" (vgl. Kessl 2001), „Prekarisierung" (vgl. Landhäußer/Kessl/Klein 2010) oder „neue Punitivität" (vgl. Dollinger/Schmidt-Semisch 2010). Die damit bezeichneten transformierten politischen Rationalisierungsweisen lassen sich mit dem Begriff „neo-sozial" typisieren. Dieser hat sowohl in den Debatten um den sozialen Dienstleistungsbereich der Sozialen Arbeit (vgl. Kessl/Otto 2003; Dahme/Wohlfahrt 2009; Richter 2004; Otto/Ziegler 2004) als auch innerhalb der deutschsprachigen Soziologie des Wohlfahrtsstaats (vgl. Lessenich 2003) in jüngerer Vergangenheit eine gewisse Aufmerksamkeit erfahren: Mit der Rede von der Etablierung „neo-sozialer Rationalitäten" weisen AutorInnen darauf hin, dass die bisher prägenden wohlfahrtsstaatlichen Denkweisen sozialer Sicherung und personenbezogener Dienstleistung grundlegend hinterfragt werden [„neo"], aber dennoch nicht völlig verschwunden sind. Die Vereinbarung der teil-kollektiven Sicherung und Regulierung menschlicher Lebensführung, wie sie für die wohlfahrtsstaatlichen Zusammenhänge bis Anfang der 1970er Jahre prägend war, das Programmierungsmuster (Kessl/Krasmann 2005) des „Sozialen" (Rose 1996) also [„sozial"], unterliegt seither diesem Prozess (s)einer Neuprogrammierung.

Dem inzwischen weitgehend durchgesetzten Prozess der Transformation bisheriger wohlfahrtsstaatlicher Denkweisen korrespondiert – zweitens – ein Prozess einer Neujustierung der institutionellen Ausprägungsformen wohlfahrtsstaatlicher Sicherungs- und Dienstleistungsstrukturen. Das kann mit dem Begriff des „post-wohlfahrtsstaatliches Arrangements", wie er innerhalb der Critical Geography und der neo-marxistischen Staatstheorie vor allem von Jamie Peck (2001) etabliert wurde, gefasst werden. Die Rede vom „post-wohlfahrtsstaatlichen Arrangement" verweist insofern im Anschluss an den Begriff des „wohlfahrtsstaatlichen Arrangements" darauf, dass im gegenwärtigen Prozess der Transformation des Sozialen auch dieses institutionelle Gefüge der öffentlich verfassten Lebensführungsregulierung und -unterstützung grundlegend neu strukturiert wird, und bereits neu strukturiert worden ist. Auch dieser Prozess ist in den vergangenen Jahren in vielfacher Weise illustriert worden: In Bezug auf die Soziale Arbeit vor allem hinsichtlich einer zunehmenden Kommunalisierung der Sozialpolitik (vgl. Wohlfahrt/Zühlke 2005), einer wachsenden Kommerzialisierung von Angebotsstrukturen (vgl. Harris 2003), einer Privatisierung ehemals öffentlicher Angebote (vgl. Clarke 2004) oder einer nahraumorientierten Neujustierung sozialer Dienstleistung (vgl. Landhäußer 2009).

Die soziale Dienstleistungsinstanz Soziale Arbeit, so lässt sich die Ausgangsthese der vorliegenden Überlegungen an dieser Stelle zusammenfassen, ist in den vergangenen Dekaden Teil eines derart grundlegenden Veränderungsprozesses geworden, dass sie am Beginn des zweiten Jahrzehnts des 21. Jahrhunderts ein

immens verändertes Gesicht im Vergleich zu ihrer Gestalt in der kurzen wohlfahrtsstaatlichen Hochphase der 1960er und beginnenden 1970er Jahre aufweist.
    Allerdings darf dieser Hinweis nicht darüber hinwegtäuschen, dass die damit
markierte gegenwärtige Transformationsphase Sozialer Arbeit nicht die erste in
der Geschichte der wohlfahrtsstaatlichen Diensteistungsinstanz Sozialer Arbeit
darstellt. Vielmehr begleiten und prägen unterschiedliche Transformationsphasen
– wenn auch mit differentem Wirkungsgrad – die Soziale Arbeit von Beginn an.

2. Transformationsphasen in der Geschichte Sozialer Arbeit –
Hinweise für eine historisch-systematische Vergewisserung

Als Transformationsphasen werden im Folgenden die historischen Formationen
bezeichnet, in denen sich eine Thematisierung von Reform in Bezug auf die bisher wirkmächtige Konstellation der sozialen Dienstleistungserbringung durch-
setzt, das heißt die Idee der Notwendigkeit von einer grundlegenden Veränderung
der bisherigen Denkweisen und Ausprägungsformen – ob und wenn ja, wie soziale Zusammenhänge gestaltet und reguliert werden sollen – kulturell hegemonial
wird. Transformationsphasen sind dabei dadurch gekennzeichnet, dass Thematisierungen der Krise in Bezug auf die bisherigen Muster sozialer Ordnung einflussreich werden (vgl. Dollinger 2006, S. 13ff.). Von den ReformbefürworterInnen
wird in diesen Phasen daher auch häufig explizit von einer „Krise" gesprochen.
    Transformationsphasen repräsentieren also diejenigen historischen Formatio-
nen, in denen bisherige Rationalisierungs- und Formierungsweisen grundlegend
in Frage gestellt und mit entsprechenden Veränderungsaufforderungen konfrontiert werden. Die den reformunterstützenden Positionen unterliegende Diagnose
lautet demnach, es sei ein Problemzusammenhang entstanden, der „mit traditionellen Mitteln (eben) nicht mehr bewältigt werden (kann)" (Benner/Kemper 2003,
S. 17f.). Dieser Problematisierungsprozess (Foucault 1984/2000) wird in Transformationsphasen derart einflussreich, dass die bisherigen Begründungs- und Legi-
timationsmuster tatsächlich in die Krise geraten. Alle historischen Transformationsphasen sind daher dadurch gekennzeichnet, dass Krisendiagnosen formuliert
und kulturell wie politisch einflussreich werden (vgl. Vobruba 1983, S. 33).
    Ordnet man die gegenwärtige, seit dem letzten Drittel des 20. Jahrhunderts
andauernde Transformationsphase vor diesem Hintergrund historisch ein, so zeigt
sich, dass sie Teil einer Genealogie im Prozess der Entwicklung der professionellen Sozialen Arbeit im deutschsprachigen Bereich ist. Vier entscheidende Transformationsphasen lassen sich dabei ausmachen.

Die erste Transformationsphase ist die Zeit des Vormärzes, also vor allem die 30er und 40er Jahre des 19. Jahrhunderts. Im Anschluss an den Berliner Historiker Matthias Bohlender (2007, S. 31ff.) lässt sich hier von einer Zeit der „Entdeckung des Sozialen" sprechen; als zweite Transformationsphase ist die Jahrhundertwende vom 19. ins 20. Jahrhundert zu nennen und dessen ersten zwei Jahrzehnte als Zeit der Institutionalisierung der personenbezogenen sozialen Dienstleistungsberufe, und damit auch der Dienstleistungsinstanz Soziale Arbeit. In den Worten der Zeitgenossinnen Gertrud Bäumer und Helene Simon haben wir es hier mit der Transformation hin zur Etablierung vor allem der Jugendfürsorge mit „neuen Methoden der sozialen Hilfstätigkeit" (Bäumer 1929, S. 11) zu tun; die dritte Transformationsphase stellt der bildungs- und sozialreformerische Aufbruch der „langen sechziger Jahre" (Detlef Siegfried)[1] dar – gekennzeichnet insbesondere durch eine Infragestellung der bisherigen Institutionalisierungsformen, zum Beispiel im Feld der Jugendfürsorge und der Versorgung psychisch Kranker; und schließlich ist als vierte Transformationsphase die gegenwärtige Phase der neosozialen und post-wohlfahrtsstaatlichen Transformation zu nennen. Diese dauert seit dem letzten Drittel des 20. Jahrhunderts an und lässt sich im Anschluss an den britischen Sozialtheoretiker Nikolas Rose als Phase der „Erosion des Sozialen" kategorisieren (Rose 1996; vgl. Casale 2012).

Abbildung 1: Transformationsphasen in der Geschichte der Sozialen Arbeit

Entdeckung des Sozialen	1830/40
Institutionalisierung der personenbezogenen sozialen Dienstleistungsberufe	Jahrhundertwende vom 19. ins 20. Jahrhundert
Infragestellung der bisherigen Institutionalisierungsformen	„Lange sechziger Jahre"
Erosion des Sozialen	Gegenwart seit Mitte 1970

Wie entscheidend für die jeweilige Transformationsphase die Diagnose einer grundlegenden Krise ist, lässt sich bereits in an der ersten Phase gut illustrieren: In den 1830er und 40er Jahren wurden im Deutschen Bund zunehmend Stimmen aus dem liberalen Bürgertum laut, vor allem aus den Reihen des grundbesitzenden Bürgertums, getrieben von der Sorge um eine „Verhaltensproblematik" in der so genannten Unterschicht. Doch nicht nur diese Diagnose einer Verhaltenskrise der

---

1 Die „langen sechziger Jahre" beginnen zeitlich mit den Halbstarkenkrawallen in den Jahren 1958/59 und dauern bis zur Ölkrise 1973/74 an (vgl. Siegfried 2006; für die Soziale Arbeit: Steinacker 2008, S.12).

Pauper war in diesen Jahren bestimmend, sondern zugleich wurden Forderungen nach einer öffentlichen Reaktion auf die menschlichen Lebensführungsprobleme immer deutlicher und zu einer Forderung verdichtet, ein staatliches Eingreifen sei unausweichlich (vgl. Tennstedt 1981, S. 74).

Diese veränderten Problematisierungen finden sich zum einen in frühen sozialpädagogischen Bewegungen wieder und prägen deren Praktiken – Volker Gedrath (2003) verdeutlicht dies an dem sozialreformerischen Engagement der freimaurerischen Logen für die so genannten sozialpädagogischen Sonntagsschulen. Zum anderen finden sie sich in den frühen Professionalisierungsstrategien, zum Beispiel von Johann Hinrich Wichern in Hamburg-Horn wieder, wo er – motiviert auch von der Sorge eines zunehmenden Einflusses kommunistischen Gedankenguts – für eine sozialpädagogische Bearbeitung der städtischen Elendsverhältnisse plädierte und dazu sein „Rettungsdorf" gründet.

Was diese kurzen historischen Skizzen zeigen können, ist dass die programmatischen wie institutionellen Schlussfolgerungen aus der, zu einer historischen Transformationsphase prägenden Krisendiagnose sehr unterschiedlich sein können, und dies zumeist auch sind. Was eine Transformationsphase allerdings als solche identifizierbar macht, ist die jeweilige Analogie in der Art und Weise, wie eine Krise thematisiert wird. Noch einmal am Beispiel der ersten, für die deutschsprachige Soziale Arbeit prägenden Transformationsphase gesprochen: Was in den unterschiedlichsten damaligen Problematisierungspositionen zu finden ist, ist ein spezifisches Muster der Thematisierung. Während noch zu Beginn des 19. Jahrhunderts die „Problematisierung von Armut und Pauperismus" (Bohlender 2007, S. 198) fast ausschließlich als „moralische(n) Kritik der Armen und ihrer Lebensweise" formuliert wird, setzen sich seit dem Vormärz zunehmend Thematisierungen – und damit verbunden: sozialreformerische, wie frühe sozialpolitische und sozialpädagogische Praktiken – durch, die dieser Problematisierung „eine gesellschaftliche und ökonomische Kritik der Armut entgegen (halten)" (ebd.).

Und damit wird nichts Geringeres als „das Soziale" entdeckt, also die *Möglichkeit* eine öffentliche Regulierung und Gestaltung sozialer Zusammenhänge denken zu können, sie also legitimierbar zu machen: Die Möglichkeit einer „Regierung des Sozialen" (vgl. Lemke 1997, S. 227).

Der sozialen Dienstleistungsinstanz Sozialer Arbeit kommt im Kontext dieser Regierungsweisen des Sozialen im Laufe ihrer Etablierung in den nachfolgenden Jahrzehnten die Aufgabenzuschreibung und Funktion einer aktiven Beeinflussung und geplanten Unterstützung subjektiver Lebensführungsweisen zu – und zwar in den Fällen, in denen diese als sozial problematisch oder potenziell sozial problematisch markiert werden.

Bezieht man jene Problematisierungsweisen aus der ersten Transformationsphase auf die gegenwärtige, andauernde, und daher historisch bisher letzte Transformationsphase, dann lässt sich – neben dem generellen Muster der Krisenthe-
matisierung – noch eine weiteres Muster in der Genealogie der für die Soziale
Arbeit prägenden Transformationsphasen verdeutlichen: Aller Erkenntnis nach
markieren diese beiden Phasen zwei grundlegende historische Markierungen in
der Legitimierung und Etablierung des wohlfahrtsstaatlichen Arrangements. Sie
umrahmen einen historischen Abschnitt mit grundlegenden Gemeinsamkeiten,
die Periode des Sozialen. Darauf verweisen nicht zuletzt Deutungsmuster und damit verbundene Neuformierungen, die sowohl in der ersten wie der gegenwärtigen Transformationsphase zu beobachten sind – allerdings mit unterschiedlichen,
ja entgegengesetzten Entwicklungsrichtungen, wie sich am Beispiel der „Unterschichtsdiagnose" zeigen lässt.

Auch in den vergangenen Jahren ist, wie zu Zeiten des Vormärz eine solche
im bundesdeutschen Kontext wieder massiv einflussreich geworden (vgl. Kapitel
3.3). Allerdings werden aus der analogen Diagnose der angeblichen Entstehung
dieser spezifischen Gruppe von Gesellschaftsmitgliedern 170 Jahre nach der Pau-
perismusdebatte deutlich andere Schlüsse gezogen: Zwar ist, ähnlich wie in den
1830er und 40er Jahren, auch heute wieder die bürgerliche Aktivgesellschaft, also
die Forderung nach einem verstärkten bürgerschaftlichen Engagement einflussreich
geworden. Der entscheidende Unterschied ist aber, dass sich die aktuelle Krisendiagnose *gegen* das bisherige wohlfahrtsstaatliche Format wohlfahrtsstaatlicher
Sicherung und sozialer Dienstleistung richtet: Der Verweis auf eine"neue Unterschicht" dient ebenso wie die Forderungen nach mehr bürgerschaftlichem Engagement einer Delegitimation der bisherigen wohlfahrtsstaatlichen Sicherungs- und
Dienstleistungsstrukturen und nicht der Forderung nach mehr und gezielterem
staatlichem Eingriff, wie das im Vormärz aber der Fall war.

Die gegenwärtige Transformationsphase ist also eher von der Dynamik einer
„Erosion des Sozialen" gekennzeichnet – das bisherige wohlfahrtsstaatliche Modell der sozialen Sicherung und sozialen Dienstleistung wird mit den aktuellen
Krisendiagnosen grundlegend in Frage gestellt, als unzureichend diagnostiziert.
Und der Aufbau einer stärker kontrollorientierten Präventionsstruktur (vgl. Kap.
3.1) und einer bürgerschaftlich strukturierten Almosenökonomie (vgl. Kap. 3.4)
werden stattdessen als alternative Lösungsmöglichkeiten präsentiert.

Um Missverständnisse in Bezug auf die damit formulerte Zeitdiagnose möglichst zu vermeiden: Mit der hier vertretenen These der historischen Markierung
einer Periode des Sozialen durch die erste und die vorläufig letzte Transformationsphase soll nicht nahe gelegt werden, dass das wohlfahrtsstaatliche Arrange-

ment mit der gegenwärtigen Transformationsphase bereits an sein Ende gekommen ist. Die gegenwärtige Transformationsphase ist noch voll im Gange, und insofern kann ihr Ausgang auch noch nicht ausgemacht sein. Allerdings verweisen die benannten, und in den folgenden Beiträgen noch ausführlich diskutierten Transformationsdimensionen darauf, wie tiefgreifend die gegenwärtige *Umformung des Bestehenden* ausgestaltet wird. Wir beobachten aktuell nicht weniger als eine fundamentale Veränderung der *bisherigen* Formate des wohlfahrtsstaatlichen Arrangements, zugleich kann aber zum gegenwärtigen Zeitpunkt (noch?) nicht von einem Epochenbruch gesprochen werden. Vielmehr ist eine Veränderung der *bisherigen* wohlfahrtsstaatlichen Erscheinungsform(en) zu diagnostizieren – das wird begrifflich mit den Terminologien einer „neo-sozialen Neuprogrammierung" und einer „post-wohlfahrtstaatlichen Neujustierung" markiert.

Fasst man also die Überlegungen zu den Transformationsphasen in der Geschichte Sozialer Arbeit noch einmal theorie-systematisch, dann lässt sich verdeutlichen, dass mit den jeweiligen Verweis auf eine Krise historische Zeitpunkte als „gesellschaftliche Entscheidungssituationen" (Vobruba 1983, S. 33) bestimmt werden. Diese Anrufungen einer Krise dient der Legitimation der Diagnose einer Transformationsnotwendigkeit, oder in den Worten des Bielefelder Sozialhistorikers Reinhart Koselleck (1973, S. 105): Es „liegt im Wesen einer Krise, daß eine Entscheidung fällig ist". Doch nicht nur das. Der Verweis auf die Krisenhaftigkeit der gegenwärtigen Situation macht zugleich die Dringlichkeit von deren Bearbeitung deutlich, denn es liegt auch im Wesen einer Krise, so Koselleck weiter, dass die Entscheidung „noch nicht gefallen (ist)" (ebd.).

Transformationsphasen als Momente der Krisendiagnose und -thematisierung sind somit dadurch charakterisiert, dass die bisherigen Begründungsmuster und Praktiken in Frage gestellt werden und daher andere Formen der Problematisierung für notwendig erklärt werden. Diese veränderten Problematisierungen haben dann wiederum Auswirkungen auf die vorherrschenden Begründungsmuster und die Gestaltung der Praktiken.

Die Bestimmung der Krise als zentrales Charakteristikum historischer Transformationsphasen lässt sich mit Georg Vobruda (1983) noch in zweifacher Weise konkretisieren: Erstens sind demnach Krisenzeiten, also historische Transformationsphasen, durch einen „Überhang an Problemen gegenüber systematischen Problemlösungsmechanismen" gekennzeichnet und – zweitens – müssen in diesen Phasen die Gesellschaftsmitglieder in einer Weise von diesen „Systemüberforderungen" betroffen sein – oder eine solche Betroffenheit empfinden, dass sie eine „Verschlechterung ihrer Lebenschancen erfahren und (sie diese) den Systemfunktionen zuschreiben" (ebd.).

Mit Verweis auf die Geschichte der unterschiedlichen Transformationsphasen der Sozialen Arbeit ist Vobrubas Bestimmung der Krise als Einflussgröße zu erweitern: Betroffenheit kann nicht nur von Gesellschaftsmitgliedern selbst in Bezug auf ihre eigenen „Lebenschancen" erfahren werden, sondern auch stellvertretend für andere Gesellschaftsmitglieder, und die Betroffenheit kann auch die Realisierungs- oder Etablierungschancen einer Berufsgruppe betreffen. Das zeigen sowohl die historischen Beispiele aus der Frühphase erster Professionalisierungsbestrebungen Sozialer Arbeit (erste Transformationsphase) als auch diejenigen aus der Etablierungsphase der professionellen Dienstleistungsinstanz Soziale Arbeit (zweite Transformationsphase): Der Verweis auf die Notlagen von Menschen und ihre als – aus moralischen oder funktionalen Gründen – nicht hinnehmbare Ausprägung dient den frühen sozialpolitischen Akteuren (vgl. Kap. 1.1) Mitte des 19. Jahrhunderts ebenso als Begründungsanker wie den Vertreterinnen der bürgerlichen Frauenbewegung im Übergang ins 20. Jahrhundert. Aber auch die Positionen, von denen aus die Notwendigkeit einer Managerialisierung oder/ und Evidenzbasierung im Kontext der gegenwärtigen Transformationsphase vertreten wird, berufen sich häufig auf die Einschätzung, dass die Einführung eines standardisierten Qualitätsmanagements oder die wirkungsorientierte Steuerung fachlicher Interventionen die Lebenschancen der NutzerInnen verbessern würden.[2]

3. Eine Ortsbestimmung Sozialer Arbeit im Prozess wohlfahrtsstaatlicher Transformation

Mit den in diesem Band versammelten Beiträgen wird eine Lokalisierung Sozialer Arbeit in der gegenwärtigen Transformationslandschaft vorgenommen. Der Leserin und dem Leser wird mit diesem Band also das Angebot einer Verortung der Veränderungsprozesse im Kontext der umfassenderen wohlfahrtsstaatlichen Neuprogrammierungs- und Neujustierungsprozesse gemacht, die die gegenwärtigen Transformationsphase charakterisieren. Was die vorliegenden Beiträge nicht leisten können, ist eine systematische Kartierung dieser Transformationsprozesse. Die dafür notwendigen empirischen und historisch-systematischen Befunde zur konkreten Gestalt- und Ausprägungsform der veränderten Denkweisen und

---

2 Ein weiteres Beispiel sind gegenwärtige gesellschaftskritische Positionierungen: Diese argumentieren nicht nur unter Verweis auf einen wachsenden Niedriglohnsektor und die faktischen Leiharbeitsverhältnisse in vielen Arbeitsfeldern Sozialer Arbeit (vgl. Wohlfahrt/Kühnlein 2006), sondern auch mit explizitem Verweis auf die Krisenhaftigkeit der wohlfahrtsstaatlichen Transformationsprozesse insgesamt (vgl. Köhn/Seithe 2012). Auch hier zeigt sich also nochmals, dass die Legitimationsfigur der Krise im Kontext einer Transformationsphase unterschiedlichsten (fach)politischen Positionen zu deren Begründung dient.

institutionellen Ausprägungsformen sind erst in jüngster Vergangenheit in ersten Forschungsarbeiten fokussiert worden (vgl. u.a. Langer 2010; Dahme/Wohlfahrt 2003; Messmer 2007). Sie liegen daher nur für bestimmte Teilbereiche und Teilaspekte der umfassenden wohlfahrtsstaatlichen Transformation Sozialer Arbeit vor.

Soweit diese empirische Befunde bereits zugänglich sind, haben sie in die Beiträge in diesem Band Einzug gefunden. Der bisherige Erkenntnisstand reicht aber (noch) nicht aus, um eine systematische Kartierung der wohlfahrtsstaatlichen Transformation Sozialer Arbeit insgesamt vorzunehmen. Dies wird erst in nächster Zukunft auf Basis umfassender empirischer Vergewisserungen im Bereich einer wohlfahrtsstaatlichen Transformationsforschung möglich sein.

Mit den vorliegenden Beiträgen können aber, so die Hoffnung, bereits systematische Ausgangspunkte markiert werden, wo welche Veränderungsprozesse empirisch und historisch-systematisch weiter zu untersuchen sind.

Die Arbeit an einer wohlfahrtsstaatlichen Transformationsforschung, wie sie mit diesem Band weiter angeregt werden soll, zielt allerdings nicht nur auf die analytische Identifizierung dieser Ansatzpunkte, sondern zugleich auf mögliche alternative Transformationen. Die zentrale Prämisse der nachfolgenden Überlegungen ist daher, dass mit der Problematisierung vorherrschender Rationalitäten und Formierungen, wie sie Arbeiten im Feld einer wohlfahrtsstaatlichen Transformationsforschung anbieten können, auf das in diesen hegemonialen Mustern Unsichtbare aufmerksam gemacht werden kann. Insofern sind die vorgelegten Überlegungen zur Grundlegung einer wohlfahrtsstaatlichen Transformationsforschung Teil des Projekts einer kritischen Wissenschaft. Als solche lässt sich, so haben es Susanne Maurer und ich (2012, S. 43) an anderer Stelle formuliert, die systematische Arbeit der Bereitstellung von Erkenntnissen und Analyseinstrumenten definieren, derer sich die Gesellschaftsmitglieder zu ihrer eigenen und auch zur gegenseitigen Aufklärung bedienen können. Ziel dieses Aufklärungsprozesses ist somit eine Urteils- und Positionierungsfähigkeit. Letzteres meint auch immer – so lässt sich in einer etwas sperrigen Formulierung sagen – „eine Op-positionierungsfähigkeit" der Gesellschaftsmitglieder, die Fähigkeit also zu einem „Gegen-(Ver)Halten". Erst mit dieser Spezifizierung wird aus einer allgemeinen Bestimmung von Wissenschaft diejenige einer kritischen Wissenschaft.

Die Mehrheit der in diesem Band versammelten Beiträge sind bereits an anderen, sehr unterschiedlichen Orten veröffentlicht worden. Manche der vorliegenden Beiträge basieren auf Teilen bereits anderswo publizierter Beiträge. Alle Beiträge sind für die vorliegende Veröffentlichung durchgesehen und teilweise auch deutlich überarbeitet worden.

Mit dem vorliegenden Band wird dieser Weg eines kummulativen Reprints gewählt, weil erst diese Konzentration der bisher verstreut veröffentlichten Beiträge den gemeinsamen Fokus auf eine wohlfahrtsstaatliche Transformationsforschung deutlicher sichtbar machen kann. Auf diesen Umstand haben mich in den vergangenen Jahren kollegiale Rückmeldungen immer wieder aufmerksam gemacht. Insofern stellt der vorliegende Band auch eine Reaktion auf diese Hinweise dar.

Ein kollegialer Zusammenhang, für den die Realisierung einer wohlfahrtsstaatlichen Transformationsforschung gegenwärtig im Zentrum steht, ist das, durch die Hans-Böckler-Stiftung geförderte Promotionskolleg „Widersprüche gesellschaftlicher Integration. Zur Transformation Sozialer Arbeit" (siehe dazu: www.uni-due.de/wgi). Mit den Forschungsarbeiten der Kollegsmitglieder wird das Projekt einer wohlfahrtsstaatlichen Transformationsforschung in Bezug auf die Soziale Arbeit in den nächsten Jahre deutlich an Kontur gewinnen.

Der vorliegende Band stellt den ersten in einer neuen SpringerVS-Buchreihe dar, die vom Promotionskolleg unter dem Titel „Transformation des Sozialen – Transformation Sozialer Arbeit" seit 2012 herausgegeben wird.

Die hier versammelten Beiträge sind teilweise in Einzelautorenschaft und teilweise in Kooperation mit unterschiedlichen Kolleg_innen entstanden. Daher ist es mir ein wirkliches Anliegen, an dieser Stelle ganz herzlich Catrin Heite (Zürich), Hans-Uwe Otto (Bielefeld), Holger Schoneville (Kassel) und Udo Seelmeyer (Köln) für die inspirierende intellektuelle Zusammenarbeit zu danken. Dass das gemeinsame Denken und Schreiben den Kern wissenschaftlichen – aber auch gesellschaftspolitischen – Tätig-Seins ausmacht, geht in der institutionalisierten Wissenschaftslandschaft mit ihrer systematisch individualisierten Konkurrenzlogik allzu leicht verloren. Daher schätze ich das spontane und solidarische Einverständnis aller genannten Kolleg_innen, die gemeinsamen Beiträge für diesen Band zur Verfügung zu stellen, besonders wert.

Mein Dank gilt außerdem Stefanie Laux von SpringerVS. Ihr mutiges verlegerisches Vertrauen weiß ich nun bereits seit fast einem Jahrzehnt zu schätzen, daher ist es fast schon selbstverständlich geworden.

Essen und London im Juli 2012
Fabian Kessl

Teil 1

Soziale Arbeit
in der Transformation des Sozialen
– eine Einordnung

1. Soziale Arbeit als Teil des wohlfahrtsstaatlichen Arrangements[3]

Begriffsbestimmung:

Soziale Arbeit beschreibt organisierte Prozesse der Subjektivierung. Subjektivierung wird dabei als Prozess ambivalenter Gleichzeitigkeit von Unterwerfung und Subjektwerdung verstanden (vgl. Butler 2003, S. 59). Im Gegensatz zu konventionellen Handlung-Struktur-Dualismen fokussiert eine Rekonstruktion und Reflexion von Subjektivierung die Relationalität von Akteuren und sozialen Zusammenhängen. Weder „Subjekte" noch „das Soziale" werden somit als Konstituenten verstanden, deren In-Verhältnis-Setzung nur handlungs- oder nur strukturtheoretisch analysiert werden könnte. Vielmehr werden beide Aspekte als uneinheitliche und vielfältige Sphären erfasst, die ein Spannungsfeld konstruieren, das sich u.a. in Form historisch-spezifischer Subjektivierungsmuster materialisiert. Diese lassen sich im Fall Sozialer Arbeit als geplante Unterstützung und bewusste Beeinflussung alltäglicher Lebensführungsweisen beschreiben, die als sozial problematisch markiert werden (Intervention) bzw. denen ein entsprechendes Potenzial zugeschrieben wird (Prävention).

1.1 Von der Neugestaltung des Sozialen seit dem 19. Jahrhundert

Seit dem zweiten Drittel des 19. Jahrhunderts erfahren materielle und psychosoziale Notsituationen mit Verweis auf den vehementen sozialen Wandel eine verstärkte öffentliche Thematisierung. Die vormals „göttlicher" Handlungsverantwortung bzw. „charakterlicher Schwäche" zugeschriebenen menschlichen Notlagen scheinen zunehmend begründungsbedürftig. Die entstehenden Sozialwissenschaften (Soziologie, Nationalökonomie, Sozialmedizin, Statistik oder eben Forschung zur Sozialen Arbeit und Sozialpädagogik) legitimieren sich mit Hinweis auf diese soziale Frage. Ihre Erkenntnisse dienen sozialpolitischen Initiativen wiederum dazu, ihre Forderungen nach einer öffentlichen Reaktion auf menschliche Notlagen zu begründen. Institutionellen Ausdruck findet diese Neubestimmung des Sozialen – als Vermittlung von politischer Organisation und wirtschaftlichem System – im Deutschen Bund und nachfolgend dem Deutschen Reich seit dem zweiten Dritten des 19. Jahrhunderts durch die Implementierung des sozialen Sektors, der wohlfahrtsstaatlichen Versicherungs-, Versorgungs- und

---

3   Das folgende Kapitel basiert in Teilen auf Kessl 2005 und einem gemeinsam mit Hans-Uwe Otto und Udo Seelmeyer verfassten Beitrag (Kessl/Otto 2012; gemeinsam mit Udo Seelmeyer).

Unterstützungsstrukturen (vgl. Castel 2000; Evers/Nowotny 1987; Ewald 1993). Teil dieses Implementierungsprozesses ist der Aufbau vergesellschafteter Sozialisationsinstanzen, eine Installierung früher Organisationsformen der Sozialen Arbeit (vgl. Dollinger 2006).

Die Landtagsabgeordneten Friedrich Küchler und Wilhelm Klingelhöffer beantragen 1860 mit den folgenden Worten ein öffentliches Zwangserziehungsgesetz für das Großherzogtum Hessen: „(D)er Staat (darf) nicht länger zusehen, wie auf solche Weise eine böse Saat in seinem Schoß aufschießt, welche, anstatt ihm nützliche Bürger zu schaffen, nur zu lästiger Bevölkerung der Zuchthäuser dient" (zit. nach Uhlendorff 2003, S. 47). Die Rettung der Kinder, wie sie Johann Hinrich Wichern bereits seit Beginn der 1830er Jahre im Rauhen Haus in Hamburg durchgeführt hat, erhält im Laufe des 19. Jahrhunderts eine öffentliche Gestalt. Während bei Wichern das Ideal der „Verwahrung" von Kindern das stilisierte Modell der Herkunftsfamilie als sittlicher, christlicher Erziehungsinstanz blieb und er demzufolge „Verwahrlosung" einer fehlenden Familienerziehung zugeschrieben hat, erklären die Autoren des Fürsorgeerziehungsgesetzes in Hessen die Entstehung der Verwahrlosung von Kindern ein halbes Jahrhundert später mit Verweis auf sozial-strukturelle Zusammenhänge: Ernährungsprobleme machen Küchler und Klingelhöffer für die Notlagen der Kinder verantwortlich. Wichern bezog seine Motivation zur Restauration der christlich-bürgerlichen Familie oder im Notfall deren Substitution durch den Aufbau von Anstaltsfamilien aus einer Diagnose des Sittenverfalls in der bürgerlichen Gesellschaft. Demgegenüber legitimieren sich Argumente, wie sie sich exemplarisch an dem hessischen Gesetzesantrag von Küchler und Klingelhöffer verdeutlichen lassen, aus einer Objektivierung individueller Notlagen: Verweise auf die hohe Säuglingssterblichkeit oder eben die kindliche Verwahrlosung brachten staatliche Stellen zunehmend unter Zugzwang (vgl. Uhlendorff 2003, S. 56). Dementsprechend ist die Markierung des ihres Erachtens zugrunde liegenden Strukturproblem einer unzureichenden Ernährung durch die beiden hessischen Landtagsabgeordneten auch keineswegs zufällig: An vielen Stellen wird im 19. Jahrhundert von Statistikern, Sozialhygienikern, Sozialökonomen oder Ärzten ein Ernährungsproblem ausgemacht.

Die statistische Erfassung der Bevölkerung (z.B. Geburts- und Sterblichkeitsraten) dient dabei als Bescheinigung für die Notwendigkeit entsprechender kalkulierender Strategien und eingreifender Technologien (z.B. Hygieneprogramme für bestimmte Bevölkerungsgruppen). Diese Vermessung menschlicher Lebenslagen (Mathematisierung) platziert seit dem 18. Jahrhundert in zunehmender Intensität neue Gestaltungsformen des Sozialen. Bis ins 18. Jahrhundert stehen disziplinierende Maßnahmen als Vorläufer Sozialer Arbeit im Mittelpunkt, zum Beispiel in der institutionalisierten Form von Zucht- und Arbeitshäusern. Die „Macht, sterben zu machen oder leben zu lassen" war das Kennzeichen der Souveränitätsmacht bis ins 17. Jahrhundert gewesen – symbolisiert in der Figur der Herrscherperson (Kaiser, König oder Papst) (Foucault 1999, S. 278). Die Umwandlung der Souveränitätsmacht in die Disziplinarmacht, d.h. in das „Recht, leben zu machen und sterben zu lassen", konkretisierte sich daraufhin in den entstehenden Disziplinaranstalten (z.B. Arbeits- und Rettungshäuser) durch Prozesse der Intervention in die Verhaltensweisen einzelner Menschen. Hier sollten die Menschen dazu angeleitet werden, ihr Leben führen zu können, was vor allem bedeutete, arbeitsam zu sein. Mit der Transformation disziplinierender Strategien in biopolitische Programme und Maßnahmen wird seit dem 18. Jahrhundert schließlich der Bevölkerungskörper als Regulierungsziel entdeckt (vgl. Foucault 1977, S. 170): Hygiene, Bevölkerungsstatistik und eben Soziale Arbeit sind zentrale Bestandteile dieses seither wirksamen „biopolitischen Komplexes" (vgl. Magiros 1995).

1.2 Sozialarbeit, Sozialpädagogik, Soziale Arbeit – nicht nur eine terminologische Diversität

Terminologisch ist von „Sozialer Arbeit" im 19. Jahrhundert allerdings noch kaum die Rede. Die ersten Formen öffentlich organisierter Prozesse einer aktiven Unterstützung von Subjektivierungsweisen in Fällen sozialer Problemlagen werden in diesen Jahren zumeist als „Zwangserziehung", „Fürsorge" oder „Nothilfe" thematisiert.

Der Begriff „Soziale Arbeit", der in der deutschsprachigen Debatte des 19. Jahrhunderts vereinzelt in Arbeiten zur Sozialpädagogik auftaucht (z.B. Natorp 1894/1907), erfährt erst mit der Etablierung Sozialer Arbeit als (Frauen)Beruf eine gewisse Verbreitung. Vertreterinnen der bürgerlichen Frauenbewegung, die zu Beginn des 20. Jahrhunderts eine entscheidende Rolle im Professionalisierungsprozess Sozialer Arbeit spielen, bestimmen Soziale Arbeit als „die sozialen Fürsorgemaßnahmen, die sich um die Hebung und Förderung der herabgedrückten, gefährdeten, hilfsbedürftigen, kulturell wenig entwickelten Glieder der menschlichen Gemeinschaft bemühen" (Salomon 1928/1998, S. 133). Soziale Wohltätigkeit wird zur Aufgabe eines sozialen Berufes erklärt, der nach Ansicht der Protagonistinnen eine Tätigkeit erfordert, die dem „weiblichen Charakter" entgegenkomme und daher nicht um die männliche Konkurrenz fürchten müsse (vgl. Hering/Kramer 1984, S. 11; Sachße 1994).

Dennoch kommt es zur männlichen Überformung dieser Emanzipationsbestrebungen bürgerlicher Frauen, wie Alice Salomon, Marie Baum und andere beschrieben haben. Das verweist auf den zweiten konstitutiven Strang Sozialer Arbeit: die Sozialpädagogik. Parallel zur sozialpolitischen Etablierung von Fürsorgestrukturen in verschiedenen Staaten des Deutschen Bundes und anschließend im Deutschen Reich entwickelt sich vor allem an deutschsprachigen Universitäten eine Debatte um Formen der Erziehungs- und Bildungtätigkeiten, in der – häufig im Anschluss an die Überlegungen des Schweizer Pädagogen Johann Heinrich Pestalozzi – die soziale Kontextualisierung von Erziehungs- und Bildungsprozessen hervorgehoben wird. Dabei bleiben diese Väter einer Systematischen Sozialpädagogik – allen voran der Marburger Philosoph Paul Natorp – weitgehend sozialidealistischen Gemeinschaftserziehungsentwürfen verhaftet und verfehlen damit noch eine konsequente sozialwissenschaftliche Grundlegung ihrer Entwürfe: „(D)ie Arbeit an der Erhebung des Menschen zu seinem wahren Menschentum, zur wahren Sittlichkeit seiner Natur, (ist) die wahre *soziale Arbeit*" (Natorp 1894/1907, S. 89; Hervorhebung durch die Autoren).

Terminologisch wird *Social-Pädagogik* erstmals von Karl Mager in seinen Arbeiten Mitte des 19. Jahrhunderts verwendet (vgl. Kronen 1980; Mager 1844/1989; vgl. Müller 2005). Mager bestimmt Sozialpädagogik im Unterschied zu einer Individualpädagogik als Volksbildung. Der jeweilige Individualwillen solle im Sinne einer Gesellschaftserziehung mit dem Willen der Gesellschaft verschmelzen, wodurch die Selbstregierung der bürgerlichen Gesellschaft erreicht werde. Damit greift Mager auf antike Konzeptionen der Staats- oder Kollektivpädagogik zurück, wie sie in den staatstheoretischen Überlegungen Platons oder Aristoteles zu finden sind, und versucht diese mit den subjektidealistischen Deutungen der Aufklärungspädagogen zu vermitteln (vgl. Mager 1989 [1844], S. 171).

Die Einsicht in die grundsätzliche soziale Bedingtheit menschlichen Daseins ist auch von Paul Natorp zugrunde gelegt worden, aber eine Erfassung historisch-spezifischer Arrangements des Sozialen hat er noch weitgehend außer Acht gelassen. Diese Unterbelichtung konkreter sozialer Zusammenhänge und ihre fehlende systematische Rekonstruktion und Reflexion stellt einen der entscheidenden Gründe für den politischen Raumgewinn dar, den die für das Reichsjugendwohlfahrtsgesetz zuständige Ministerialrätin Gertrud Bäumer in der Weimarer Republik mit ihrer negativen Bestimmung erreichen konnte: *Sozialpädagogik* als ein Teilbereich, der „alles was Erziehung, aber nicht Schule und nicht Familie ist" umfasse (Bäumer 1929, S. 3; vgl. Richter 1998, S. 17ff.). Dem Versuch Natorps, Sozialpädagogik als pädagogisches Prinzip an sich zu konzipieren, war damit zwar nicht theorie-systematisch der Boden entzogen, aber durch die Begründung eines eigenständigen pädagogischen Handlungsfeldes neben den beiden anderen zentralen Sozialisationsinstanzen (Schule und Familie) wurden solche theorie-systematischen Fragen zugunsten der Legitimation eines faktischen institutionellen Arrangements Sozialer Arbeit in den Hintergrund gedrängt.

Eine begriffliche und konzeptionelle Integration der sozialpädagogischen Gemeinschaftserziehung, die für die Konzeptionen im ausgehenden 19. Jahrhundert bestimmend war, und der sozialarbeiterischen Fürsorgeorientierung ist zwar im ersten Drittel des 20. Jahrhunderts bereits angelegt. Die Rede von „Sozialer Arbeit" als Versuch, die verschiedenen Traditionslinien aus der Armenfürsorge, des Policeywesens und der daran anschließenden *Sozialarbeit* auf der einen Seite und der Menschenbildung, der Jugendpflege und der in dieser Tradition stehenden *Sozialpädagogik* auf der anderen Seite zusammen zu führen, wird aber erst im bundesrepublikanischen Zusammenhang einflussreich. Soziale Arbeit in diesem Sinne beschreibt dann eine öffentliche Aufgabenstellung im Prozess der Gestaltung des Sozialen (vgl. Hamburger 2003): Sie ist Teil des „wohlfahrtsstaatlichen Arrangements" (Kaufmann 1997, S. 29; vgl. dazu auch die Einleitung).

Theoriekonzeptionell liegen seit den 1970er und 80er Jahren auch erste systematische Versuche vor, eine solche Integrationsperspektive auszubuchstabieren (vgl. Mühlum 1981; Vahsen 1975). Obwohl derartige konvergenztheoretische Sichtweisen inzwischen relativ einflussmächtig geworden sind, wurde eine entsprechende sprachkulturelle Vereinheitlichung bisher nicht erreicht: je nach Position wird zur Verdeutlichung der unterschiedlichen Bestandteile für eine Integration unter dem Bindestrich-Label „Sozialarbeit/Sozialpädagogik" (Thiersch/ Rauschenbach 1984), im Rückgriff auf die ersten Entwürfe einer systematischen Sozialpädagogik für die Subsumierung unter der Überschrift „Sozialpädagogik" (Niemeyer 2002; kritisch dazu, S. Reyer 2002) oder zur Verdeutlichung einer erreichten Zusammenführung für das Etikett „Soziale Arbeit" plädiert (Otto/ Thiersch 2001; Thiersch 2002, S. 95 ff.; Thole 2002).

Eine Sichtung von Publikationstiteln seit Beginn des 21. Jahrhunderts macht allerdings deutlich, dass sich der Terminus „Soziale Arbeit" begriffspragmatisch durchzusetzen scheint. Zugleich verweist die weiterhin bestehende semantische Vielfalt darauf, dass trotz aller begrifflichen Integrationsversuche die Auseinandersetzungen um die disziplinäre und beruflich-fachliche Beheimatung Sozialer Arbeit weiter andauern (vgl. Mührel/Birgmeier 2009; Kraus/Krieger 2007). Ob dies als Ausdruck des Aktionsfeldes einer anerkannten Profession, als Beleg eines inzwischen etablierten Forschungsbereichs oder einer andauernden Identitätssuche (vgl. Thiersch/Treptow 2011) gelesen werden sollte, ist nicht abschließend theorie-systematisch beantwortbar.

1.3 Die soziale Dienstleistungsinstanz Sozialer Arbeit

Die Gestalt des Sozialen umschließt Soziale Arbeit und dessen Gestaltung ist ihre Aufgabe.

Professionelle Soziale Arbeit als öffentliche Instanz entsteht im 19. und 20. Jahrhundert als Teil der öffentlichen, d.h. staatlich regulierten Reaktionen auf soziale Stratifizierungsprozesse, wie sie als Soziale Frage diskutiert werden. Mit der Sozialen Arbeit bildet sich also ein Bestandteil des spezifischen Sektors bzw. Feldes des Sozialen aus. Soziale Arbeit ist somit nicht nur auf das Vorhandensein menschlicher Notlagen zurückzuführen, denn diese kennzeichnen menschliche Gesellschaften nicht erst seit dem Beginn der Industrialisierung (vgl. Mollenhauer 1959, S. 129). Vielmehr ist es die spezifische Form der Führung von Menschen, einer „Regierung des Sozialen", die durch die Schaffung eines spezifischen Sektors des Sozialen Soziale Arbeit konstituiert. Dazu dienen seit dem zweiten Drittel des 19. Jahrhunderts Verweise auf Diagnosen menschlicher Problemlagen als soziale Probleme. Soziale Arbeit beerbt damit aber auch mittelalterliche und frühmoderne Erziehungs- und Armutsprogramme.

Bestimmte Lebenslagen werden nun nicht mehr nur als benachteiligt, hilfsbedürftig oder unterstützungswürdig identifiziert, sondern die Beseitigung, Substitution bzw. Verhinderung dieser sozialen Probleme wird zum öffentlichen Auftrag erklärt (vgl. Krasmann 2003). Soziale Arbeit als eine Thematisierungsform der sozialen Frage stellt daher nur teilweise ein Projekt der Humanisierung von Arbeits- und Alltagswelten dar. Soziale Arbeit ist vielmehr als spezifische sozialstaatliche Regierungsweise des Sozialen zu begreifen. So regelt bereits das Allgemeine Landrecht für die Preußischen Staaten von 1853 in § 1 einerseits die staatliche Versorgungspflicht: „Dem Staate kommt es zu, für die Ernährung und Verpflegung derjenigen Bürger zu sorgen, die sich ihren Unterhalt nicht selbst verschaffen, und denselben auch von anderen Privatpersonen, welche nach besonderen Gesetzen verpflichtet sind, nicht erhalten können" (zit. nach Sachße/Tennstedt 1980, S. 275). Andererseits macht die Formulierung in § 3 deutlich, mit welchen normalisierenden Strategien derartige Unterstützungsleistungen verbunden werden: „Diejenigen, die nur aus Trägheit, Liebe zum Müßiggange, oder anderen unordentlichen Neigungen die Mittel, sich ihren Unterhalt selbst zu verdienen, nicht anwenden wollen, sollen durch Zwang und Strafen zu nützlichen Arbeiten unter gehöriger Aufsicht angehalten werden" (ebd.).

Die wohlfahrtsstaatliche Organisation des Sozialen war bis in die 1970er Jahre, und insbesondere in der wohlfahrtsstaatlichen Hochphase der Nachkriegszeit – durch die Sicherung der Überbrückungsmöglichkeit von politischer Organisation und wirtschaftlichen Bereichen gekennzeichnet. Es ging um die Regierungsfähigkeit des Kapitalismus in seiner klassisch industriellen Gestalt (vgl. Castel 2000). Der Kontext, in dem bereits die Phase der weiteren Institutionalisierung einer professionellen Sozialen Arbeit zu Beginn des 20. Jahrhunderts anzusiedeln ist und den sie aktiv mitgestaltet hat, ist die Installierung des Sozialen als spezifischer Sektor. „Eine der geläufigsten Erkenntnisse aus der Entwicklung der Wohlfahrtspflege ist die Einsicht, daß mit bestimmten Veränderungen der gesellschaftlichen Struktur soziale Probleme entstanden sind, die Grundlagen und Wesen der Hilfsbedürftigkeit durchaus verändert haben und dadurch auch neue Methoden der Hilfstätigkeit erfordern" (Bäumer 1929, S. 9).

Die Freiheit der Einzelnen wird beschränkt, um die Sicherung der bürgerlichen Gesellschaft und damit verbunden die Gewährleistung von industrie-kapitalistischen Produktions- und Reproduktionsprozessen zu garantieren. Dies geschieht seit der zweiten Hälfte des 19. Jahrhunderts vor dem Hintergrund eines erklärten Scheiterns liberaler Programme: Programme, innerhalb derer die Freiheit der Arbeit zum Fortschrittsmotor moderner Gesellschaften bestimmt wurde. Zwar bleibt die Erwerbstätigkeit das zentrale Integrationsprinzip des bundesrepublikanischen Wohlfahrtsstaats und dementsprechend zielen die sozialpädagogischen Angebote in den ersten beiden Dritteln des 20. Jahrhunderts primär auf die Normalisierung der Nutzer im Sinne ihrer potenziellen Erwerbsfähigkeit. Zugleich etabliert aber der bundesrepublikanische Wohlfahrtsstaat einen Fürsorgebereich, der im Fall menschlicher Notlagen und bei Fehlen anderer Unterstützungsstrukturen eine Existenzsicherung und damit verbundene Lebensführungshilfe garantiert, wie sie beispielsweise die Angebote der Kinder- und Jugendhilfe bereit stellen sollen (vgl. dazu das Reichsjugendwohlfahrtsgesetz von 1922/24 und das novellierte Jugendwohlfahrtsgesetz von 1953).

Das institutionalisierte Arrangement dieser wohlfahrtsstaatliche Instanzen der Regulierung und Gestaltung alltäglicher Lebensführung lässt sich analytisch als *soziale Dienste* bestimmen.

Begriffsbestimmung:

Soziale Dienste stellen das *institutionalisierte Bedingungsgefüge* Sozialer Arbeit im wohlfahrtsstaatlichen Arrangement dar. Professionelle sozialpädagogische und sozialarbeiterische Handlungsvollzüge werden immer in einem – wenn auch, je nach Arbeitsfeld höchst differenten – organisationalen Kontext realisiert (z.B. im Rahmen der behördlichen Organisationsstruktur eines Jugendamtes oder der privatrechtlich verfassten Organisationsform eines Trägers).

Das Verhältnis von Sozialer Arbeit und sozialen Diensten prägt sich als ein spezifisches Muster personenbezogener sozialer Dienstleistung in Form wohlfahrtsstaatlicher Dienstleistungsorganisationen aus. Analytisch kann also zwischen der Sozialen Arbeit *als* sozialer Dienstleistung und *als eines implementierten Teils* des Systems sozialer Dienste unterschieden werden.

Die Bestimmung Sozialer Arbeit als personenbezogener Dienstleistung bzw. des organisationalen Musters Sozialer Arbeit als Muster sozialer Dienstleistungsorganisationem fand erst im Kontext der wohlfahrtsstaatlichen Hochphase im Nachkriegsdeutschland statt. Seither wird Soziale Arbeit auch explizit als eine personenbezogene und als eine wohlfahrtsstaatliche Dienstleistungsorganisation bestimmt. Sie markiert demnach einen Erbringungszusammenhang, in dem in Bezug auf konkrete Personen oder Personengruppen eine Bildungs-, Erziehungs- oder Sorgeleistung beruflich erbracht wird. Dieser Erbringungszusammenhang ist in einem organisationalen Kontext lokalisiert, der öffentlich verfasst ist. Mit dem Begriff der öffentlichen Verfasstheit lässt sich verdeutlichen, dass die Angebote und Leistungen der Sozialen Arbeit auch in den Fällen, in denen sie in privatrechtlicher oder -wirtschaftlicher Organisationsform realisiert werden, erstens als „Tätigkeit in öffentlicher Verantwortung" (Hamburger 2011, S. 1035) gelten müssen; dass zweitens die „Letztverantwortung und damit die Entscheidung über die Erbringung beim öffentlichen Träger liegt" (Boetticher/Münder 2011, S. 224); und dass schließlich – drittens – ein öffentliches Gut erbracht wird (vgl. Möhring-Hesse 2007; Grunow 2011), da sozialpädagogische bzw. sozialarbeiterische Leistungen prinzipiell jedem Gesellschaftsmitglied offen stehen müssen.

2. Soziale Arbeit und soziale Dienste – das Verhältnis von institutionellem Gefüge und Erbringungsprozess[4]

2.1 Soziale Arbeit als personenbezogene soziale Dienstleistung

Soziale Arbeit stellt als personenbezogene soziale Dienstleistung einen Teil der sozialen Dienstleistungsorganisationen dar, realisiert sich also in diesem spezifischen organisationalen Format als Teil des institutionellen Gefüges sozialer Dienste (vgl. Bauer 2001; Olk/Otto 2003; Schaarschuch/Flößer/Otto 2001). Mit der Kategorie *personenbezogener* Dienstleistungen kann zugleich ein spezifisches fachliches Erbringungsmuster beschrieben werden, das im Unterschied zu stofflich-produktorientierten Dienstleistungen (vgl. Berger/Offe 1984) durch vier Charakteristika bestimmbar ist: (1) es zielt auf die Herstellung eines weitgehend nicht-materialisierten Produktes, das (2) nicht lagerfähig ist, (3) weshalb sein Produktions- und sein Konsumtionsprozess in eins fallen (*uno-actu-Prinzip*) und der Kunde oder die Nutzerin im Moment der Dienstleistungserbringung anwesend sein muss (*Kundin/Nutzer als Ko-Produzent/in*). Das Format „Soziale Arbeit" als spezifische personenbezogene *soziale* Dienstleistung lässt sich im Unterschied zu anderen personenbezogenen Dienstleistungen dadurch charakterisieren, dass es einen Teil des wohlfahrtsstaatlichen Arrangements ausmacht, also einen Teil „des Sozialen" im engen Sinn (*sozialen Sektor*).[5] Bernhard Badura und Peter Gross (1976, S. 77 f.) sprechen deshalb davon, dass personenbezogene soziale Dienstleistungen „im Rahmen der staatlichen Sozialpolitik vom Staat, juristischen Personen des öffentlichen Rechts oder gemeinnützigen Trägern bereitgestellt oder mindestens mitfinanziert werden müssen, weil sie weder mehr freiwillig und unentgeltlich im soziokulturellen Bereich erbracht noch privatwirtschaftlich produziert werden können". Soziale Arbeit als personenbezogene soziale Dienstleistung ist im Sinne dieser Bestimmung also öffentlich mit einer spezifischen Normalisierungsarbeit beauftragt (vgl. Olk/Otto/Backhaus-Maul 2003, S. IX ff.): Ihre –

---

4   Das folgende Kapitel basiert in weiten Teilen auf einem gemeinsam mit Hans-Uwe Otto verfassten Beitrag (Kessl/Otto 2011).

5   „Das Soziale" im weiten Sinne kategorisiert dagegen im wohlfahrtsstaatlichen Kontext die Gesellschaft als nationalstaatlich verfasste Bevölkerungseinheit, wie wir im weiteren Text noch ausführen werden.

wohlfahrtsstaatliche – Aufgabe besteht darin, alltägliche Lebensführungsweisen in Bezug auf die wohlfahrtsstaatlich als gültig markierten Normalitätsmodelle (v.a. spezifisch-heterosexuelle Geschlechtermodelle, eine spezifische Form der familiären Lebensgemeinschaft und ein spezifisches – männlich konnotiertes – Erwerbstätigkeitsmodell in Vollzeit) zu regulieren und zu gestalten. Mit einer solchen Bestimmung des Verhältnisses von sozialen Diensten und Sozialer Arbeit wird somit die Differenzierung von organisationaler Ebene (*sozialer Dienstleistungsorganisation*) und der Ebene des Handlungsvollzugs (*personenbezogene soziale Dienstleistung*) vorausgesetzt, und zugleich wird diese hinsichtlich ihrer sozialen Dimensionierung, ihrer spezifischen Institutionalisierungsform (*soziale Dienste*) also, qualifiziert.

2.2 Soziale Arbeit als Dienstleistung – zur konsumentenorientierten Bestimmung

Innerhalb der Dienstleistungsforschung Sozialer Arbeit werden analog zur eingangs formulierten Differenzierung von Erbringungsprozess und sozialer Dienstleistungsorganisation zwei miteinander verbundene Aspekte unterschieden und jeweils eine der beiden Seiten hervorgehoben. Einerseits wird die konkrete Erbringungssituation in den Mittelpunkt der Betrachtungen gestellt, und damit die Relevanz der Kunden- und Nutzerinnenseite betont. Im neunten Jugendbericht (BT-Drucksache 13/70, S. 583), der als diskursive Schnittstelle innerhalb der dienstleistungstheoretischen Debatten angesehen werden kann, da es mit ihm gelang, das Modell Sozialer Arbeit als Dienstleistung innerhalb der Fachdebatten auf der – theorie-systematischen wie sozialpolitischen – Agenda zu verankern, heißt es dazu: „Im Mittelpunkt stehen dabei (vorher ist von der Bestimmung der bundesdeutschen Jugendhilfe als Dienstleistung die Rede; FK) Situativität und Kontextualität sowie die Optionen und Aktivitäten des nachfragenden Subjektes." Diese dienstleistungstheoretische Konsumentenorientierung wird von anderen Autoren, im deutschsprachigen Raum vor allem im Umfeld der Bielefelder und Wuppertaler Dienstleistungs- und Nutzerforschung (vgl. Beiträge in Oelerich/Schaarschuch 2005), weiter radikalisiert. Andreas Schaarschuch (1998, S. 246) kehrt dazu den Status der direkt Beteiligten um: Die NutzerInnen werden von ihm nun als die „eigentlichen Produzenten des Sozialen", die „konsumierenden Produzenten", und die sozialpädagogischen Fachkräfte als die „professionellen Ko-Produzenten" konzipiert. Andererseits werden diese Vorschläge zu einer (verstärkten) Adressaten- oder Kundenorientierung der Sozialen Arbeit als Dienstleistung mit Blick auf deren Verwirklichung auf organisationaler und institutioneller Ebene formuliert. Die Autorinnen und Autoren des neunten Jugendberichts betonen dementsprechend ein „anderes Verhältnis von Organisation zu Adressaten und Adressatinnen" (ebd., S. 583). Schaarschuch (1996, S. 19) spricht in diesem Zusammenhang von einem „systematische(n) Wechsel von den institutionellen und organisatorischen Perspektiven hin zur Perspektive der Nutzer", die es angemessen und „systematisch (zu) institutionalisier(en)" gelte (ebd., S. 20). Konzeptionell wird Soziale Arbeit als Dienstleistung dementsprechend in einer intermediären Sphäre verortet, im Spannungsfeld von Handlungsvollzugs- und institutioneller Ebene.

Unabhängig von der Auseinandersetzung um die konzeptionelle Modellierung der Akteurskonstellation als Produzent (*Fachkraft*) und Konsument/in (*Kunde/in*), Produzent/in (*Fachkraft*) und Ko-Produzent/in (*Adressat/in; Bürger/in*) oder als Ko-Produzent/in (*Fachkraft*) und Produzent/in (*Nutzer/in*) (vgl. Bauer 2001) ist all diesen Positionen eine zentrale Motivation gemeinsam: ein explizites und zugleich spezifisches Modernisierungs- und Innovationsinteresse. Mit ihrer Rede von einer „dienstleistungsorientierten Sozialen Arbeit" oder einer entsprechenden Ausrichtung der „sozialen Diensten" betonen die Autorinnen und Autoren diesen Aspekt, der bisher deutlich unterbelichtet geblieben und daher eine dementsprechende organisational-institutionelle Aus- und Umgestaltung sozialpädagogischer Erbringung nicht vollzogen worden sei. Gemeinsam ist diesen Arbeiten also eine *prinzipielle Konsumentenorientierung*, mit der ein Innovations- und Modernisierungsschub innerhalb der sozialen Dienstleistungsorganisationen und im Prozess der konkreten Dienstleistungserbringung erreicht werden soll. Zugleich weisen diese Beiträge genau an dieser Stelle verblüffender Weise ein systematisches Defizit auf: Die Wahl der Akteursfigur(en) und deren jeweilige konzeptionelle Positionierung bleibt weitgehend unterbelichtet (vgl. dazu das Kapitel 2.2).

Während also im Anschluss an die Differenzierung der beiden bestimmenden sozialpolitischen Strategien durch Badura und Gross eine (sozial)*pädagogische* und eine (sozial)*politische* Dimensionierung sinnvoll unterschieden werden kann, konzentrieren sich aktuelle Positionen entweder auf die eine *oder* die andere Dimension: Sie suchen, Soziale Arbeit entweder nurmehr als eine Agentur im Sinne der „sozialen Dienste" zu fassen oder, quasi umgekehrt, die Bestimmung Sozialer Arbeit als Dienstleistung wieder zugunsten eines Verständnisses von Sozialer Arbeit als (sozial)pädagogischer Instanz zu überwinden.

Im Folgenden werden diese beiden Lesarten an konkreten Positionierungen innerhalb der deutschsprachigen Fachdebatten illustriert.

Die sozialwirtschaftlichen Thematisierungslinien lassen das Verhältnis von Sozialer Arbeit und sozialen Diensten weitgehend im Format „soziale Dienste" aufgehen. Zugrunde liegt dieser Lesart vor allem eine Abgrenzungsbewegung gegenüber sozialpädagogischen Positionen. Die pädagogische Dimension scheint den sozialwirtschaftlichen Denkern fachlich unzureichend bzw. politisch hinderlich. Wiederum zwei zentrale Argumentationslinien lassen sich innerhalb derartiger Positionierungen in der deutschsprachigen Debatte unterscheiden. Autorinnen und Autoren, die für die Etablierung einer „Sozialarbeitswissenschaft" argumentieren, suchen eine von ihnen diagnostizierte „sozialpädagogische Dominanz" zu überwinden und hierzu die Rolle von autonomen KonsumentInnen gegenüber der Annahme einer pädagogischen Beziehung zu betonen. Eine zweite Gruppe von AutorInnen zielt mit der Überführung der Konsumentenrolle in die KundInnen-Figur darauf, die Hierarchie zwischen der Dienstleistungsproduzentin Soziale Arbeit und deren KonsumentInnen ganz aufzulösen.

Demgegenüber finden sich erzieherisch-individualisierungstheoretische Thematisierungsstränge, die ihren Fokus auf die pädagogische Erbringungssituation selbst konzentrieren. Auch diese Positionierung lässt sich wiederum in zweifacher Weise differenzieren: SprecherInnen von dieser Positionen melden entweder grundlegende Zweifel an der analytischen Passgenauigkeit einer Bestimmung Sozialer Arbeit als Dienstleistung an, weil damit Sozialer Arbeit nur noch aus einer sozial*politisch* interessierten Perspektive systematisch Beachtung geschenkt würde. Das führe aber dazu, so argumentieren beispielsweise kasuistisch motivierte Autorinnen und Autoren, dass die sozial*pädagogische* Perspektive außen vor bleibe. Aus einer staatstheoretischen Perspektive lehnen andere Autoren_innen zwar die dienstleistungstheoretische Bestimmung Sozialer Arbeit keineswegs ab – ganz im Gegenteil. Sie plädieren aber dafür, soziale Dienste als Teil der öffentlichen Dienstleistungen vor allem auf ihre Rolle als aktivierungspolitische Akteurin im Kontext eines „investiven Staats" zu verpflichten.

2.2.1   *Soziale Dienste statt Sozialpädagogik*

Peter Erath und Hans-Jürgen Göppner (1996) begründen ihr Plädoyer für den Auf- und Ausbau einer eigenständigen „Sozialarbeitswissenschaft" damit, dass ihres Erachtens bisher eine „sozialpädagogische Dominanz" vorherrsche, die für die Entwicklung einer professionsstabilisierenden und identitätsstiftenden Forschung hinderlich sei.[6] Wie vor allem die Sozialgesetzbücher zeigten, sei Soziale Arbeit

---

6   Motivation zur Implementierung einer eigenständigen „Sozialarbeitswissenschaft", wie sie vor
      allem in der zweiten Hälfte der 1990er Jahre teilweise vehement eingefordert wurde, war, der
      Profession Soziale Arbeit eine eigenständige Disziplin jenseits der erziehungswissenschaftli-
      chen Subdisziplin „Sozialpädagogik" zuzuordnen. Während diese Forderung einige Jahre zu
      hitzigen Auseinandersetzungen entlang einer suggerierten Konfliktlinie „Fachhochschulen
      [Sozialarbeitswissenschaften] versus Universitäten *[Sozialpädagogik]*" geführt hatte, ist die

konstitutiv „nur noch zu einem geringen Teil sozialpädagogisch begründe(t)" (ebd.,
S. 188). Denn diese werde hier „vor allem mit dem Begriff der Dienstleistungsorientierung" beschrieben (ebd.). Erath und Göppner sehen also einen Widerspruch
zwischen einer sozialpädagogisch und einer dienstleistungsorientiert ausgerichteten Sozialen Arbeit. Während bisher die sozialpädagogischen Fachkräfte und
Träger ihres Erachtens „als sakrosankt galten und ihr Verhalten keineswegs kritisiert werden durfte", stelle sich der (dienstleistungsorientierten) Sozialen Arbeit inzwischen zum einen explizit die Qualitätsfrage, wie die Implementierung
von Qualitätssicherungssystemen zeige, und zum anderen sähe sie sich mit Hilf-
eberechtigten konfrontiert, die „auf einem freien oder halbstaatlichen Markt"
der Dienstleistungen „autonom entscheiden" könnten, welches Angebot sie aus-
wählen (ebd., S. 188f.). Dieser Entwicklung könne eine „sozialpädagogisierte Sozialarbeit" nicht entsprechen, ganz im Gegenteil: Diese werde sogar zur „Inno-
vationsverhinderin im Hinblick auf die Weiterentwicklung bzw. Steigerung der
Leistungsfähigkeit des Systems der Sozialen Hilfen" (ebd., S. 192).

Jörn Rabeneck (o.J.) definiert in seinem Beitrag zum *SGB VIII – Online-
Handbuch* Kundenorientierung für die Soziale Arbeit als Bedürfnisorientierung:
„(N)icht der Fachmann ist der Experte, sondern der Kunde selber, denn er ist
nicht mehr nur ein ‚Schutzbefohlener', dem man mit irgendwelchen aufoktruier-
ten Fachlichkeiten helfen kann, nein, der Kunde ist der Experte und ich kann ihm
nur ‚unter die Arme greifen'". Diese Annahme sucht Rabeneck in dienstleistungstheoretischen Termini zu begründen, wenn er anschließend davon schreibt, dass
der Kunde „mein Co-Produzent" darstellt, mit dem man gemeinsam eine „maß-
geschneiderte Hilfe" schneidern müsse. Offensichtlich inszeniert Rabeneck hier
seine Sprecherposition als die eines professionell Tätigen. Zwar sei die „markt-
wirtschaftliche" Kundenfigur von dem Kunden im Feld der sozialen Dienste zu
unterscheiden – denn hier gehe es nur darum, „dem ‚Klienten' durch die Einführung des Begriffs ‚Kunde' eine höhere Wertschätzung (zu geben)", während dort
darauf abgestellt werde, den Kunden „immer wieder als Kunden zu bekommen".
Dennoch sei auch eine kundenorientierte Neujustierung Sozialer Arbeit sinnvoll,
da sich dieser die Aufgabe stelle, den bisher als Klienten konzeptualisierten direkten Nutzern „ein möglichst gutes Produkt (…) zu ‚verkaufen', um ihn aus ‚seiner Misere bzw. seiner individuellen Notlage zu erretten" (ebd.).

Diskussion seit Anfang der 2000er deutlich abgeflaut und die Chance der Implementierung
einer eigenständigen Sozialarbeitswissenschaft wird auch von ehemaligen Protagonisten
inzwischen eher skeptisch eingeschätzt (vgl. Merten 2008; Scherr 2002a).

2.2.2 (Sozial- oder Aktivierungs-)Pädagogik statt sozialer Dienste

Burkhard Müller hat in seinen Arbeiten vor allem zwei Kritikpunkte gegenüber dominierenden theorie-systematischen Debatten geäußert, die er immer wieder mit explizitem Verweis auf dienstleistungstheoretische Beiträge formuliert oder an anderer Stelle implizit auf diese bezieht: Zum einen gerate vor allem in der professionstheoretischen Debatte immer wieder die kasuistische Dimension, das heißt die Frage der Gestalt(ung) einer systematischen Fallbearbeitung aus dem Blick, so Müller in seinen Überlegungen zur Konzeptualisierung eines „sozialpädagogischen Könnens". Stattdessen werde eine mindestens relativ autonome Professionellenfigur unterstellt. Demgegenüber plädiert er für ein Konzept einer „offenen Professionalität" (Müller 2002a, S. 736), das ohne eine solche „monopolisierbare Expertendomäne" auskomme und auch auskommen müsse. Eine solche Offenheit sei unter anderem deshalb vonnöten, weil Soziale Arbeit immer vom Erfolg anderer Instanzen abhängig sei, denn Agenturen, wie die Schule, bestimmten die Lebenschancen von Klient_innen im deutlich höheren Maße als das die Angebote der Sozialen Arbeit selbst könnten. Müller ist also gegenüber der dienstleistungstheoretischen Annahme einer Möglichkeit relativ autonomer Gestaltung der Erbringungssituation, wie sie eine ebenso relativ autonome Professionellenfigur voraussetzt, skeptisch. Zum anderen kritisiert Müller die seines Erachtens dominante Perspektive theorie-systematischer Ansätze in der Sozialen Arbeit als zu sozialwissenschaftlich und zu wenig psychologisch. Das hänge damit zusammen, dass Sozialpädagogik als Profession „primär von den Individuen her konzipiert ist", also aus Perspektive der einzelnen Professionellenperson. Diese sähen zwar „das institutionelle Gefüge (...), von dem sie abhängig sind, aber als etwas ihnen gegenüber Stehendes oder ‚Vorgesetztes'" (Müller 2002b, S. 43). Sie berücksichtigten dabei aber nicht, „dass sie selbst diese Gefüge sind und es permanent herstellen" (ebd.). Genau diese Perspektive sei aber notwendig und könne aus einer psychoanalytischen Position auch sofort einsichtig werden. Derart reflexiv ausgestattet könne so bei den Fachkräften die Bereitschaft aktiviert werden, die „Herstellung und ständige Überprüfung der Funktionstüchtigkeit dieser Struktur für die Arbeit mit Klienten zu ihrer ureigensten Aufgabe (zu) machen" (ebd., S. 44f.). Auch dieser Hinweis verweist auf eine dienstleistungstheoretisches Defizit: die Fokussierung des Handlungsmodus sozialpädagogischer Erbringung, der in Müllers Augen eher zugunsten sozialpolitischer Entwicklungsdiagnosen unterbelichtet bleibt.

Nach Ansicht von Rainer Fretschner, Josef Hilbert und Sybille Stöbe-Blossey (2003) sind vier Prinzipien zielführend, um das Konzept eines „aktivierenden Staates", wie es im bundesdeutschen Zusammenhang vor allem in der rot-grünen

Regierungsperiode seit 1998 politisch dominierend war, innerhalb der Sozialen Arbeit als Teil der öffentlichen Dienstleistungen institutionell zu realisieren: eine *„Verantwortungsteilung* zwischen Staat und gesellschaftlichen Akteuren", eine *„Koproduktion* zwischen staatlichen und nicht-staatlichen Akteuren", eine *„Dialogorientierung"* im Sinne von „dialogischen Prozesse(n) zwischen Verwaltung und Bürgern" und schließlich eine *„Leistungsaktivierung* (zur) Qualitäts- und Produktivitätssteigerung öffentlicher Dienstleistungen" (ebd., S.42). Kerninteresse einer derartigen staatstheoretisch motivierten Umsteuerung sei die „einseitige Leistungserbringung des Sozialstaats" zu überwinden und die „Leistungsinanspruchnahme sowie deren Wirksamkeit" zu fokussieren (ebd., S. 43). Soziale Dienste müssten als Teil der öffentlichen Dienstleistungen nicht mehr die Übernahme von Angeboten garantieren, sondern zu einer „Gewährleistungsagentur" umgestaltet werden, wie die Autor_innen formulieren. Allerdings sei dazu die öffentliche Verwaltung „nicht mehr als reines Dienstleistungsunternehmen, sondern auch als Anlaufstelle der Bürger als aktive Mitgestalter des Gemeinwesens" zu konzipieren (ebd., S. 47). Für die Soziale Arbeit ergäben sich daraus vor allem auf der individuellen Ebene deutliche Konsequenzen, denn eine solche aktivierungspolitische Ausrichtung müsse dazu führen, dass sich Soziale Arbeit „nicht mehr ausschließlich an der Kompensation individueller und kollektiver Defizite orientiert, sondern vielmehr eine zielgenaue Aktivierung und Unterstützung der vorhandenen Selbstgestaltungskräfte (…) anstrebt" (ebd.), also erzieherisch wirkt.

Mit dem Hinweis auf die Relevanz der Autonomie der KonsumentenInnen im sozialpädagogischen Erbringungsverhältnis konnte seit der Hochphase des wohlfahrtsstaatlichen Arrangements eine grundlegende Reform gegenüber vormals expertokratischen und bürokratisierten Tendenzen dynamisiert werden. Der Einfluss zivilgesellschaftlicher Akteure in den Feldern Sozialer Arbeit (vgl. *Bühlmann*/*Krattinger*/*Nadai*/*Sommerfeld* 2005) und die damit verbundene Herausforderung zur (Re)Legitimierung der sozialpädagogischen Profession (vgl. Olk 1986) können diese Entwicklung exemplarisch symbolisieren. Auch die Markierung des kasuistischen Defizits in dem Großteil der vorliegenden theorie-systematischen Grundlegungen Sozialer Arbeit als Dienstleistung weist auf ein bestehendes Bestimmungsdefizit hin. Nicht zuletzt können die staatstheoretischen Einwände gegenüber dem bisherigen wohlfahrtsstaatlichen Modell auf die dominierende Defizitorientierung Sozialer Arbeit aufmerksam machen, womit eine Konsumentenorientierung eher erschwert wurde.

Dennoch können die damit verbundenen Fokussierungen auf nur eine der beiden Dimensionen, die *sozialpädagogische* oder die *sozialpolitische*, nicht überzeugen. Soziale Arbeit stellt als pädagogische Dienstleistung (vgl. Flößer/Oechler

2010) einen Teil des wohlfahrtsstaatlichen Systems sozialer Dienste dar und ist damit immer in ihrer konstitutiven Verkopplung von sozialpolitischen *und* sozialpädagogischen Anteile systematisch zu bestimmen. Für eine theorie-systematische Bestimmung Sozialer Arbeit als sozialer Dienstleistung erscheint es daher unausweichlich, die miteinander verkoppelten (sozial)*pädagogischen* und (sozial) *politischen* Dimensionen in den Blick zu nehmen. Die hier skizzierten aktuellen Tendenzen, das Verhältnis von Sozialer Arbeit und sozialen Diensten entweder sozialpolitisch zu überhöhen und damit den sozialpädagogischen Teil zu vernachlässigen oder gar übertünchen zu wollen, kann daher genauso wenig überzeugen, wie die Versuche, die sozialpolitische Dimensionierung zu ignorieren oder diese (aktivierungs)politisch zu re-konzeptualisieren. Vielmehr ist das Verhältnis von beiden Anteile detailliert akteurs-, positions- und machtanalytisch zu rekonstruieren, denn nur dann können die aktuellen Gestaltungsbedingungen für eine konsumentenorientierte Soziale Arbeit angemessen erfasst werden. Konsumentenorientierung meint dann ein situatives Ausloten der bestehenden Begrenzungen und ein ebenso situatives Ausbuchstabieren und Ausagieren der möglichen Freiräume für die Bildungs- und Entwicklungsmöglichkeiten der direkten NutzerInnen.

3. „Sozialmanagement oder Management des Sozialen?" Veränderte institutionelle Ausprägungsformen Sozialer Arbeit

Mit dem programmatischen Titel *Sozialmanagement oder Management des Sozialen* plädieren Gaby Flößer und Hans-Uwe Otto (1992) bereits zu Beginn der Implementierungsphase sozialmanagerieller Strategien in den bundesdeutschen Feldern Sozialer Arbeit für eine Erweiterung eines engen betriebswirtschaftlichen Begriffsverständnisses. Denn ein solch enges Verständnis reduziere Sozialmanagement auf „organisationsinterne Reformen" (Flößer 1994, S. 164) – und genau eine solche Engführung sei unzureichend. Ansonsten könne Soziale Arbeit nicht ihrer anwaltschaftlichen Verpflichtung nachkommen, die sie den Adressatinnen und Adressaten sozialpädagogischer Angebote gegenüber habe. Flößer und Otto (1992, S. 16) plädieren deshalb für eine adressatenbezogene[7] Organisationsentwicklung[8]: „Wenn die Konzepte der Organisationsentwicklung nicht weiter reaktive Anpassungsleistungen an gesellschaftliche Prozesse darstellen wollen, sondern tatsächlich Korrelate in den Lebenswelten der Adressaten suchen, dann ist es notwendig, zu neuen Aushandlungsformen der Organisierung sozialer Hilfen und zu neuen Formen ihrer Realisierung zu gelangen, die sich absetzen von den konventionalisierten Institutionen sozialer Arbeit. Modernisierungsversuche herkömmlicher Ansätze, zu denen auch im Endeffekt das Sozialmanagement gehört, erreichen schnell ihre Grenzen" (vgl. auch: Flößer 1994, S. 148). Es gelte somit statt eines engen Verständnisses von Sozialmanagement einen „Weg

---

7   Auf die theoretische Unschärfe einer – auch von Flößer und Otto (vgl. Flößer 1994, S.147f.) an dieser Stelle dienstleistungstheoretisch unterstellten – „Adressaten-" oder „Nutzerorientierung" wurde in jüngster Zeit mehrfach hingewiesen (vgl. Dollinger 2007, S. 141; Galuske 2002, S. 252ff.; Kutscher 2002, S. 224). Inwiefern eine sozialpädagogische Dienstleistungstheorie diese Kritik aufnehmen oder systematisch ausschließen kann, ist bisher ungeklärt, da von den dienstleistungstheoretischen Protagonisten auf diese Einwände bisher nicht explizit reagiert wurde (vgl. dazu auch das Kapitel 1.2).

8   Mit dem Begriff der „Organisationsentwicklung" deuten Flößer und Otto ihr umfassenderes Begriffsverständnis in Abgrenzung zu „Sozialmanagement" an. Eine explizite und systematische Differenzierung dieser beiden Begriffe liegt allerdings bisher in den Diskussionen um Soziale Arbeit nicht vor. Einige erste Hinweise finden sich in der bereits genannten Studie von Gaby Flößer (1994).

aus(zuschildern), der vom 'Sozialmanagement' zum 'Management des Sozialen' führt" (ebd. und dies. 2001, S. 127). Ein solches „Management des Sozialen" habe sich eben nicht auf die „Partikularinteressen der Sozialorganisationen" und deren Reformierung bzw. Modernisierung zu beschränken, sondern diese vielmehr „im Hinblick auf das übergeordnete Interesse an der Produktion kommunaler Lebensqualität" zu steuern, so konkretisiert Gaby Flößer diese Überlegungen in *Soziale Arbeit jenseits der Bürokratie* zwei Jahre später (Flößer 1994, S.164; vgl. Flößer/Otto 1992, S.15).

3.1 Vergewisserung: Zum Stand der Debatte

Vergewissert man sich der Debattenlage, wie sie eine Dekade nach Beginn der Implementierungsphase in den frühen 1990er Jahren vorlag, so spiegelt diese – trotz früher Interventionsversuche, wie desjenigen von Flößer und Otto – nicht nur eine weitgehende Selbstverständlichkeit und Etablierung sozialmanagerieller Programme und Vorgehensweisen wider, sondern weist zumindest in drei Punkten auch eine weitgehende Einigkeit auf.

Erstens wird als Antriebsmotor sozialmanagerieller Strategien und Strukturen ein grundlegender gesellschaftlicher Wandel diagnostiziert: „Der ‚Sozialmanagment-Boom' ist ein Reflex auf objektive ökonomische und politische Entwicklungen", schreibt beispielsweise Cornelia Bader (1999, S. 19) in ihrer Einführung zum *Sozialmanagement*. Dieser „Reflex" habe sich inzwischen manifestiert und sei nicht mehr rückgängig zu machen. Klaus Grunwald (2001, S. 1312) spricht von einer „dramatischen Zunahme und Zuspitzung der Herausforderungen und Probleme", die sich angesichts des dreifachen Wandels – „Krise des Sozialstaats", „Probleme mit dem stattfindenden Wandel des Ehrenamts" und „Defizite der Organisationsgestaltung und des Managements" – ergäben.[9] Herbert Schubert (2005, S.11) weist mit Bezug auf eine Expertise der Schrader-Stiftung in der Einleitung zu seinem *Sozialmanagement*-Reader auf einen „Trend zur Ökonomisierung und Privatisierung in der sozialen Arbeit" hin, der nicht mehr abwendbar sei. Auch das Format der notwendigen Reaktion auf diesen nach Ansicht der Mehrheit der Autorinnen und Autoren nicht mehr abwendbaren Trend wird relativ einhellig bestimmt: Erforderlich sei in der Sozialen Arbeit eine „*Optimierung* ihrer vorhan-

---

9   Auch Gaby Flößer stellt in ihren Arbeiten seit den 1990er Jahren fest, dass zumindest eine Modernisierung sozialer Dienste grundsätzlich anstehe: „Restriktivere wirtschaftliche Rahmenbedingungen, demographische Veränderungen und Prozesse eines rapiden Wertewandels" machten eine solche „Reaktion" unumgänglich (Flößer 1994, S. 98).

denen Organisationen", so schreiben auch die um eine konzeptionelle Erweiterung bemühten Autoren Flößer und Otto (Flößer/Otto 1992, S. 7; Hervorh. FK).
Zweitens sei eine angemessene Etablierung sozialmanagerieller Vorgehensweisen nur dann zu realisieren, wenn diese nicht auf eine betriebswirtschaftliche
Ausrichtung und Ausgestaltung reduziert, sondern fachlich gestaltet würde: „Soziale Arbeit sollte ihre Handlungsoptionen sichern, indem fachliche Standards als
Messlatte ihres Tuns formuliert werden" (Hofemann 2005, S. 446). Andere Autorinnen, wie Bader (1999, S. 40), sprechen in diesem Zusammenhang von einer
notwendigen „organischen Einheit" betriebswirtschaftlicher und fachlich-sozi-
alpädagogischer Perspektiven: „Praxis des Sozialmanagements ist (...) die Vermittlung von ganzheitlicher und sozialökologischer Orientierung einerseits und
zweckrationaler, ressourcenoptimierender Sichtweise andererseits."[10]
Und drittens wird eine organisationsinterne Realisierung eines angemessenen Sozialmanagements gefordert. Dazu bedürfe es vor allem einer grundlegenden Veränderung der Organisationskulturen (vgl. Markert 2003): Es müsse also
darum gehen, die „Operations- und Organisationsmuster Sozialer Arbeit lernfä-
hig und wissensbasiert zu gestalten bzw. institutionalisierte Lernfähigkeit als eine
zentrale Kompetenz und Wissen als einen dominanten Steuerungsmodus (...) zu
etablieren" (ebd., S. 212). Insgesamt sollten, so fordert auch Flößer (1994, S. 155ff.),
die trotz der geforderten Erweiterung enger Sozialmanagementkonzepte auch organisationsinterne Reformen – zumindest als „Voraussetzung" eines Management
des Sozialen (ebd., S. 164) – für notwendig erachtet, indirekte Steuerungsstrate-
gien, eine „flache Hierarchie", eine auf Fachwissen basierte Autorität, eine per-
manente Weiterbildung der Mitarbeiter/innen und eine Kommunikationssteue-
rung entwickelt und umgesetzt werden (vgl. auch Flößer/Schmidt 2000, S. 311).

3.2 Problematisierung I: Von der Implementierung zur Etablierung sozialmanagerieller Verfahren

Folgt man diesen mehrheitlich geteilten Einschätzungen, so kann also konstatiert
werden, dass ein Jahrzehnt nach dem Beginn der Diskussionen um die konzeptionelle Ausrichtung sozialmanagerieller Strategien die Implementierungsphase,
das heißt die Phase der Einführung und Umsetzung eines Sozialmanagements

---

10 Die Forderung nach einer nicht-ökonomistisch verengten Ausrichtung sozialmanagerieller
    Vorgehensweisen korrespondiert mit jüngeren Diskussionen im Bereich der Betriebswirt-
    schaftslehre, genauer den Diskussionen um ein strategisches Management. Marco Zimmer
    und Günther Ortmann (2001, S. 48) sprechen beispielsweise davon, dass eine Theorie des
    strategischen Managements die „Dimensionen des Sozialen nicht ökonomistisch reduziere(n)
    dürfe".

innerhalb der Trägerorganisationen Sozialer Arbeit, weitgehend abgeschlossen ist. Inzwischen sollte daher eher von einer *zweiten Phase der Etablierung* sozialmanagerieller Perspektiven gesprochen werden. Das heißt sozialmanagerielle Programme und Vorgehensweisen haben sich nach ihrem ersten „Boom" (Flößer/Otto 1992, S. 7) in den 1990er Jahren nicht nur breit gemacht, sondern sich innerhalb der Trägerorganisationen Sozialer Arbeit festgesetzt. Als Belege dafür können die Etablierung der in den frühen 1990er Jahren gegründeten themenspezifischen Publikationsorgane, der Marktanteil vielfältiger Beratungs- und Weiterbildungsinstitute für Sozialmanagement – aber auch für Sozialwirtschaft – und nicht zuletzt das bundesweit inzwischen fast flächendeckende Angebot entsprechender Studienangebote dienen.[11] Doch nicht nur das. Der als Teil des wohlfahrtsstaatlichen Arrangements installierte Sektor personenbezogener sozialer Dienstleistungen ist insgesamt, so wird fast einhellig festgestellt, in eine sozialwirtschaftliche Formation überführt worden – und in diesem Rahmen wurden innerhalb der Trägerorganisationen in vielen Fällen sozialmanagerielle Vorgehensweisen eingeführt. Diese sozialwirtschaftliche Transformation der bisherigen wohlfahrtsstaatlichen Organisationsformen zeige sich unter anderem darin, so stellen beispielsweise Heinz-Jürgen Dahme und Norbert Wohlfahrt fest, dass „sich die traditionellen subsidiären Leistungerbringer zu (Sozial)Unternehmern transformieren, die in Geschäftsfeldern operieren und die versuchen, die traditionelle territorial bestimmte kleinräumige Anbieterstruktur abzustreifen (und außerdem) zunehmend klassische Arbeitgeber-Arbeitnehmer-Beziehungen etabliert werden" (Dahme/Wohlfahrt 2003, S. 45.). Andere Autoren fassen diese Diagnose in der schlichten Formel zusammen, dass „(s)oziale Dienstleistungsorganisationen (mit und ohne Erwerbscharakter) zunehmend unter dem Oberbegriff 'Sozialwirtschaft' zusammengefasst (werden)" (Schubert 2005, S. 8). Ist die Kritik von Flößer und Otto damit aktueller denn je? Denn die hier konstatierte sozialwirtschaftliche Transformation der sozialen Dienstleistungslandschaft scheint sich doch vor allem als ein Modernisierungsprozess im Interesse von Partikularorganisationen zu realisieren? Oder gehen hier andere, bisher noch zu wenig systematisch erfasste Veränderungsprozesse von statten, die nur unzureichend als „Modernisierungsversuche herkömmlicher Ansätze" – beispielsweise als „sozialmanageriell" – beschrieben wären?

Einen ersten Hinweis für mögliche Antworten auf diese Fragen geben jüngste – qualitäts- und organisationsbezogene – Forschungsergebnisse, die einen bemerkenswerten Befund vorlegen: Mit der Etablierung sozialwirtschaftlicher und

---

11   Studiengänge mit Schwerpunkt „Sozialmanagement" werden mehrheitlich in Form von Weiterbildungsmastern an Fachhochschulen und Hochschulverbünden angeboten.

sozialmanagerieller Instrumente in den Trägerorganisationen ist demnach keineswegs automatisch eine durchgreifende Wirkmächtigkeit entsprechender Logiken auf Ebene der sozialpädagogischen Erbringungssituationen nachzuzeichnen (vgl. Beckmann et al 2006; Dahme/Wohlfahrt 2003; Messmer 2007).[12] Zwar etablieren sich zunehmend marktförmige Instrumente und Vorgehensweisen (*Quasi-Markt sozialer/sozialpädagogischer Dienstleistungen*) und damit verbunden betriebswirtschaftliche Steuerungsprogramme im Sinne einer effizienten Leitungs-, Planungs- und Kontrolltätigkeit, also sozialmanagerielle Maßnahmen (*Managerialisierung sozialer Dienste*). Zugleich deuten diese Befunde aber darauf hin, dass die veränderten Programmierungs- und Steuerungskonzepte bisher weder eine häufig unterstellte „Industrialisierung" sozialpädagogischer Interventionsmuster (*Taylorisierung*) noch eine generelle organisationelle Determinierung anderer Art per se nach sich gezogen hätten. Zwar ist die marktförmige und damit verbunden die (sozial)managerialistische Neujustierung sozialpädagogischer Dienstleistungen vor allem als Monetarisierung eindeutig und einflussmächtig, wie beispielsweise Heinz Messmer vor dem Hintergrund einer Studie zu den Folgen der gesetzlichen Neuregelungen im Bereich der Erziehungshilfen (Einführung der §§ 78aff. SGB VIII), die als ein weiterer zentraler Markstein in der Umstellung des bisherigen wohlfahrtsstaatlichen Sozialsektors in einen sozialwirtschaftlichen betrachtet werden können, markiert: „Geld' (macht) dem professionellen Wissen in gewisser Weise die Vorherrschaft streitig" (Messmer 2007, S. 175). Dennoch erweise sich die Annahme, mit Ökonomisierungs- und Managerialisierungsprozessen müsste selbstredend auch eine Umstellung des Sozialsektors in einen typischen (marktwirtschaftlichen) Dienstleistungssektor verbunden sein, der strukturell nicht mehr von einem solchen unterscheidbar wäre, als vorschnell. Für die Implementation formaler Qualitätsmanagementsysteme – die als Instrumente der starken und expliziten sozialmanageriellen Installation betriebswirtschaftlicher und damit marktförmiger Verfahren verstanden werden können – formulieren Beckmann et al (2006, S. 59) sogar den Befund, diese stünden „weder in einem Zusammenhang mit der organisationellen Verankerung des Qualitätsgedankens noch mit der Qualität des Erbringungsverhältnisse".

Zwar verändern sich die Organisations*formen* im Prozess der sozialwirtschaftlichen Transformation teilweise grundlegend – und damit verbunden scheinen sich die *strukturellen* Vollzugsbedingungen für die sozialpädagogische Erbringung an manchen Stellen eher zugespitzt zu haben. Dennoch entziehe „sich das

---

12 Andreas Markert (2003, S. 210) geht auch für den Bereich der öffentlichen Jugendhilfe davon aus, dass „in qualitativer Hinsicht (bisher kein) bemerkenswerte(r) Reflex" festzustellen sei. Allerdings folgert Markert daraus eher die Notwendigkeit einer noch ausstehenden Entwicklung in diese Richtung.

sozialpädagogische Handeln letztlich auch der qualifizierenden Beobachtung und Bewertung. Gerade hier erweist sich der Wettbewerbsgedanke als bedeutungslos bzw. fällt vorwiegend negativ ins Gewicht" (Messmer 2007, S. 176). Die neuen Steuerungsformen führten nicht zu einer völligen Angleichung sozialpädagogischer Dienstleistungsformen an die marktwirtschaftlichen, so deuten auch Dahme und Wohlfahrt vor dem Hintergrund ihrer Untersuchungsergebnisse diesen Sachverhalt. Ihres Erachtens dienten diese „primär der Reflexion zielgerichteter beruflicher Interventionen und der Organisationspraxis" (Dahme/Wohlfahrt 2003, S. 47). Führt der organisatorische Kontext sozialpädagogischer Erbringungssituationen – als Programmierungs- und Steuerungsformation – also ein relativ unabhängiges „Eigenleben"? Oder stellt – quasi umgekehrt – die sozialpädagogische Professionalität einen stärkeren Widerhaken innerhalb der organisationellen Transformationsprozesse der letzten anderthalb Dekaden dar als bisher vermutet? Wäre letzteres zutreffend, erwiese sich die vormalige Kritik von Flößer und Otto als hinfällig oder zumindest in ihrer Polarität von „Sozialmanagement *versus* Management des Sozialen" als nicht ausreichend differenziert. Denn die Fachkräfte wären damit als organisationell relativ unabhängig handlungsfähige Akteure zu bestimmen, die auch trotz organisations*interner* Modernisierungstendenzen eine adressatenbezogene Perspektive einnehmen und damit auch eine Perspektive auf das „System sozialer Arbeit" insgesamt richten (können), wie dies Flößer und Otto (1992, S. 15) fordern. Oder gelingt – das könnte das zuerst genannte Deutungsmuster nahe legen – die „Sozialmanagerialisierung" nur auf einem Level der Etablierung einer bestimmten veränderten Formierung und Programmierung sozialpädagogischer Institutionen, ohne dass davon die gültigen – im wohlfahrtsstaatlichen Kontext entwickelten – Ausgestaltungsformen sozialpädagogischer Angebotserbringung grundlegend ins Wanken gebracht werden? Passen die Verantwortlichen ihre Trägerorganisationen also „nur" auf der Ebene von Leitbildern und Organisationskonzepten sozialwirtschaftlich an – ohne die sozialpädagogische Erbringungssituation selbst merklich zu verändern? Oder erweisen sich – so ein dritte mögliche Lesart – die sozialpädagogischen Fachkräfte längst als kompetente Leistungserbringer (vgl. Dewe/Otto 2001, S. 1410), die ihre sozialpädagogischen Vollzugsformen zwar nicht schlagartig als direkte Reaktion auf die sozialwirtschaftliche Transformation ihrer Arbeitsfelder in den letzten anderthalb Jahrzehnten verändert haben, aber doch parallel und in Verbindung zu diesem Veränderungsprozess ihr (professionelles) Handeln in relativer Autonomie an die veränderten Bedingungen angepasst bzw. diese mit etabliert haben – und damit auch den sozialwirtschaftlichen Transformationsprozess und sozialmangerielle Strategien und Vorgehensweisen (mit) dynamisieren? Dann allerdings würde sich zwar die Aktualität des kritischen Hinweises von Flößer und Otto, eine Orientierung an der „kommunalen Lebensqualität" sei notwendig, bestätigen, aber der Ansatzpunkt für eine alternative Strategie müsste eindeutiger bestimmt oder zumindest konkretisiert werden. Es wäre dann nämlich die Frage zu bearbeiten, wie es dazu kommt, dass professionell Handelnde sich zu einem solchen angepassten Handeln motiviert sehen bzw. welche Freiräume ihnen angesichts des sozialwirtschaftlichen Transformationsprozess für alternative Handlungsformen offen stehen (könnten).

Der Münsteraner Soziologe Ferdinand Buer (2006) hat mit Verweis auf Thomas Klatetzkis (2005) Arbeiten zur Organisationsforschung kürzlich die Notwendigkeit der Organisation professionellen Handelns folgendermaßen operationalisiert: Jene müsse ermöglichen, dass „das professionelle Potenzial tatsächlich abgerufen wird" (ebd., S. 74). Das sei notwendig, damit Professionalität nicht durch Organisation(en) verhindert werde. Müsste vor dem Hintergrund der Forschungsergebnisse, wie sie unter anderem die Bielefeld-Wuppertaler Qualitätsforschungsgruppe um Christof Beckmann und Mark Schrödter vorlegt, nicht eher die bisher unbearbeitete Frage gestellt werden, *wie* die Beteiligten innerhalb der Erbringungssituationen eine solche Potenzialität und insofern eine spezifische Organisiertheit herstellen und/oder reproduzieren – eine Potenzialität und Organisiertheit, die affirmativ, widerständig oder ambivalent sein kann? Das hieße nach möglichen Gründen für affirmative oder widerständig-alternative Handlungsvollzüge der professionellen Akteure zu fragen und damit verbunden eine Topologie möglicher Freiräume wie der herrschenden Grenzziehungen analytisch zu generieren (*hegemoniale Matrix*).

Ein solches Vorhaben hieße außerdem, eine *relationale Perspektive* in Bezug auf Organisations- und Qualitätsdimensionen einzunehmen. Eine solche Perspektive kann im Anschluss an ein Professionalitäts- und Organisationsverständnis entwickelt werden, wie es beispielsweise in den Arbeiten von Günther Ortmann (2005, S. 286) angedeutet wird: Sozialpädagogische Organisationen sind dann nicht (mehr) als quasi fixierte Umgebung einzelner Fachkräfte zu begreifen, aber auch nicht nur als relative, das heißt weitgehend frei gestaltbare Umwelt(en) professionellen Handelns. Vielmehr sind (sozialpädagogische) Organisation *und* (sozialpädagogische) Professionalität dann als zwei, konstitutiv miteinander verbundene und sich permanent – auf Basis bisheriger Formationen – materialisierende Dimensionen sozialpädagogischer Erbringungsvollzüge zu konzipieren. Organisations- wie qualitätstheoretische Forschungsperspektiven in den Feldern Sozialer Arbeit haben entsprechend weniger direkte (Ein)Wirkungsformen institutioneller Rahmungen auf die sozialpädagogischen Erbringungssituationen zu untersuchen, als vielmehr Prozesse der Dynamisierung, Modifikation und/oder Modulation im komplexen Bezugsystem von Professionellen und Organisation systematisch in den Blick zu nehmen.

3.3 Problematisierung II: Von der post-wohlfahrtsstaatlichen Transformation des Sozialen

Die Diagnose eines „grundlegenden gesellschaftlichen Wandels", wie er innerhalb der aktuellen Debatten als Grund für die Etablierung sozialmanagerieller Programme und Vorgehensweisen angenommen wird, unterstellt zwar keine eindeutige und unveränderliche Richtung des sozialwirtschaftlichen Transformationsprozesses in den Feldern Sozialer Arbeit, wie die unterschiedlichen Bestimmungen dieses Prozesses durch differente Autorinnen und Autoren verdeutlichen. Dennoch wird suggeriert, dass die notwendige Konsequenz dieses Wandels eine Implementierung von Strategien der Organisationsentwicklung sei – in enger (*Sozialmanagement*) oder weiterer Fassung (*Management des Sozialen*). Diese Annahme hat sich bereits angesichts der skizzierten neueren Forschungsergebnisse als einigermaßen zweifelhaft erwiesen – denn von einer eindeutigen (Aus- oder Ein-)Wirkung spezifischer Organisationsentwicklungsprogramme und -instrumente auf die einzelne sozialpädagogische Erbringungssituation insgesamt kann demnach nicht die Rede sein. Doch noch ein weiterer Aspekt wirft Zweifel an der Annahme einer notwendigen Implementierung sozialmanagerieller Vorgehensweisen aufgrund des grundlegenden sozialwirtschaftlichen Transformationsprozesses auf.

Gerade der frühe Einspruch von Gaby Flößer und Hans-Uwe Otto, ein angemessenes Sozialmanagement sei nur dann zu realisieren, wenn es zu einem „Management des Sozialen" erweitert würde, müsste eine eingehendere Auseinandersetzung mit dem „sozialwirtschaftlichen Transformationsprozess" selbst nahe legen. Denn Flößers und Ottos Forderung war, wie bereits gezeigt wurde, sozialmanagerielle Vorgehensweisen nicht nur organisationsintern, sondern als sozialpolitisches Steuerungsprogramm zu verstehen, das sich im Sinne eines „übergeordnete(n) Interesse(s) an der Produktion kommunaler Lebensqualität" orientieren soll (Flößer 1994, S. 164). Nimmt man diesen Hinweis ernst, müsste dies eine systematische Kontextualisierung der organisationellen Steuerungs- wie Institutionalisierungsmöglichkeiten nach sich ziehen, wie sie beispielsweise Marie-Eleonora Karsten aus einer modernisierungstheoretischen Lesart in ihrem damaligen Beitrag zum Reader von Flößer und Otto andeutet (vgl. Karsten

1992, S. 104).[13] Für eine „reflexive Auseinandersetzung" mit und über sozialmanagerielle Strategien kann die Operationalisierung des Bezugs auf die „Produktion kommunaler Lebensqualität" wohl nur heißen, systematisch die Formierung
historisch-spezifischer alltäglicher Lebensführungsweisen in den Blick zu nehmen und deren aktive (sozialpädagogische) Gestaltung auszuweisen, denn nichts
anderes kann das Ziel eines aktiven „Managements des Sozialen" bedeuten. Und
eine solche systematische Vergewisserung würde dann auch den Zusammenhang
zwischen sozialwirtschaftlicher Transformation und sozialmanagerieller Implementation wie Etablierung bestimmbar machen – interessanterweise sucht man
eine solche Auseinandersetzung in den Sozialmanagement- und Organisations-
entwicklungsdebatten in aller Regel aber vergebens.

Trägerorganisationen Sozialer Arbeit sind Teile des Systems der geplanten
Unterstützung und aktiven Beeinflussung von Lebensführungsweisen, die als sozial problematisch oder potenziell problematisch markiert werden. Will sich Soziale Arbeit und damit auch die Steuerungsinstanz sozialpädagogischer Dienstleistungsorganisationen weder auf das jeweilige organisationsinterne Bezugssystem
konzentrieren noch eine reine Reproduktion der aktuell vorherrschenden Lebens-
führungsmodelle vollziehen, sondern sich einem aktiven „Management des Sozialen" zuwenden, so kann das nur den Verweis auf die Rolle Sozialer Arbeit als
einer solchen Normalisierungsinstanz meinen. Die Regulierung oder eben das
Management des Sozialen meint eine Orientierung an Normalitäts- und damit
verbundenen Normativitätsmustern (vgl. Seelmeyer 2007). Denn „das Soziale"
als wohlfahrtsstaatliche Form der Regulierung oder eben des Managements sozialer Zusammenhänge ist zu verstehen als „spezifische politische Denkweise und
Handlungslogik, die der britische Analytiker Nikolas Rose (1996, S. 328) als ‚Regierung aus der sozialen Perspektive' und die Schweizer Sozialpädagogin Elena
Wilhelm als ‚neue Steuerungsformen' sozialer Zusammenhänge beschreibt (vgl.
Wilhelm 2005, S. 269 ff.). Und Teil dieser wohlfahrtsstaatlichen Gestaltung des
Sozialen ist die an einer nationalstaatlich verfassten Normalität orientierte Le-
bensführungsregulierung durch sozialpädagogische Interventionsmuster. Stellt

---

13 Karsten spricht in einer für die theorie-systematischen Diskussionen der 1990er Jahren typischen
    modernisierungstheoretischen Deutungsweise im Anschluss an die Risikogesellschaftsdiagnose
    von Ulrich Beck (1986) von „Prozesse(n) der Individualisierung und Pluralisierung sowie der
    Verzeitlichung als Folge der Erosion der Lebensbereiche" (Karsten 1992: 104; kritisch zur
    modernisierungstheoretischen Perspektive in der Sozialen Arbeit siehe Kessl/Ziegler 2008). In
    Karstens Analyse findet sich das typische Dilemma sozialpädagogischer Positionsbestimmungen,
    die die „normative(n) Neuorientierungen" im Kontext politischer Transformationsprozesse nur
    als „Anlaß und Horizont der Modernisierungs- und Innovationsanforderungen" in den Feldern
    Sozialer Arbeit betrachten, statt die Einflussmöglichkeiten und -nahmen Sozialer Arbeit als
    einer (sozial)politischen Akteurin systematisch in den Blick zu nehmen und auszuloten.

sich Soziale Arbeit dem Management dieser Denkweisen und Handlungslogiken, so erfordert das deren analytische Rekonstruktion und eine damit verbundene explizite Positionierung; andernfalls vergibt Soziale Arbeit die Möglichkeit, Form und Inhalt dieses Managements auch bewusst und damit strategisch – das heißt im Sinne einer Eröffnung und/oder Erweiterung von Handlungsoptionen für die direkten Nutzerinnen und Nutzer – mitzugestalten.[14]

Weshalb sucht man eine solche systematische Kontextualisierung in den Diskussionen um Sozialmanagement weitgehend vergeblich? Die hier vertretene Vermutung ist, dass diese Ausblendung einen einfachen Grund hat. Sozialmanagement ist nicht die *notwendige Antwort* auf den gesellschaftlichen Wandlungsprozess, der als „sozialwirtschaftliche Transformation" bezeichnet wird – wie dies fast durchgängig unterstellt wird, sondern selbst Teil des Problems. Sozialmanagerielle Konzepte und Strategien stellen keine Reaktion auf den diagnostizierten (sozialwirtschaftlichen) Transformationsprozess dar, sondern *dynamisieren* diesen vielmehr in einer spezifischen Weise.

Der sozialwirtschaftliche Transformationsprozess erweist sich bei genauerer Betrachtung also als Teil eines umfassenderen Transformationsprozesses, einer grundlegenden Veränderung der bisherigen Gestaltungsform des Sozialen. Seit den 1990er Jahren verstärken sich vor dem Hintergrund grundlegender Einwände gegen das bisherige wohlfahrtsstaatliche Arrangement[15] die Tendenzen der Ausbildung eines *post*-wohlfahrtsstaatlichen Arrangements – auch in den Feldern Sozialer Arbeit.

Die Organisation des Sozialen ist im wohlfahrtsstaatlichen Arrangement primär als „Verwaltung des Sozialen"[16] realisiert. Diese *wohlfahrts*-administrative Logik wird in den letzten Dekaden – und verstärkt seit dem Ende des 20. Jahrhunderts – von neuen *manageriellen* Administrationslogiken überformt und abgelöst

---

14   Dieser Verweis sollte nicht als Modell einer vorgängigen wissenschaftlichen Analyse und eines nachfolgenden fachlichen Handelns missverstanden werden. Gerade die erkenntniskritischen Einwände der letzten Jahrzehnte haben ein solches klassisch-professionelles, nämlich expertisenbasiertes Konzept massiv in Frage gestellt. Kontextualisierung *und* Positionierung müssen als Bestandteile beider reflexiver Instanzen – der Wissenschaft wie der Profession Sozialer Arbeit – konzipiert werden (vgl. dazu ausführlicher Kessl/Reutlinger 2012/i.E. am Beispiel der Sozialraumarbeit).

15   Stephan Lessenich und Matthias Möhring-Hesse (2005, S. 99ff.) sprechen in ihrer Expertise zu einem *Neuen Leitbild für den Sozialstaat* von drei entscheidenden, das heißt bestimmenden Kritikpunkten am wohlfahrtsstaatlichen Arrangement: Gerechtigkeitsdefiziten, Leistungsversagen und Finanzierungsprobleme.

16   Der Begriff der „Verwaltung des Sozialen" wird hier als Charakterisierung für den wohlfahrtsstaatlichen Typus einer Organisation des Sozialen benutzt. Damit findet hier ein anderer Begriff der Verwaltung des Sozialen Verwendung als ihn beispielsweise Friedrich Ortmann vorschlägt (vgl. Ortmann 2002, S. 409ff.). Bei Friedrich Ortmann stellt die „bürokratisch-strukturierte Verwaltung" nur einen *historisch-spezifischen* Typus dar (ebd.).

(vgl. Harris 2003). Während die wohlfahrtsstaatliche Organisation des Sozialen daran ausgerichtet war, soziale Risiken mit Bezug auf das Idealbild einer „Gesellschaft der Ähnlichen" zu regulieren, ist die post-wohlfahrtsstaatliche Organisation des Sozialen zunehmend am Idealbild einer „Gesellschaft der Unähnlichen" ausgerichtet (vgl. Castel 2005). Zwar bleiben Normalitätsmuster auch weiterhin Orientierungsmarken sozialpolitischer wie sozialpädagogischer Interventionsmuster, allerdings verändert sich deren Bezugsrahmen: Die wohlfahrtsstaatliche Normalitätskonstruktion lässt sich im Bild der Normalverteilung im Kontext nationalstaatlich verfasster Bevölkerungseinheiten zeichnen. Abweichungen wurden hier in Relation zu den Bevölkerungsmehrheiten und den von diesen bevorzugten Lebensführungsweisen bestimmbar (*Gaußsche Glockenkurve*). Mit der wohlfahrtsstaatlichen Transformation werden Normalitätsmuster inzwischen flexibler und dabei vor allem milieuabhängig bestimmt. Nicht mehr notwendigerweise die Mehrheit einer nationalstaatlichen Bevölkerung, sondern die mehrheitlichen Lebensführungsweisen eines bestimmten – und zumeist auch bestimmenden – Milieus stellen nun die Bezugspunkte von Normalisierungsprogrammen dar, wie sie unter anderem die Soziale Arbeit realisiert bzw. deren ausführenden Instanzen realisieren sollen. Milieus sind dabei sowohl empirisch rekonstruierbare Gruppen, denen ein gemeinsamer Lebensstil gemein ist (z.B. als „alternatives" oder „kleinbürgerliches" Milieu) als auch symbolisch-homogenisierte Bevölkerungsgruppen (z.B. politische Konstruktionen, wie die der „neuen Unterschicht" oder der „Bevölkerung eines benachteiligten Stadtteils"). Räumlich werden solche faktischen oder politisch-konstruierten Milieukonstellationen sowohl kleinräumig – unterhalb nationalstaatlicher Räume, beispielsweise in bestimmten Wohnarealen – wie großräumig verortet – oberhalb der nationalstaatlichen Räume, beispielsweise als Lebensstile neuer globaler Milieus.

Die institutionelle Ausprägung der wohlfahrts-administrativen Logik(en) basiert einerseits auf dem Ideal der Sozialbürokratie, innerhalb derer die „Bürokraten" anhand eines fixierten Regulationskanons über sozialrechtliche Leistungen, Versorgungs- und Fürsorgeangebote entscheiden. Und andererseits fußt sie auf dem Ideal professioneller Dienstleistungsorganisationen[17], das heißt einem institutionalisierten Kontext für die professionellen Fachkräfte, die potenziell autonom agierenden, akademisch ausgebildeten Expertinnen und Experten also.

---

17 Eine solche kategoriale Bestimmung von „professionellen Dienstleistungsorganisationen" als institutionalisierte Kontexte eines uno-actu und hinsichtlich Konsumtion und Produktion zeitgleich erbrachten personenbezogenen Angebotes ist von einem Dienstleistungsverständnis zu unterscheiden, das dieses im historisch-spezifischen Kontext einer „Dienstleistungsgesellschaft" seit dem letzten Drittel des 20. Jahrhunderts verankert.

Begriffsbestimmung:

John Clarke und Janet Newman fassen die Doppelstruktur wohlfahrtsstaatlicher Organisationsformen mit Bezug auf den britischen Kontext in folgender Weise sehr treffend zusammen: „Bu-
reaucrats were identified as actively hostile to the public - hiding behind the impersonality of re-
gulations and ‚red tape‘ to deny choice, building bureaucratic empires at the expense of providing
service, and insulated from the ‚real world‘ pressures of competition by their monopolistic position.
Professionals were arraigned as motivated by self-interest, exercising power over would be consu-
mers, denying choice through the dubious claim that ‚professionals know best.“ (Clarke/Newman
1997, S. 15)

Trägerorganisationen sollten daher idealiter den Professionellen im wohlfahrtsstaatlichen Kontext einen angemessenen Aktionskontext bereitstellen. Dementsprechend sind auch die Ausbildungsgänge an den Hochschulen, die einen expli-
ten Bezug auf die sozialpädagogischen Arbeitsfelder aufweisen, in der ersten wie
zweiten Akademisierungsphase Sozialer Arbeit im 20. Jahrhundert (vgl. Kruse
2004) von der Idee einer akademischen Professionalisierung bestimmt. Auf Basis
eines spezifischen „abgrenzbare(n) Fachwissen(s)“ sollte damit die Etablierung der
Profession als Gruppe von gesellschaftlich anerkannten Fachkräften zur „Lösung
sozialer Probleme“ erreicht werden (Otto 1971, S. 91 und 95). Zusammenfassend
kann man also davon sprechen, dass der Sozialen Arbeit die Aufgabe einer professionellen Gestaltung des Sozialen zu kam und den professionellen Dienstleistungsorganisationen die Bereitstellung dazu angemessener Erbringungssituationen.

Mit der Transformation des bisherigen wohlfahrtsstaatlichen Arrangements
werden diese beiden strukturierenden Organisationselemente in Frage gestellt. Denn
die Motivation der Verwaltungsmodernisierungs-, Verwaltungsvereinfachungs- und
Neuen Steuerungskonzepte seit den 1990er Jahren ist eine Diagnose und Behauptung sozialbürokratischer Ineffizienz und Ineffektivität. Und expertokratiekritische
Einwände gegen das wohlfahrtsstaatliche Professionalisierungsprogramm skandalisieren seit den 1970er Jahren vor allem die fehlende Beteiligung der Nutzerinnen und Nutzer und einen fehlenden individualisierten und flexiblen Fallbezug.

Die Inblicknahme der Entwicklungsmuster im Prozess der anhaltenden Transformation des bisherigen wohlfahrtsstaatlichen Arrangements macht also zum ersten deutlich,, dass die hier zu Tage tretenden Programmierungsmuster den Mustern
innerhalb sozialmanagerieller Programme sehr ähnlich, ja teilweise strukturana-
log sind. Vor dem Hintergrund der angedeuteten sozialtheoretischen Vergewisserung lässt sich – zweitens – die programmatische Ausrichtung von „Sozialmanagement“ und „Management des Sozialen“ etwas detaillierter bestimmen. Beide
Perspektiven sind durch eine Entwicklung weg von der traditionellen Professio-
nellen-Figur gekennzeichnet, die im wohlfahrtsstaatlich-administrativen Ideal-

modell letztlich relativ unabhängig vom jeweiligen institutionalisierten Kontext agieren sollte – aber auch weg von der (wohlfahrtsstaatlichen) Sozialbürokratie.

In beiden Ansätzen rückt die Organisation als gestaltende Akteurin ins Zentrum des Interesses. Sozialmanagerielle wie die Strategien eines „Management des Sozialen" zielen nämlich letztlich darauf, die Organisation selbst zu einem bewussten und geplanten Agieren zu bewegen – wobei diese in den engeren sozialmanageriellen Konzeptionen die bisherige Idealfigur der professionellen Fachkraft eher ersetzen[18] und in den weiteren Konzeptionen eines „Management des Sozialen" einen konstitutiven Handlungsrahmen für die einzelnen professionellen Fachkräfte installieren und garantieren soll, ohne deren relative Autonomie grundsätzlich zu gefährden. Aufgrund ihrer weitgehend fehlenden sozialtheoretischen Vergewisserung hinsichtlich der aktuellen wohlfahrtsstaatlichen Transformationsprozesse gelingt es damit aber beiden Konzeptionssträngen nicht ausreichend, deren bewusste Mitgestaltung rekonstruktiv auszuloten und damit mögliche Ansatzpunkte für alternative Entwicklungswege systematisch aufzudecken. Insofern lässt sich vor dem Hintergrund der skizzierten sozialtheoretischen Vergewisserung in Bezug auf die wohlfahrtsstaatlichen Transformationsprozesse drittens festhalten, dass die engeren sozialmanageriellen Strategien und Vorgehensweisen eher dazu neigen, deren vorherrschende Tendenzen zu übersehen oder aktiv mit voranzutreiben, während sich die Forderung nach einem weiteren „Management des Sozialen" eher als Rückerinnerung an die bisherige wohlfahrtsstaatliche Form einer „Verwaltung des Sozialen" liest, die es nicht ganz aufzugeben gelte.[19] Das erste Reaktionsmuster vergibt Gestaltungschancen und ist angesichts der neuen Prekarisierungstendenzen im entstehenden post-wohlfahrsstaatlichen Kontext eher in der Gefahr, die systematischen Ansatzpunkte für alternativ-widerständige Strategien systematisch zu verpassen – oder will es diese vielleicht sogar übersehen? Das zweite Muster kann

---

18   Ein typisches Beispiel dafür ist die Aufgabenliste für Sozialmanager/innen, die Cornelia Bader (1999) in ihrer Einführung vorschlägt. Diese enthält acht Punkte: Finanzierungsverantwortung/-optimierung; Verantwortung und Prüfung der Wirtschaftlichkeit; Gestaltung der Organisationsabläufe; Personalmanagement; Realisierung einer angemessenen Corporate Identity; Thematisierung der Beziehung zu den Klienten; Beziehung zu ehrenamtlichen Mitarbeitern und Motivierung wie Einbeziehung der Mitarbeiter in den Veränderungsprozess (vgl. ebd., S. 41f.). Die Frage professioneller Handlungsvollzüge spielt hier allenfalls eine sehr indirekte Rolle, wenn beispielsweise von Mitarbeitermotivation oder der Beziehung zu den Klienten gesprochen wird. Mindestens im letztgenannten Aspekt wird dies aber schon wieder zweifelhaft, wenn Bader diese Verhältnisbestimmung auf die Überprüfung der Deckungsgleichheit von „Unterstützungsstrategien" und „Interessenslagen" beschränkt. Damit bleiben die eigentlichen Spannungslinien professioneller Erbringungssituationen, wie der Umgang mit einer konstitutiven Asymmetrie, ausgeblendet.

19   In den Worten von Gaby Flößer (1994, S. 123) liest sich diese Forderung folgendermaßen: „Diese Zielsetzung läßt sich für die Soziale Arbeit aber nur im Hinblick auf ihren sozialpolitischen/-pädagogischen Auftrag konkretisieren, sonst bliebe sie inhaltsleer und beliebig".

zwar als berechtigte Erinnerung an erreichte sozialrechtliche Standards und sozialethische Vereinbarungen verstanden werden und an deren zunehmende Delegitimation. Zugleich bleibt diese Perspektive aber zu sehr dem Glauben an ein Progressionsmodell verhaftet, womit es die Gefahren der konstitutiven Gleichzeitigkeit von zugespitzter Rationalisierung (z.B. *verstärkte* Technokratisierungstendenzen in der Leitung professioneller Dienstleistungsorganisationen) und Ent-Rationalisierung (z.B. technokratische *Reduzierung* der Leitungsarbeit in professionellen Dienstleistungsorganisationen auf Budget-, Marketing- und Personalmanagementfragen) weitgehend zu übersehen droht. Dazuhin fehlt zumindest in Flößer/Ottos Vorschlag eine offensive Reaktion auf die wohlfahrtsstaatskritischen Einwände, die aber einen entscheidenden Motivationsfaktor für die gegenwärtigen Transformationsprozesse in der Sozialen Arbeit ausmachen.[20]

---

20   Soziale Arbeit hat ihre Professionalisierung und Institutionalisierung historisch nicht zuletzt
      dem Engagement sozialer Bewegungen (u.a. *bürgerliche Frauenbewegung*) und konservativer,
      sozialdemokratischer wie sozialistischer Wohlfahrtsfunktionäre und -politiker zu verdanken.
      Beschränkt sie sich aktuell auf eine defensive Haltung und versucht sich auf die Verteidigung
      des wohlfahrtsstaatlichen Arrangements zurückzuziehen, droht sie, sich selbst zu marginalisieren. Deshalb scheint es sehr viel angemessener, wenn sie ihr „Gedächtnis" (Maurer 2006)
      (re)aktiviert und sich in diesem Sinne deutlich zu den Positionen wohlfahrtsstaatskritischer
      Akteure relationiert. Denn nur dann kann sie ihr Gestaltungspotenzial ausschöpfen.

4. Soziale Arbeit als professionelle Erbringungsinstanz

4.1 Soziale Arbeit als professionelle Erbringungsinstanz. Die Ausgangssituation

Mit einer politisch und kulturell einflussreichen Infragestellung des Prinzips des Wohlfahrtsstaats, soziale Verantwortung von ungleich leistungsfähigen, partikularen sozialen Beziehungen wie Familien und Freundschaften auf die von individuell-persönlichen Zusammenhängen und Reziprozitätserwartungen sowie den entsprechenden Abhängigkeiten potenziell freie Ebene einer aggregierten Solidargemeinschaft zu verlagern (vgl. Castel 2005; Clarke 2004; Gilbert 2002), wird seit dem letzten Drittel des 20. Jahrhunderts auch die Art und Weise der Erbringung sozialer Dienstleistungen delegitimiert, die wohlfahrtsstaatlich als öffentliche Aufgabe und spezifische Form sozialpolitischer Intervention gelten (vgl. Kaufmann 1982) und mit denen professionelle Akteure betraut sind (vgl. Brunkhorst 1996).

Sozialpädagogische und sozialarbeiterische Handlungsvollzüge erscheinen im wohlfahrtsstaatlichen Zusammenhang ebenso, wie andere pädagogische Tätigkeiten, zum Beispiel das Handeln von LehrerInnen, als eine Form der öffentlichen, berufsförmigen und professionalisierten Erbringung verbriefter Rechte auf Erziehung, Bildung und Sorge, die sich im spezifischen Kontext als Eröffnung und Vermittlung von Wissenszugängen, sozialer Unterstützung, Beratung oder Betreuung realisieren.

---

21 Das folgende Kapitel basiert auf einem gemeinsam mit Catrin Heite verfassten Beitrag (Heite/ Kessl 2009).

Begriffsbestimmung:

Zwei Thematisierungsstränge prägen das Themenfeld „Professionalisierung und Professionalität".
In Professionsforschung und den damit verbundenen fach- wie allgemein-gesellschaftspolitischen
Diskussionen geht es erstens um die Frage der politischen Legitimation professionalisierter oder
als professionalisierungsbedürftig angesehener Tätigkeiten – jener Berufe besonderen Typs also,
die ihre ‚klassische' Form in der Jurisprudenz, der Medizin und der Theologie gefunden hatten.
Der Status Profession ergibt sich jedoch nicht ohne weiteres aus einer spezifischen beruflichen
Praxis, sondern setzt die gesellschaftliche Anerkennung als jeweils exklusiv für diese berufliche
Praxis zuständigen und kompetenten Akteur voraus. Die Durchsetzung alleiniger Zuständigkeit
der Professionen für die Bearbeitung je bestimmter, zueinander abgegrenzter Problembereiche,
die Tatsache einer „gesellschaftlich definierte(n) Aufgabe" (Tenorth 1989, S. 811) also, lässt sich
daher nur auf Basis ihrer gesellschaftlichen Mandatierung realisieren, wie sich im Fall der pädagogischen Berufe historisch zunächst am LehrerInnenberuf und dann vor allem an der Sozialen
Arbeit, der Erwachsenen- und Weiterbildung und in jüngster Zeit auch der Medienpädagogik
zeigen lässt.
Zweitens geht es damit um die (sozial)wissenschaftliche Bestimmung der Spezifika solcher Berufe, die als Professionen bezeichnet werden sollen. Im Fall der pädagogischen Berufe stellt sich in
der Professionsforschung und –theorie somit die Frage nach den Besonderheiten einer professionalisierten pädagogischen Praxis, die sich anhand eines distinkten Tätigkeitsfeldes (exklusive
Zuständigkeit), einer spezifischen Kompetenz und Expertise (Deutungs- und Diagnosehoheit), des
Verfügens über entsprechendes disziplinäres und professionelles Spezialwissen (Geheimwissen)
und einer eigenen professionellen Ethik von anderen Berufen und Professionen abgrenzen und
gleichzeitig als eine den anderen Professionen gegenüber gleichberechtigte Akteurin bestimmen
lässt.

Schultheoretisch wird von der Qualifizierungs-, Selektions- und Integrations-
funktion der Schule gesprochen und damit von deren Orientierung an den Erfor-
dernissen des Arbeitsmarktes, an den bestehenden sozialen Positionen und den
vorherrschenden Lebensführungsmustern (vgl. Fend 1980; Kottmann 2006; Terhart 2001; Tillmann 2005). Für die Soziale Arbeit ist die Rede von deren Normalisierungsauftrag, der zugleich helfende wie kontrollierende Qualität habe (vgl.
Böhnisch/Lösch 1973; Hamburger 1997; Müller/Otto 1986, Nagel 1997). Fritz
Schütze spricht in diesem Zusammenhang von einer „partiellen Einbeziehung"
der Professionen in „das hoheitsstaatliche Verwaltungshandeln" (Schütze 1997,
S. 244), Bernd Dewe und Olaf Radtke von der „Spannung, die der Pädagoge in
staatlichen Organisationen auszuhalten ha(be)" (1991, S. 153) und Maja Heiner von den „widersprüchlichen Anforderungen zwischen Hilfe und Kontrolle"
(2004, S. 123). Obwohl diese ‚Doppelbeauftragung' von Hilfe und Kontrolle,
Integration und Selektion sowohl in Bezug auf das Lehrer_innen- wie das sozialpädagogische Handeln beschrieben wird, sind wohlfahrtsstaatstheoretische
Einordnungsversuche im Fall der Schule – oder auch der Weiterbildung – nicht
die Regel. Die Thematisierung und vor allem Problematisierung der sozialpolitischen Einbindung Sozialer Arbeit erscheint dagegen relativ selbstverständlich.

Dieser unterschiedliche Fokussierungsgrad der wohlfahrtsstaatlichen Positionierung von Lehrer_innenhandeln und sozialpädagogischem Handlungsvollzug
und damit deren Regulations- und Regierungsfunktion und –grad ist zu einem
nicht unbeträchtlichen Teil mit der gängigen Annahme einer besonders starken
Belastung der Profession Sozialer Arbeit durch die „Verfahrensweisen und Zug-
zwänge des hoheitsstaatlichen Verwaltungs- und Herrschaftsapparats" erklärbar
(Schütze 1997, S. 245).

Diese Deutungsform verweist auch darauf, dass im Kontext des wohlfahrtsstaatlichen Arrangements Soziale Arbeit *sozial*politisch und die Schule *bildungs*-
politisch verankert wird. Analytisch wird in dieser Gegenüberstellung Bildungspolitik funktional definiert als Statuszuweisung, das heißt als zertifizierte und
habitualisierte Positionierung der Adressat_innen im sozialen Raum (vgl. Bourdieu
1985) und Sozialpolitik dagegen eher als Statuserhalt, als Programm der Garan-
tie des erreichten Lebensstandards (vgl. Allmendinger 1999). Beide Bereiche sind
aber als Teil „des Wohlfahrtsstaatlichen" im Sinne einer historisch-spezifischen
Programmierung und Formierung „des Sozialen" zu bestimmen. Die institutionelle Ausprägung dieser wohlfahrts-administrativen Logik(en) basiert daher auf
zwei miteinander verschränkten Bestandteilen: einem *sozialbürokratischen* und
einem *professionell–dienstleistungsorganisatorischen*. Die bürokratische Ebene
verweist auf die Tatsache, dass anhand fixierter Regulationskanons über sozialrechtliche Leistungen, Versorgungs- und Fürsorgeangebote, und eben auch über
Bildungs- und Erziehungsangebote entschieden wird. Die Beschreibung von professionellen Dienstleistungsorganisationen benennt dagegen einen institutionalisierten Kontext für die professionellen Fachkräfte, die als potenziell autonom
agierende, akademisch ausgebildete Expertinnen und Experten – eben als Ange-
hörige einer Profession – handeln.

Als Aufgabe der Trägerorganisationen gilt im wohlfahrtsstaatlichen Kontext
die Bereitstellung eines angemessenen Aktionsradius für die Professionellen, denn
dieser soll den Fachkräften jenen professionellen Ermessensspielraum eröffnen,
den diese wiederum für die autonome Entwicklung von Lösungsmöglichkeiten
für die Adressat_innen benötigen. Voraussetzung für eine angemessene Nutzung
dieses Ermessensspielraums durch die Professionellen ist neben diesem organisationell bereitgestellten Freiraum, eine spezifische professionelle Ethik und die
Verfügung über ein spezifisches professionelles Wissen (*Expertise*), dessen Grundlagen im Rahmen einer wissenschaftlichen Ausbildung zu erwerben sind. Zwar
wird in der pädagogischen Professionstheorie häufig eine Differenz von *Wissen*
und *Können* beansprucht resp. diese Differenz wissenssoziologisch mit dem Verweis bearbeitet, professionelles Wissen könne „kein handlungsleitendes Wissen"

darstellen (Dewe/Radtke 1991, S. 155; vgl. auch Dewe/Ferchhoff/Scherr/Stüwe 2001; Klatetzki 1993). Zugleich scheint die zur Herstellung von Professionalität notwendige Reflexivität, eine wissenschaftliche Ausbildung notwendig zu machen, denn erst diese setze den Pädagog_innen die „Augen ein, die darüber bestimmen, was der Pädagoge (sic!) in seinem Tätigkeitsfeld sieht und welche Relevanzen er in seinem Handlungsfeld setzt" (Dewe/Radtke 1993, S. 155). Zudem versetze erst diese Ausbildung die professionell pädagogisch Handelnden in die Lage, die „ausgeübten Praktiken nachträglich zu begründen und gegebenenfalls zu reflektieren" (ebd.) wobei erst diese Begründungs- und Reflexionsverpflichtung professionalisiertes Handeln als solches kennzeichnet.

4.2 Professionalisierung und Professionalität – eine Problematisierung

Obgleich ihrer Wissensbasierung ein zentraler Stellenwert zugewiesen wird, sind die pädagogischen Professionen seit ihrer Entstehung von immer wieder erneut formulierten Zweifeln an ihrer Erlernbarkeit begleitet – wenn auch aus ganz unterschiedlicher Motivation. Christian Gotthilf Salzmann (1744–1811) steht beispielsweise für eine Form der Aufklärungspädagogik, deren Skepsis gegenüber der Erziehbarkeit der Erziehenden einem Glauben an deren Selbstbildsamkeit geschuldet ist. Salzmann schreibt dementsprechend in seinem *Plan zur Erziehung der Erzieher* (1806/1964, S. 67): „Findest du (…) dass der Umgang mit Kindern dir Freude macht, dass sie an dir mit ganzem Herzen hängen, dass du sie mit Leichtigkeit lenken kannst, dann glaube, dass der Weltregierer dich zur Erziehung derselben berufen hat". Während allerdings Aufklärungspädagogen wie Salzmann oder auch Pestalozzi (1746–1827) im tiefen Glauben an die Selbstbildsamkeit des Subjektes an einer quasi generellen Professionalisierung pädagogischer Berufe zweifelten, ist für die Professionalisierungskritik anderthalb Jahrhunderte später die grundsätzliche Infragestellung des Institutionalisierungsprozesses moderner Gesellschaften Motivation für ihre Oppositionshaltung gegenüber Formen der Verwissenschaftlichung medizinischer, psychologischer und pädagogischer Tätigkeiten (vgl. Illich 1979; Mannoni 1976; Weinholz 1984). Zu Beginn des 21. Jahrhunderts werden diese Einwände in einem neuen Format vor allem mit Verweis auf die zunehmende Ökonomisierung des sozialen Sektors und die damit verbundene Individualisierung neu aufgelegt.

Mit Perspektive auf die Adressat_innen plädiert etwa Klaus Dörner (2007) in seinem Entwurf eines „neuen Hilfesystems" in einer popularisierten Variante der welfare mix-These (vgl. Evers/Olk 1996) für ein „Mischungsverhältnis" der Steuerungskonzepte von Staat, Markt und Bürgergesellschaft. Denn seines Erachtens neige der Staat zur Ausbildung eines „profizentrische(n) Konzept(s)" und verhindere damit dass die Bürger ihre „Beziehungen möglichst weitgehend selbst regeln" (Dörner 2007, S. 67). Daher müssten die Potenziale der Bürgergesellschaft, des „dritten Sektors", in den Blick genommen werden, um stattdessen ein „bürgerzentrische(s) Konzept" zu befördern (ebd.): „Offenbar haben wir keine Alternative dazu, uns genauer mit den Möglichkeiten des dritten Sektors zu beschäftigen" (ebd., S. 45).

In systematischer Perspektive ist seit Ende der 1960er Jahre ausgehend von einem zentralistischen, juridischen und repressiven Machtverständnis argumentiert worden, dass jene ‚Kennzeichen' von Professionen wie die Herstellung wissenschaftlichen Wissens und deren exklusive Verfügung Bestandteile einer „Ideologie des Professionalismus" seien. Diese diene zum einen dazu, Kontrolle über die eigene Arbeit und Arbeitsbedingungen zu erlangen und diese aufrechtzuerhalten (vgl. Abbott 1988; Freidson 1975; für die Soziale Arbeit: Hollstein/Meinhold 1973; Kunstreich 1975; Müller/Otto 1980; für die Schule: Beisenherz/Feil 1982). Zum anderen realisierten Professionelle mit der Produktion, Anwendung und exklusiven Herstellung von und Verfügung über Wissen aber „auch (eine) Stabilisierung der Herrschaftsverhältnisse" (Daheim 1992, S. 30). Arno Combe fasst 1971 in seiner Studie *Kritik der Lehrerrolle* diese Einschätzung in den Worten zusammen, Lehrende wirkten „meist unreflektiert als Ordnungsfaktor des gesellschaftlichen Status quo" (ebd., S. 218).

Die Wissensbestandssicherung war allerdings für die *pädagogischen* Professionen von Anfang an eine prekäre Angelegenheit, da sowohl der Konnex Profession-Disziplin als auch die disziplinäre Exklusivität bis heute weder in der Lehrer_innenausbildung noch in der Ausbildung von Sozialpädagog_innen oder Weiterbildner_innen realisiert werden konnte. Dies lässt sich beispielhaft am Lehramtsstudium in Bezug auf das Verhältnis von Fachdisziplinen, Fachdidaktiken, Allgemeiner Didaktik und den erziehungswissenschaftlichen Studienanteilen oder für die Mehrzahl der sozialpädagogischen Studiengängen an der multidisziplinären Gestaltung der Studienangebote an den bundesdeutschen Fachhochschulen und bis Anfang des 21. Jahrhunderts auch an den Gesamthochschulen (Studienelemente aus Sozialpolitik, Sozialmedizin, Sozialrecht oder Sozialplanung) zeigen. Wissenschaftliches Wissen und als dessen Symbol die Verleihung akademischer Grade „ist dabei vor allem deshalb ebenso wichtig wie funktional, weil die ‚Ware', die die Professionen anzubieten haben, […] nicht gegenständlich ist und die üblichen Verfahren zu prüfen, ob sie ‚wert' ist, was sie kostet, entsprechend untauglich sind" (Wetterer 2002, S. 276). Der Bezug der Profession auf eine entsprechende wissenschaftliche Disziplin, die professionsrelevantes Wissen produziert und in einer standardisierten wissenschaftliche Ausbildung vermittelt, fungiert so als Nachweis professioneller Kompetenz, verschafft Autorität und Anerkennung. Vor diesem Hintergrund befinden sich pädagogische Professionen, insbesondere die Medienpädagogik, die Soziale Arbeit oder die Kinder- und Jugendarbeit, am Anfang des 21. Jahrhunderts in einer höchst ambivalenten Situation. Einerseits orientieren sie sich in ihrem unabgeschlossenen „Kampf um Anerkennung" (vgl. Heite 2008) weiterhin an den Professionalisierungsprinzipien der sogenannten klassischen Professionen, deren genereller Geltungsanspruch andererseits zunehmend in Zweifel gezogen wird.

Im Unterschied zu den so genannten klassischen Professionen ist die Forderung nach einer konstitutiven Kontextualisierung professioneller Handlungsvollzüge und damit nach einer entsprechenden (gesellschaftstheoretischen) Fundierung oder zumindest Erweiterung der Wissensbasis von Beginn an Teil der pädagogischen Professionalisierungsdiskussionen. Das zeigen bereits die frühen Auseinandersetzungen zu Beginn des 20. Jahrhunderts, in denen beispielsweise die „sozialpädagogische Formgebung" als Teil des gesellschaftlichen Gestaltungsprozesses (Mennicke [1937] 2001, S. 81ff.) bestimmt wird. Allerdings hat dieser Kontextualisierungsfokus, wie er zumindest in Teilen der Diskussionen um pädagogische Professionalität und Professionalisierung realisiert wurde, nicht vor einer relativen Machtnaivität oder teilweise sogar Machtblindheit bewahrt. Denn erstens schreiben die pädagogischen Professionalisierungsprogramme qua Verwissenschaftlichung der Wissenschaft und damit dem wissenschaftlichen Wissen die Eigenschaft zu, *per se* gegen individualisierende und moralisierende Erklärungsansätze zu immunisieren. Die quasi naturgegebene Bedeutsamkeit als „kritische Reflexionsmatrix", die wissenschaftlichem Wissen in dieser Argumentation zugesprochen wird, kann aber vor allem deshalb nur wenig überzeugen, weil damit zumeist keine machtanalytischen Perspektiven verbunden werden. So fand die reflexive Rückwendung auf den eigenen sozialen Herrschaftsstatus – als anerkannte oder als nach Anerkennung strebende Profession – innerhalb der Professionsforschung lange Zeit nicht statt. Entsprechende empirische Studien liegen bis heute nur in Ansätzen vor. Analog zum Herrschaftscharakter des kollektiven professionellen Akteurs spielt auch die systematische Reflexion der Machtanteile individueller professioneller Akteure im pädagogischen Handlungsvollzug bis heute eine nur geringe Rolle. Zweitens wird dem Einwand, dass wissenschaftliches als ‚objektives', ‚wahres' und ‚richtiges' Wissen keinesfalls explizit, direkt und ohne weiteres in die Praxis zu transferieren sei, zwar mit dem Hinweis begegnet, die Professionellen müssten befähigt werden, wissenschaftliches Wissen mit Routine- oder Handlungswissen zur vermitteln: Das „professionelle Subjekt" habe also, jeweils situativ, eine „Transformation wissenschaftlicher Theorieaussagen in berufspraktisch relevante Informationen [zu leisten], unter der Maxime, die wissenschaftlichen Konstruktionen im Erfahrungshorizont praktischer Deutungsmuster gewissermaßen neu zu konstituieren" (Dewe/Otto 1992, S. 90). Dennoch bleibt damit die Frage, in welcher Weise die professionellen Akteure in diesen Situationen des pädagogischen Handlungsvollzugs für eine gleichzeitig geforderte wenigstens relativ „gleichberechtigte Kooperation" sorgen sollen, weitgehend unbestimmt. Die Frage, wie pädagogische Professionelle im Bewusstsein der konstitutiven Asymmetrie zwischen ihnen und den Adressat_innen neben der Kontextualisierung eine bestimmbare, aber transparente und möglichst demokratische, partizipationsorientierte Position einnehmen, bleibt in der pädagogischen Professionsforschung noch immer weitgehend unterbelichtet.

Drittens erweisen sich Deutungshoheit und Diagnostik machtanalytisch als Mechanismen der Herrschaftssicherung, das heißt eines machtvollen „Wahr-Machens", qua derer professionell zu bearbeitende Probleme als etwas „objektiv Definierbares" und „wirklich Gegebenes" markiert werden. Denn gesellschaftliche Anerkennung lässt sich für den kollektiven Akteur „Profession" dann am besten gewinnen, wenn „Wahrheit" und „Objektivität" von „Unrecht", „Krankheit" – oder eben „Bildung und Erziehung" – öffentlich selbstverständlich und damit in der politischen Programmierung wirksam sind. Spätestens seit den feministischen, dekonstruktivistischen und postmodern-erkenntniskritischen Einwänden der vergangenen 35 Jahre, die eine generelle Skepsis gegenüber essenzialistischen Denkweisen mobilisiert haben, kann auch die Annahme ontologisch-objektivierter Merkmale und entsprechender Bestimmungsfaktoren von Professionen nicht mehr überzeugen. Vielmehr dient das Theorem von bestimmten Professionsmerkmalen häufig als Machtmittel in Kämpfen um Anerkennung als Profession, in denen es unter anderem mittels der Behauptung einer eigenen professionellen Ethik und Expertise, die sich aus einem zu „nicht-wissenschaftlichen" und „allgemeinmenschlichen" Wissensbeständen abgrenzbaren akademischem Wissenskorpus ergibt, um die Herstellung und Sicherung jener machtvollen Statusposition geht.

Neben dem Ringen um ihre Wissensbestandssicherung charakterisiert die pädagogischen Professsionalisierungsdebatten die erwähnte organisationelle Einbindung pädagogischer Professionen. In der erziehungswissenschaftlichen Professionstheorie findet diese Einschätzung ihren deutlichsten Ausdruck in Bezug auf den Professionalisierungsgrad Sozialer Arbeit, die, so die These, nur über einen „halbierten" Professionsstatus verfüge. Diese These findet in der entsprechenden abwertenden Bestimmung als „Semi-Profession" ihren Niederschlag und verweist zum einen auf die als Problem angesehene administrative Eingebundenheit der sozialpädagogischen Fachkräfte, deren Arbeitsvollzüge im „Kontext (wohlfahrts)

staatlicher Organisationsstrukturen verankert" sind (Merten/Olk 1996, S. 579)
und die aus diesem Grunde nicht über hinreichend professionelle Handlungsau-
tonomie verfügten. Zum anderen ist hier implizit aber auch die geschlechterhier-
archische Abwertung des weiblich codierten Berufes Soziale Arbeit benannt, für
die Angelika Wetterer in diesem Sinne die Phase der „Institutionalisierung zwischen (männlich dominierten) Professionen und (weiblichen) Semi-Professionen"
identifiziert (1995, S. 17, vgl. auch dies. 2002 sowie Bitzan 2005; Brückner 2002;
Gildemeister/Robert 2000; Heite 2008; Rabe-Kleberg 1999; Wetterer 2002; Witz
1992). In gendertheoretischer Perspektive kann die Statuszuweisung „Semi-Profession" damit als Ausdruck androzentrischer Macht- und Herrschaftsverhältnisse bestimmt werden, in deren Kontext weiblich codierte Soziale Arbeit nicht
als gleichwertige Profession anerkannt wird. Zum andern erscheint mit der Analyse sozialpädagogischen Handelns als Regierungshandeln (vgl. Kessl 2005) die
These, dass sich der Status „Semi-Profession" in der Dominanz von Regierungs-
rationalitäten über professionelle Rationalitäten begründe, unangemessen: Eine
Abgrenzung Sozialer Arbeit als regierungsbürokratisch dominierter „Semi-Profession" gegenüber in dieser Weise ‚autonomen' Professionen, wie etwa der Medizin
und deren Anspruch auf „independence from patron, state, and public" (Freidson
2001, S. 221) ist nicht evident, insofern Soziale Arbeit ebenso wie andere pädagogische Professionen, die Medizin, die Jurisprudenz oder die Psychologie konstitutive Bestandteile des „Normalisierungsnetzes" sind: Sie existieren nicht unabhängig bestehender Machtverhältnisse und in „dem Maße, in dem die Medizin, die
Psychologie, die Erziehung, die Fürsorge, die Sozialarbeit immer mehr Kontroll-
und Sanktionsgewalten übernehmen, kann sich der Justizapparat seinerseits zunehmend medizinieren, psychologisieren, pädagogisieren" (Foucault 1975/1994,
S. 394). Aus einer solchen Perspektive erscheint auch das Konzept „Semi-Profession" unhaltbar und rückt vielmehr die Frage nach den Machtprozessen selbst in
den Mittelpunkt, welche jene zwei Fragen nach der *politischen Legitimation von
Professionen* sowie nach den *sozialwissenschaftlichen Bestimmung der Spezifika* von Berufen, die den Status Profession beanspruchen können, hervorbringen.

   Mit der wohlfahrtsstaatlichen Transformation des bisherigen Arrangements
des Sozialen erhalten die Prozesse der professionsbezogenen Statusauseinander-
setzung neue Brisanz. Die aktuelle grundlegende Infragestellung der bisherigen
sozialpolitischen Formierungs- und damit auch: Organisationsweisen steht im
Kontext von Kommerzialisierung und neuen Vergemeinschaftungsstrategien. Zum
einen befinden sich die pädagogischen Professionen in veränderten organisationalen Kontexten, die vor allem von Verwaltungsmodernisierungs-, Verwaltungs-
vereinfachungs- und Neuen Steuerungskonzepten geprägt werden. Diese basie-

ren primär auf der Behauptung sozialbürokratischer Ineffizienz und Ineffektivität sowie einer sozialstaatlichen Passivierung der LeistungsbezieherInnen. Zum anderen dynamisieren die expertokratiekritischen Einwände gegen das wohlfahrtsstaatliche Professionalisierungsprogramm die mangelhafte Beteiligung der Adressat_innen und einen fehlenden individualisierten und flexiblen Fallbezug im Sinne einer „Dominanz der Experten" (Freidson 1975). Entsprechende Reaktionen, wie eine Einführung flexibilisierter Angebotsstrukturen und die Etablierung von Konzeptionen einer „alternativen Professionalität" (Olk 1986) und einer stärkeren Ausrichtung auf Partizipation (vgl. Duyvendak/Knijn/Kremer 2006; vgl. für die Schule Böhme/Kramer 2001; Helsper/Lingkost 2002; vgl. für die Soziale Arbeit Beresford/Croft 2004; Dewe/Otto 2002; Kunstreich 1998; Schaarschuch 1996) sind dementsprechend in den letzten zwei Dekaden deutlich zu beobachten.

Die bisherige, wenn auch in Relation zu den so genannten klassischen Professionen teilweise prekäre Professionalisierung pädagogischer Berufe lässt sich daher am Beginn des 21. Jahrhunderts als Tendenz einer ambivalenten und widersprüchlichen Gleichzeitigkeit von Ent- und Reprofessionalisierung chrarakterisieren. Die managerielle Umsteuerung pädagogischer Organisationen führt einerseits zur Etablierung von Qualitätsentwicklungsprozessen, zugleich scheint die häufig mit manageriellen Neusteuerungen verbundene Kommerzialisierung pädagogischer Organisationen die Ermessensspielräume pädagogischer Professioneller deutlich einzuschränken. Sowohl die bildungspolitische Fokussierung von Lernprozessen als Humankapitalressource als auch die sozialpolitische Markierung einer verstärkten Prekarisierungs- und Ausschließungsdynamik in post-wohlfahrtsstaatlichen Kontexten führt teils zu einer Relegitimierung pädagogisch-professioneller Interventionen und teils sehen sich pädagogisch-professionelle Organisationen mit dem delegitimierenden Vorwurf der sozial- wie bildungspolitischen Ineffizienz ihrer bisherigen Interventionsmuster konfrontiert. Und schließlich zeichnet sich im Rahmen der aktuellen politischen Neuprogrammierungsprozesse eine Etablierung spezifischer pädagogischer Denkweisen (*politischer Rationalitäten*) als dominante politische Einflussgrößen ab. Die aktivierungspolitischen Neujustierungen des bisherigen wohlfahrtsstaatlichen Arrangements prägen sich als *aktivierungspädagogisches* Muster aus: Entsprechend spezifische pädagogische Semantiken und Vorgehensweisen gewinnen an Einfluss, wobei mit diesen *individualisierenden* Eigenverantwortungsstrategien die *strukturelle* Frage der kollektiven Teilhabesicherung verloren geht, sowie die Bedingungen anderer, nicht aktivierungspädagogischer Möglichkeiten der Realisierung und Nutzung pädagogisch-professioneller Angebote ins allgemein- wie fachpolitische Abseits geraten.

Die post-wohlfahrtsstaatlichen Entwicklungsstränge pädagogischer Professionen lässt sich dementsprechend auf den folgenden drei Ebenen systematisieren: hinsichtlich einer Verschränkung von organisationellen und professionellen Aspekten (1), einer Verkopplung bzw. Neujustierung ihrer bildungs- und sozialpolitischen Konzeptionierung (2) und schließlich einer Frage der Ausgestaltung einer professionellen Adressat_innen oder Konsument_innenorientierung (3). Mit der analytischen Vergewisserung dieser professionstheoretisch und –politisch prägenden Thematisierungsstränge im entstehenden post-wohlfahrtsstaatlichen Kontext wird deutlich, dass die aktuellen Entwicklungen als gegenläufige Dynamiken der Ent- *und* Reprofessionalisierung pädagogischer Professionen zu beschreiben sind.

4.3 Entprofessionalisierung, Reprofessionalisierung und politisch-reflexive Professionalität. Wohin des Wegs mit Professionalisierung und Professionalität?

Professionalisiertes Handeln ist Ausdruck der *Desolidarisierung* vor- und frühmoderner, also „mechanischer" (vgl. Durkheim 1977) Solidaritätsstrukturen. Mit dem Übergang zu kollektiven, „organischen" Solidaritätsstrukturen modernisierter Gesellschaften entstehen dann die professionellen Berufe als Instrument der kollektiven Lebensführungssicherung, -gestaltung und –kontrolle. Professionen stellen somit ein Kennzeichen der Regulierung und Gestaltung sozialer Zusammenhänge in ihrem modernen Format dar. Dieses professionelle Handeln realisiert sich im Kontext eines weiteren prägenden Formats moderner Gesellschaftsformationen: dem der Organisation (vgl. Türk/Lemke/Bruch 2006). Profession und Organisation – und dementsprechend auch Professions- und Organisations*forschung* – stellen daher notwendigerweise nicht nur aufeinander verwiesene, sondern miteinander verschränkte Deutungsweisen dar. Diese Einsicht ist keineswegs neu und dennoch besteht hinsichtlich des Zusammenhangs von Organisation und Profession bis heute eine deutliche analytische Blindstelle in der pädagogischen Professionsforschung. Ausnahmen wie die interaktionstheoretischen Arbeiten von Thomas Klatetzki (1993), die

Organisationshandeln als von den Akteuren *organisationskulturell* erst (re) produziertes Handeln begreifen, bestätigen diese Regel. Die systematische Inblicknahme der Dynamisierungs-, Modifikations- und/oder Modulationsprozesse im komplexen Bezugssystem von Professionellen und Organisation(en), mit denen das Format „Professionalität" (re)konstruiert, (re)produziert und (re)stabilisiert wird, steht daher als Aufgabe einer organisationstheoretisch informierten Professionsforschung, aber auch einer professionstheoretisch informierten Organisationsforschung, noch aus (vgl. Ortmann 2005). Die Notwendigkeit einer solchermaßen erweiterten und verschränkten pädagogischen Professions-/Organisationsforschung zeigt sich gerade mit Blick auf aktuelle post-wohlfahrtsstaatliche Entwicklungen. Das bisherige Modell von Professionalität wird durch die veränderten – die „neuen" – Steuerungsmodelle zunehmend in Frage gestellt. Ökonomisierung und Managerialisierung pädagogischer Organisationen führen häufig zur verstärkten manageriellen Fremdsteuerung der Profession und damit einer Form der Deprofessionalisierung (vgl. Messmer 2007; Schnurr 2005). Diese Entwicklung erfährt in jüngster Zeit durch die Implementation wirkungsorierer Steuerungselemente eine weitere Dynamisierung (vgl. Ziegler 2008). Insofern besteht die begründete professionspolitische Sorge, dass die Einführung managerialistischer und wirkungsorientierter Programme die bestehende professionelle Autonomie und entsprechende professionelle Ermessensspielräume in den pädagogischen Berufen teilweise annulliert. Zugleich argumentieren andere Autoren, ein gewisses Maß an managerieller Neujustierung beinhalte nicht nur ein deutliches Innovationspotenzial für pädagogische Organisationen, sondern könne sogar zur Stärkung pädagogischer Professionalität, zur Schaffung effizienterer und effektiverer Rahmenbedingungen für professionelles Handeln führen (vgl. Sommerfeld/Haller 2003). Und auch das Plädoyer für eine evidenzbasierte Neuorganisation der Erbringung pädagogischer Dienstleistungen ist keineswegs nur anti-professionell konnotiert. Vielmehr wird hier vor allem in jüngster Zeit in der US-amerikanischen Diskussion das Argument verstärkt ins Feld geführt, dass für eine effektive Umsetzung wirkungsorientierter Programme gerade professionelle Fachkräfte als Transformationsriemen von entscheidender Bedeutung seien. Nur mit professionell-fachlichem Handeln sei auch eine prinzipielle Programmintegrität in der jeweiligen Erbringungssituation zu garantieren. Schließlich wird darauf hingewiesen, dass mit der veränderten Wissensform, die die Wirkungsorientierung dynamisiert, keineswegs automatisch eine Reduktion professionellen Einflusses verbunden sein muss, wenn auch sehr wohl deren Neujustierung: „It is becoming institutionally embedded as an emerging form of professional practice in a way that appears to suggest that a remaking of the profession, rather than an erosion of professional power, is taking place" (Newman/Nutney, 2003, S. 561).

Die Entprofessionalisierungstendenzen post-wohlfahrtsstaatlicher Neujustierungsversuche pädagogischer Organisationsformen sollten daher nicht unterschätzt werden. Zugleich kann ein unreflektiertes Beharren auf der Notwendigkeit professioneller Autonomie keine angemessen Reaktionsweise darstellen, denn „the very idea of of a pure professional professional logic that can only be polluted by other logics is an overtly theoretical, essentialist and pessimistic argument"

(Duyvendak/Knijn/Kremer 2006, S. 8). In diesem Sinne geht es hinsichtlich eines Weiterdenkens „reflexiver Professionalisierung" (Dewe/Otto 2002) vielmehr darum, unter Anerkennung professionskritischer Einwände den Begriff, Theorien und die Praxen von Professionalität selbst zu hinterfragen. Diese Hinterfragung richtet sich unter anderem auf die politische Einbettung der jeweiligen Profession. Wie bereits verdeutlicht, war im wohlfahrtsstaatlichen Kontext für die politische Legitimation pädagogischer Professionen bisher *entweder* eine bildungspolitische *oder* eine sozialpolitische Verortung prägend. Eine bildungspolitische Beauftragung und Legitimation erwies sich für die jeweilige professionelle Gruppe – wie sie sich primär bei der Gruppe der LehrerInnen, aber auch der Erwachsenen-und WeiterbildnerInnen zeigt – eher von Vorteil und als ein Trumpf im Spiel des Statuserhalts. Während die bildungspolitische Verankerung eher mit der Anerkennung eines etablierten Professionsstatus im Sinne des Modells der so genannten klassischen Professionen einhergeht, erweist sich eine sozialpolitische Beauftragung und Legitimation – wie im Fall der Sozialen Arbeit – für diese dagegen als deutlich problematischer und als eher statusmindernd, insofern das mit der sozialpolitischen Beauftragung begründete Argument der unvollständigen Professionalisierung „den Standort der Profession auf der Basis einer strukturellen Dominanz der Bürokratie" benennt (Otto 1991, S. 99). Professions- und organisationstheoretische Studien weisen allerdings bereits seit längerem darauf hin, dass diese Statuszuschreibungen analytisch mindestens unscharf, zum Teil sogar unzutreffend sind. Der Zuschreibung an so genannte Semi-Professionen, institutionell überformt zu sein, widersprechen Ergebnisse, die darauf verweisen, dass sowohl in der stärker sozialbürokratischen Verankerung sozialpädagogischer Erbringungssituationen (z.B. Jugendämter) als auch deren Realisierung im Rahmen freier Träger (z.B. Wohlfahrtsverbände) institutionelle Vorgaben und organisationale Neujustierungen keineswegs direkt auf professionelle Handlungsvollzüge durchschlagen (vgl. Beckmann u.a. 2006; Duyvendak/Knijn/Kremer 2006; Meuser 2005; Nadai/Sommerfeld 2005). Die Zurückweisung des Status ‚Semi-Profession' resp. die Aneignung des Status „Profession" geht daher mit einer Neubestimmung des Begriffs selbst einher: Die Frage der inhaltlichen Ausdeutung Sozialer Arbeit als „neue" Profession stelle sich „nicht mehr im Kontrast [...] zur Professionalisierungsnorm [...] der alten Professionen, sondern als systematische (d.h. also auch historische und empirische) Rekonstruktionsaufgabe" (Merten 1997, S. 155). Spätestens im Rahmen der andauernden wohlfahrtstaatlichen Transformationsprozesse wird außerdem deutlich, dass die scheinbare Eindeutigkeit der bisherigen bildungs- versus sozialpolitischen Verortung pädagogischer Professionen hinfällig zu werden scheint, wenn zum Beispiel um angemessene Reaktionsweisen von Schule auf die diagnostizierte *Ausschließungs*slogik des hierarchischen bundesdeutschen Schulsystems oder um die korrespondierende Frage einer *bildungs*theoretischen Rekonzeptualisierung der Sozialen Arbeit gerungen wird (vgl. Coelen/Otto 2008; Lindner/Thole/Weber 2003; Münchmeier/Otto/Rabe-Kleberg 2002; Oelkers/Otto 2006).

Teil 2

Macht, Subjekt und Kritik –
theorie-systematische Ankerpunkte für das Projekt einer
wohlfahrtsstaatlichen Transformationsforschung

Macht, Subjekt und Kritik – theorie-systematische Ankerpunkte für das Projekt einer wohlfahrtsstaatlichen Transformationsforschung. – Ein einleitender Vermerk

Die folgende Fokussierung der drei theorie-systematischen Ankerpunkte einer wohlfahrtsstaatlichen Transformationsforschung: Macht, Subjekt und Kritik wirft die Frage nach der Legitimation dieser Auswahl auf.

Diese begründet sich aus der spezifischen Perspektive, die mit dem vorliegenden Vorschlag zur Modellierung einer wohlfahrtsstaatlichen Transformationsforschung eingenommen wird, und die daher anhand dieser drei theorie-systematischen Ankerpunkte verdeutlicht werden soll. Diese spezifische Perspektive weist sich – erstens – dadurch aus, dass Transformationsprozesse, also der Untersuchungsgegenstand, immer als historisch-spezifische Kräfteverhältnisse verstanden werden. Insofern ist deren Inblicknahme, das heißt die Rekonstruktion und Analyse der vorliegenden Macht- und Herrschaftskonstellationen und der damit verbundenen politischen, sozialen und kulturellen Auseinandersetzungen ein konstitutives Moment einer wohlfahrtsstaatlichen Transformationsforschung, wie sie hier vorgeschlagen wird. Inwiefern und in welcher Weise in den deutschsprachigen Debatten um Soziale Arbeit die Dimension der Macht bisher Berücksichtigung gefunden hat, ist daher das Thema im ersten Kapitel des folgenden Teils (Kap. 2.1).

Zweitens ist die Perspektive einer wohlfahrtsstaatlichen Transformationsforschung, wenn sie auf das Feld der wohlfahrtsstaatlich verfassten Dienstleistungsinstanz Sozialer Arbeit bezieht, auf die historisch-spezifischen Subjektivierungsweisen auszurichten, denn wohlfahrtsstaatliche Instanzen repräsentieren die Institutionalisierung der organisierten Prozesse der Subjektivierung: Soziale Sicherungs- und Dienstleistungsangebote zielen im wohlfahrtsstaatlichen Kontext auf bestimmte Formen und Inhalte, wie Menschen ihr Leben führen. Deshalb fragt das zweite Kapitel im zweiten Teil dieses Bandes (Kap. 2.2) nach der Gestalt subjekt- und subjektivierungstheoretischer Perspektiven.

Schließlich zielen die vorliegenden Überlegungen zur Grundlegung einer wohlfahrtsstaatlichen Transformationsforschung auf eine Bereitstellung von Erkenntnissen und Analyseinstrumenten, derer sich die Gesellschaftsmitglieder zu ihrer eigenen eigenen und auch zur gegenseitigen Aufklärung bedienen können. Eine wohlfahrtsstaatliche Transformationsforschung in diesem Sinne ist also Teil des Projekts einer kritischen Wissenschaft, wie in der Einleitung bereits markiert wurde. Überlegungen zur Gestalt einer k/Kritischen Sozialen Arbeit – als professionelles Aktions- wie als Forschungsfeld – finden sich in den vergangenen Jahren, gerade unter Bezugnahme auf wohlfahrtsstaatliche Transformationsdiagnosen in verstärktem Maße. Welche Charakteristika diese Positionierungen kennzeichnet, und welche systematischen Schwierigkeiten damit verbunden sein können, ist das Thema des dritten Beitrags in diesem zweiten Teil des vorliegenden Bandes (Kap. 2.3).

1. Macht

1.1 Fehlende Explikation und selbstverständliche Implikation der Dimension von Macht

Sichtet man die deutschsprachigen Beiträge zu einer theorie-systematischen Bestimmung Sozialer Arbeit, so zeigt sich in Bezug auf die Thematisierung von Macht, zumindest auf den ersten Blick, eine massive Leerstelle: Explizite machttheoretische oder machtanalytische Vergewisserungen werden bisher nur sehr vereinzelt vorgelegt (vgl. Beiträge in Anhorn/Bettinger 2007 und in Kraus/Krieger 2007). Zugleich ist die immanente oder implizite Thematisierung von Macht als eines – ja vielleicht *des* (vgl. Russel 1973) – fundamentalen Konstitutionsmoments moderner Gesellschaften innerhalb theorie-systematischer Debatten um Soziale Arbeit eine ebensolche Selbstverständlichkeit, wie dies in anderen kultur- und sozialwissenschaftlichen Feldern der Fall ist (vgl. Imbusch 1998), wenn Reflexionen sozialtheoretisch sensibel, informiert und entsprechend ausgerichtet sind. Entsprechend finden sich immanente und implizite Thematisierungen der Dimension von Macht vor allem in den Beiträgen, deren analytischer Fokus den zentralen Konfliktlinien und damit den bestimmenden Herrschaftsmustern des Sozialen gilt: geschlechterbezogene Analysen Sozialer Arbeit, sozialpädagogische Studien zur Migrations- und Rassismusforschung, klassen- und milieutheoretische Arbeiten zur Sozialen Arbeit oder Studien zur Frage von Lebensaltern oder von *Disability* (vgl. aktuell u.a. Beiträge in: Anhorn/Bettinger/Stehr 2008, Bereswill/Stecklina 2010, Dederich/Schnell 2010 und Kessl/Plößer 2010; auch: Mecheril/Kalpaka 2010).

Diese Gleichzeitigkeit von fehlender Explikation und selbstverständlicher Implikation könnte nun dadurch erklärt werden, dass es den jeweiligen Autorinnen und Autoren nicht notwendig erscheint, neben den parallelen politisch-theoretischen oder den Überlegungen zu einer Soziologie der Macht eine eigenständige Thematisierung dieser Dimension in den Debatten um Soziale Arbeit zu realisieren. Folgt man diesem Argument, könnten sich die Analysen in Bezug auf die Soziale Arbeit berechtigterweise auf deren immanente und implizite Thematisierung beschränken. Schließlich sehen sich DenkerInnen, die sich mit der Sozialen

Arbeit beschäftigen – analog zu ForscherInnen in der Genderforschung oder der
angewandten Kulturwissenschaft – immer mit dem Dilemma konfrontiert, un-
terschiedlichste grundlagentheoretische Bezüge in ihre Analysen einbeziehen zu
müssen. Und diese können schon alleine aus forschungspragmatischen Gründen
nicht permanent selbst nochmals systematisch ausbuchstabiert werden. Gegen
dieses Argument spricht aber, dass die fehlenden machttheoretischen oder -ana-
lytischen Explikationen und Vergewisserungen in Bezug auf die eigene Spreche-
rInnen-Position in den deutschsprachigen Debatten um Soziale Arbeit eine verengt-
te Perspektive auf das Phänomen von Macht und Herrschaft symbolisieren: Die
Frage der Macht- und auch der Herrschaftspositionierung sozialpädagogischer/
sozialarbeiterischer AkteurInnen und des (Re)Produktionspotenzials ihrer Tätigkeiten an den vorherrschenden Macht- und Herrschaftsverhältnissen verweist
auf ein weitgehendes Forschungsdesiderat. Macht- und Herrschaftsverhältnisse
werden weitgehend als Zusammenhänge verstanden, die auf die Soziale Arbeit
einwirken, und nicht als Verhältnisse, in die die AkteurInnen in den Feldern Sozialer Arbeit selbst eingewoben sind und die von diesen zugleich permanent (re)
produziert werden. Damit lässt sich das Desiderat der deutschsprachigen Debatten um Soziale Arbeit konkretisieren: Mit der zumeist nur immanenten Thematisierung von Macht- und Herrschaftsverhältnissen ist ein verengtes Verständnis
dieses fundamentalen Konstitutionsmoments verbunden.

Um dies zu verdeutlichen, wird in den folgenden Ausführungen zuerst eine
kurze Bestimmung der Dimension von Macht – im Rückgriff auf zentrale kul-
tur- und sozialwissenschaftlichen Grundlegungsversuche – vorgenommen. Dabei erweist sich, dass traditionelle ursprungstheoretische Modellierungen, wie
sie in den deutschsprachigen Debatten um Soziale Arbeit – aber auch in großen
Bereichen der sozialwissenschaftlichen Auseinandersetzungen noch immer vor-
herrschen, nurmehr unzulängliche Bestimmungsversuche darstellen. Auf Basis
dieser methodologischen Vergewisserung kann anschließend der Frage nachge-
gangen werden, wie es zu der benannten analytischen Schwachstelle in den bisherigen theorie-systematischen Reflexionen Sozialer Arbeit kommt. Hier zeigt sich,
dass neben den genannten sozialtheoretisch angelegten Reflexionsangeboten (1),
vor allem Beiträge vorliegen, die weiterhin ein ursprungstheoretisches Konzept
verfolgen, indem sie eine Quelle der Macht voraussetzen (2), und darüber hinaus
Beiträge, die zeitdiagnostische oder gar sozialtheoretische Analysen weitgehend
ausblenden und daher auf dem Auge der Macht und Herrschaft weitgehend er-
blindet sind – oder nie sehend waren. Abschließend werden einige exemplarische
Analyseperspektiven benannt, die auf die zukünftige Forschungsagenda genom-

men werden sollten, um eine angemessene Thematisierung von Macht innerhalb theorie-systematischer Beiträge zur Sozialen Arbeit zu realisieren.

1.2 Macht – zur kultur- und sozialwissenschaftlichen Grundlegung eines Konstitutionsmoments des Sozialen

Max Weber (*1920-21/1995, S. 204*) definiert den „soziologischen Grundbegriff" Macht als „Chance innerhalb einer sozialen Beziehung den eigenen Willen auch gegen Widerstreben durchzusetzen" (vgl. Popitz 1976/1986). Macht ist somit die Möglichkeit der Beeinflussung einer spezifischen Situation. Darüber herrscht kultur- und sozialwissenschaftlich weitgehende Einigkeit. Worüber allerdings keine Einigkeit herrscht, ist die Frage, was die Quelle dieser Möglichkeitsoption darstellt. Ist es, wie Weber in seiner Bestimmung von Macht nahe legt, „der eigene Willen", also die bewusste Handlungsentscheidung einzelner Akteure? Ist es eine Konstellation von Personen, also eine Situation, „wo Menschen zusammen handeln", wie Hannah Arendt in ihren herrschaftstheoretischen Überlegungen argumentiert (1986, S. 725)? Oder ist Macht konstituiert durch die „Verteilung von Präferenzen für Alternativen und hängt daher inhaltlich von solchen Präferenz-Konstellationen ab", und das heißt bestimmten gesellschaftlichen Formationen, wie Luhmann schreibt – für ihn gegenwartsanalytisch die funktionale Differenzierung moderner Gesellschaften (vgl. Luhmann 1975/2003, S. 60)? Oder lagert Macht doch spezifischen Kräfteverhältnissen inne, wie Michel Foucault (1999) argumentiert, ist also immer nur immanent existent?

Folgt man aktuellen kultur- und sozialwissenschaftlichen Einführungsbeiträgen (Berger 2009; Krause/Rölli 2008), dann zeigt sich, dass die Idee einer ursprünglichen Quelle, wie sie am ehesten handlungstheoretische Modelle oder strukturfunktionalistische Modelle nahe legen, im 20. Jahrhundert immer deutlicher in Zweifel gezogen wird: „Macht wohnt vielmehr der Wirklichkeit inne, die sie gleichzeitig hervorbringt" (Berger 2009, S. 13). Die Idee einer Ursprungsquelle der Macht, also eines Modells, das Macht auf „subjektive Vermögen oder objektivierbare Kausalursachen" (Krause/Rölli 2008, S. 9) zurückführt, wird daher zugunsten von Modellen, wie dem der *Machtfiguration* abgelöst: „Eine *Machtfiguration* ist ein komplexes Geflecht asymmetrischer und wechselseitiger Beziehungen, in dem mehrere Personen, Gruppen oder Parteien miteinander verknüpft sind" (Sofsky/Paris 1991, S. 12., zit. nach Berger 2009, S. 20). Die Dimension der Macht analytisch zu fokussieren, heißt somit, historisch-spezifische Macht- und damit immer auch Herrschaftsverhältnisse zu analysieren – und die Tätigkeiten, der darin eingebundenen Akteure. Im Anschluss – beispielsweise

an hegemonietheoretische und gouvernementalitätsanalytische Studien (vgl. La-
clau/Mouffe 2000; Rose 1999) – erscheint daher eine *macht- und herrschaftsanalytische* Perspektive überzeugend, der es nicht (mehr) darum geht, „der Macht
die Wahrheit zu sagen. Vielmehr gilt es zu prüfen, wie sich die vielfältigen Verflechtungen von Wahrheit, Macht und Ethik, in denen der Denker selbst handelt,
geformt haben und inwiefern sie verändert werden können" (Rabinow 2004, S.
81). In diesem Sinne ist Macht dann *allgegenwärtig* (Foucault 1999, S. 114). Zugleich darf die damit verbundene Prozesshaftigkeits- und Immanenzvorstellung
von Macht nicht in einen erneuten Fehlschluss geraten, zu dem beispielsweise
Michel Foucault in seinen frühen Arbeiten neigt: Machtverhältnisse nicht mehr
deutlich von Herrschaftsverhältnissen zu unterscheiden, oder aus einer anderen
Perspektive und mit Hannah Arendt (1998, S. 36ff.) gesprochen: Macht und Gewalt nicht auseinander zu halten. Denn das hieße, die Tatsache der zumindest relativen Beständigkeit von Machtverhältnissen und damit ihrer Wirkmächtigkeit
zu übersehen. Derartige beständigen Machtkonstellationen sind daher sinnvoll
als Herrschaftsverhältnisse und als solche immer wieder auch als Gewaltverhältnisse zu bezeichnen. Sie zeigen sich als geronnene Konstellationen der Macht,
beispielsweise in institutionalisierter Form, in denen den Akteuren ein bestimmtes Agieren abverlangt wird.

Untersuchungsgegenstand angemessener macht- und herrschaftsanalytischer
Studien wären daher die vielfältigen historisch-spezifischen Machtpraktiken *und*
Herrschaftsformationen, d.h. die jeweiligen Kräfteverhältnisse *wie die* jeweiligen Gewaltverhältnisse als geronnene Kräfteverhältnisse. Derartige Studien erfordern einen doppelten relationalen Fokus: Macht- und Herrschaftsverhältnisse
sind – erstens – nur als Ausdruck historisch-spezifischer Kontexte zu analysieren und – zweitens – nur als Kräfteverhältnisse und nicht als sozialen Praktiken
per se vorausgesetzte Strukturen.

Sichtet man auf dieser grundlagentheoretischen Vergewisserungsbasis nun
die deutschsprachigen Debatten um Soziale Arbeit, so zeigt sich in den bisherigen Debatten eine weit verbreitete, mindestens zweifache Engführung: eine pro-
grammatisch-überhöhte und eine funktionalistische.

1.3 Vom programmatischen und funktionalistischen Überhang theorie-systematischer Thematisierungen Sozialer Arbeit – und möglichen Überwindungsperspektiven

Implizite und immanente Thematisierungen der Dimension von Macht finden sich nicht nur innerhalb der eingangs erwähnten sozialtheoretisch angelegten Beiträge. Auch professionstheoretisch interessierte Positionen oder AutorInnen der in jüngster Zeit zunehmenden Zahl von akteurs-, agency- oder nutzer- bzw. adressatInnenbezogenen Studien gehen häufig von spezifisch-ungleichen Möglichkeiten der Beeinflussung von Alternativen in der konkreten Situation sozialpädagogischen Handlungsvollzugs aus. Zugleich weisen diese Beiträge allerdings immer wieder eine entscheidende analytische Blindstelle auf. Was diesen Zugängen nämlich weitgehend fehlt, ist die *systematische Rekonstruktion* dieser sozialstrukturellen, kulturellen und politischen Ungleichheitskontexte, oder im skizzierten macht- und herrschaftsanalytischen Sinne gesprochen: der Kräfteverhältnisse als historisch-spezifischer Macht- und Herrschaftsverhältnisse – und der darin eingebundenen und diese Verhältnisse reproduzierenden Akteurspositionen und -interaktionen. Zwar werden einfache Hierarchieannahmen, wie die struktur-funktionalistische Annahme innerhalb der professionstheoretischen Auseinandersetzungen, der Professionelle nehme an sich die Position des anerkannten Experten ein, inzwischen weithin als unzureichend zurückgewiesen (vgl. Dewe/Otto 2001, S. 1409ff.). Dennoch bleibt die damit in den analytischen Fokus gerückte „konkrete(n) – sowohl spezifische(n) wie auch diffus strukturierte(n) – Interaktionssituation" (ebd., S. 1416) ein Idealtypus, den es macht- und herrschaftsanalytisch als Kräfteverhältnis zu fassen gilt. Das geschieht bisher aber höchstens ansatzweise (vgl. Klatetzki 2005). Ähnliches gilt für agencytheoretische Forderungen nach der gesellschaftlichen Förderung und Absicherung von „Handlungsfähigkeit" (Homfeldt/Schröer/Schweppe 2008, S. 11). Zwar deuten sich inzwischen erste macht- und herrschaftsanalytisch sensible Rekonstruktionen an (vgl. Karl 2011), sie bilden aber auch in diesem Kontext noch eine Ausnahme.

Die damit exemplarisch benannte Tendenz einer fehlenden systematischen Inblicknahme der konkreten Kräfteverhältnisse in historisch-spezifischen Kontexten, ist, so die hier vertretene These, mindestens zweifach motiviert: erstens aus einer in den theorie-systematischen Debatten um Soziale Arbeit verbreiteten programmatisch überfrachteten Haltung, Handlungsorientierungen für die Akteure in den professionellen Feldern formulieren zu wollen, und zweitens aus einer diese Debatten lange Zeit – und teilweise bis heute prägenden – funktionalistischen Deutungsperspektive.

Die erste Position zeigt sich darin, dass immer wieder bestimmte normative Ausrichtungen als unausgewiesene Prämissen unterstellt werden: Jahrelang dienten Stichworte, wie die Orientierung an den Interessen der Klienten, an einem Empowerment der AdressatInnen oder einer Stärkung der NutzerInnen als Chiffren dafür. Die systematische Schwierigkeit solcher Markierungen liegt nicht in deren fachpolitischen Ausrichtung – auf dieser Ebene, der fachpolitischen, sprechen vielfältige Argumente für eine solche Ausrichtung – sondern auf der Ebene der theorie-systematischen Auseinandersetzungen: Hier zeigt sich, dass diese normativen Positionierungen nicht als solche ausgewiesen und legitimiert werden (*SprecherInnenposition*). Grund dafür scheint nicht zuletzt ein ursprungstheoretisches Machtverständnis zu sein: Macht wird als „Außerhalb" der Sozialen Arbeit – bspw. in einem (sozial)politischen Feld – konnotiert und damit als von ihr als höchstens indirekt beeinflussbarer Rahmen oder die Möglichkeit der Beeinflussung von Alternativen wird als rein fachliche Induktion konnotiert, ohne dass der gegebene politische, sozio-ökonomische und kulturelle Kontext überhaupt systematisch mit einbezogen wird.[22] In beiden Fällen wird Soziale Arbeit nicht als Bestandteil und Akteurin der gegenwärtigen Macht- und Herrschaftsverhältnisse verstanden, was aber gerade den Kern einer macht- und herrschaftsanalytischen Betrachtung darstellen würde.

Diese analytische Schwachstelle spitzt sich in einer fast dramatischen Weise zu, wenn normative Orientierungsangebote als tatsächliches Ergebnis einer bestimmten Handlungskonzeption präsentiert werden: Mit der Realisierung eines bestimmten sozialraumorientierten Programms realisiere sich ein bewohnerzentriertes Angebot, so lautet dann ein entsprechendes Deutungsangebot, oder mit der Einführung eines bestimmten Dialog-Modells werde die Implementierung sozialpädagogischer Empowermentstrategien gewährleistet. Solche Positionen sind allerdings in der Gefahr, zu quasi-fachlichen Heilsversprechen zu mutieren, denen nurmehr geglaubt oder nicht geglaubt werden kann. Mit einer systematischen Analyse konkreter Macht- und Herrschaftsverhältnisse als Voraussetzung einer Auseinandersetzung über den Sinn und Unsinn der Gestalt(ung) professionell-fachlicher Interventionen hat eine solche Haltung dann aber nichts (mehr) zu tun.

---

22 Zusätzlich sind diese Tendenzen seit dem letzten Drittel des 20. Jahrhunderts noch von einem falsch verstandenen Ehrgeiz dynamisiert, geisteswissenschaftliche Traditionen zugunsten einer realistischen bzw. sozialwissenschaftlichen Wende zu überwinden (vgl. kritisch dazu Neumann/Sandermann 2008a). Entsprechende Positionen weisen dann jede Auseinandersetzung um Normativität als unzulässig, da ‚unwissenschaftlich' zurück. Erst in jüngster Zeit deutet sich auch hier ein Perspektivenwechsel an, mit dem die Frage der Normativität wieder ins Zentrum wissenschaftlicher Auseinandersetzungen gerückt wird – und damit nachvollziehbar und transparent bearbeitbar (vgl. Maaser 2003; Oelkers/Steckmann/Ziegler 2007; Schrödter 2007, vgl. dazu Kap. 2.3).

Macht man sich das systematische Defizit solcher programmatisch-überhöhter Positionierungen deutlich, dann zeigt sich darüber hinaus, dass noch eine
weitere Gruppe von Beiträgen hier einzuordnen ist: Neo-positivistische Beiträge, die sich unter den Überschriften einer „evidenzbasierten Steuerung" Sozialer
Arbeit oder so genannter *What works*-Programme präsentieren. Strukturana-
log zu den unausgewiesen und nicht-legitimierten normativen Orientierungsangeboten erweisen sich bei näherer Betrachtung nämlich auch diese Positionen als
ein Heilsversprechen, das im erhofften Idealfall (*golden standard*) weitgehend
frei von der Bezugnahme auf die konkreten Wirklichkeiten (vgl. Cleppien/Kessl
2011) der Macht- und Herrschaftsverhältnisse in klinifizierten Experimentalset-
tings oder kontextunabhängigen Metaanalysen grundgelegt wird.

Die zweite Position wird von Zugängen markiert, die eine bestimmte gesellschaftliche Funktion Sozialer Arbeit als gegeben unterstellen.[23] Soziale Arbeit wird dann zur Normalisierungs-, zur Erziehungs- oder zur Sozialisationsinstanz per se erklärt, ohne die ambivalenten Gleichzeitigkeiten, die sich zu einem
historisch-spezifischen Zeitpunkt zeigen, systematisch zu erfassen. Derartige
Traditionslinien lassen sich in so unterschiedlichen Lesarten, wie beispielsweise marxistisch-funktionalistischen oder anomietheoretischen Deutungsmustern
nachzeichnen: Von den einen wird eine gegebene kapitalistische Deformation
sozialpädagogischer Interventionen unterstellt, von den anderen eine bestimmte Aufgabe der Re-Integration von Personen, die aktuellen gesellschaftlichen
Anforderungen nicht entsprechen. Sowohl vielfältige zeitdiagnostische Annahmen, wie so manche gegenwärtige „Neoliberalismus-" oder „Ökonomisierungs"-
Zuschreibung verzichtet auf die Untersuchung der entsprechenden Ausprägungsformen, als auch Annahmen, wie diejenigen, die Desintegrationsdiagnosen, wie
die einer in eine „neue Unterschicht" und andere Schichten gespaltenen Gesellschaft oder die Existenz „ghettoisierter Bevölkerungsanteile" an den Ausgangspunkt ihrer Einschätzungen stellen.

Zusammenfassend lässt sich an dieser Stelle also festhalten, dass die deutschsprachigen Debatten um Soziale Arbeit häufig durch eine verkürzte, das heißt ursprungstheoretische, oder in manchen Fällen sogar eine De-Thematisierung des
fundamentalen Konstitutionsmoments moderner Gesellschaften geprägt sind:
der Dimension von Macht (und Herrschaft) – und dies insbesondere in zweifacher Weise: in Form programmatisch-überhöhter und in Form funktionalistisch
arrangierter Argumentationen.

---

23   Durchaus selbstkritisch ist an dieser Stelle zu vermerken, dass die Arbeiten zu einer Gouver-
     nementalität Sozialer Arbeit in diesem Zusammenhang auch immer wieder Uneindeutigkeiten
     aufweisen.

Wie können gegenüber solchen Engführungen adäquate Analyseperspektiven gestaltet werden, die eine angemessene Thematisierung der Dimensionen von Macht – und Herrschaft – beinhalten und damit befördern können?

Erforderlich, so die hier vertretene These, sind zum einen *genealogische Vergewisserungen*, die sich nicht auf eine klassische Geschichtsschreibung Sozialer Arbeit beschränken, und zum anderen Studien, die sich den *historisch-spezifischen Kräfteverhältnissen in bestimmten Zusammenhängen* Sozialer Arbeit analytisch widmen.

1.4   Machtanalytische Perspektiven Sozialer Arbeit – exemplarische Illustrationen

Genealogische Vergewisserungen haben durchaus eine Tradition innerhalb der theorie-systematischen Auseinandersetzungen um Soziale Arbeit im deutschsprachigen Raum, an die macht- und herrschaftsanalytische Studien kritisch anschließen können. Dies lässt sich an den konträren Perspektiven früher materialistischer gegenüber fürsorgetheoretischer Arbeiten illustrieren.

In den frühen theorie-systematischen Auseinandersetzungen um Soziale Arbeit präsentiert Klaus Mollenhauer (1964/1993) eine solche materialistisch-informierte Studie zur historischen Konstitution Sozialer Arbeit, die für macht- und herrschaftsanalytische Perspektiven in der Sozialen Arbeit hilfreiche Andockpunkte anbietet. Diese lassen sich besonders deutlich in der Kontrastierung zu den fast zeitgleich vorgelegten fürsorgetheoretischen Grundlegungen von Hans Scherpner (1962) herausarbeiten. Beide Autoren – Mollenhauer wie Scherpner – argumentieren sozialtheoretisch. Dabei ist ihnen grundsätzlich gemeinsam, dass sie von einer Einbindung Sozialer Arbeit in die rational-organisierte (Weber) bzw. zivilisierte (Elias) moderne Gesellschaft ausgehen. Mollenhauer (1964/1993, S. 25) spricht, unter anderem auf Basis einer zivilisationstheoretischen Perspektive in seiner *Einführung in die Sozialpädagogik* davon, dass die „Sozialpädagogik eine Funktion der Gesellschaft" sei, die als solche immer einen „bestimmten geschichtlichen und gesellschaftlichen Ort" (ebd., S. 19) habe. In einer spezifischen Weberianischen Lesart will Scherpner (1962, S. 18) nach eigener Einschätzung das „Wesen der Fürsorge" erschließen, das er als eine „gesellschaftliche Erscheinung" fasst.

Beide Autoren verkoppeln diese sozialtheoretische Vergewisserung dazuhin mit einer genealogischen Einordnung der Sozialen Arbeit – kommen dabei aber zu höchst differenten Einschätzungen: Für Klaus Mollenhauer ist Soziale Arbeit Erziehung als „Funktion der Gesellschaft" – und zwar der industriellen Gesell-

schaft (Mollenhauer 1964/1993, S. 13f.; 21). Sie ist damit immer nur in Bezug auf
einen „bestimmten geschichtlichen und gesellschaftlichen Ort", im Kontext ihrer
Etablierung als der industriellen Gesellschaft, zu bestimmen: „Alles, was über sie
zu sagen ist, kann deshalb sinnvoll auch nur im Hinblick auf diese Gesellschaft
gesagt werden" (ebd., S. 19). Auch Scherpner argumentiert prinzipiell für eine
Analyse der „historische(n) Konkretisierung" dessen, was Soziale Arbeit als Fürsorge ausmacht (Scherpner 1962, S. 22). Die Differenz zu Mollenhauer liegt allerdings in der Zielführung seines analytischen Unternehmens: Scherpners (1962,
S. 122ff.) Überlegungen münden in einer Formbestimmung der modernen Fürsorge, während Mollenhauer die analytische Aufgabe in einer Analyse der konkreten Erziehungswirklichkeiten sieht, die er in Bezug auf spezifische Aspekte
des Aufwachsens und der sozialpädagogischen Tätigkeit auch vorführt (Mollenhauer 1964/1993, S. 55f.). In dieser Kontrastierung gegenüber einer formtheoreti-
schen Vorgehensweise lässt sich im Anschluss an Mollenhauers materialistische
Gegenwartsanalyse verdeutlichen, was eine macht- und herrschaftsanalytische
Vorgehensweise ausmacht: Sie hat die Position Sozialer Arbeit in den historisch-
spezifischen Kräfteverhältnissen zu beleuchten. Dieses Kriterium würde sogar
noch für Mollenhauers materialistische *wie* für Scherpners fürsorgetheoretische
Betrachtungen gelten. Nicht mehr überzeugen kann Scherpners Zugang allerdings
hinsichtlich der Frage der Position Sozialer Arbeit innerhalb der historisch-spezifischen Kräfteverhältnisse. Hier nimmt Scherpner die historisch-spezifischen
Verhältnisse schlicht als *gegebene* Bedingung Sozialer Arbeit hin. Mollenhauer
versteht demgegenüber die bestehenden gesellschaftlichen Verhältnisse als Bedingungen der Möglichkeit und damit erst als Quelle, gerade auch der menschlichen Notlagen, mit denen sich Soziale Arbeit konfrontiert sieht. Daher stellt moderne Fürsorge für Scherpner (ebd., S. 128) eine besondere Form der Hilfe dar,
die „der Sorge für die Existenz der Gemeinschaft, die sich in der Gemeinschaft
nicht halten können" geschuldet ist und zugleich der „Sorge für die Existenz der
Gemeinschaft, die dadurch gefährdet ist, daß einzelne Glieder oder eine größere Zahl von Gliedern sich nicht halten können". Fürsorgerische Hilfe richtet sich
für ihn also auf „Gemeinschaftsmitglieder (…), die aus irgendwelchen Gründen
(…) den Anforderungen des Gemeinschaftslebens nicht gewachsen sind. (…), die
versagen oder in Gefahr stehen zu versagen" (ebd., S. 129). Für Scherpner sind die
historisch-spezifischen Machtverhältnisse, so ließe sich sagen, analytischer Ausgangspunkt für diese systematische Formbestimmung Sozialer Arbeit als Fürsorge. Für Mollenhauer ist Soziale Arbeit dagegen eine Bildungsveranstaltung,
deren „pädagogische Aufgabe nicht nur darin (besteht), jenen Bestand an kulturellen Selbstverständlichkeiten konservativ zu bewahren, sondern zugleich die

Mittel zur Veränderung oder zum Fortschritt der Gesellschaft zu überliefern bzw. zu produzieren" (Mollenhauer 1964/1993, S. 27). Daher sieht er in der Sozialen Arbeit gewissermaßen auch eine paradoxe Instanz, in der „die Gesellschaft (...) einen ihren heftigsten Kritiker" selbst produziert (ebd., S. 21).

Diese Differenz ums Ganze zeigt sich konsequent auch in der handlungslogischen Struktur, die beide Autoren vor dem Hintergrund ihrer Analysen für die angemessene(re) halten: Scherpner plädiert für eine radikale verhaltensorientierte Hilfestruktur, die ihren methodischen Ausgangspunkt entsprechend in einer „Erforschung der persönlichen Lage des Hilfsbedürftigen" (Scherpner 1962, S. 190ff.) zu suchen habe. Diese individuelle Vermessung sei notwendig, um einen „Hilfsplan" entwerfen zu können, an dessen Ende immer die „echte Wiedereingliederung in die engeren Gemeinschaft seiner Umwelt und in die Gesellschaft" stehe (ebd., S. 192). Demgegenüber verdeutlicht Mollenhauer, beispielsweise in Bezug auf die pädagogische Bearbeitung „disozial-abweichenden Verhaltens", wie jugendliche NutzerInnen sozialpädagogischer Angebote mit mehrheitsgesellschaftlichen Anforderungen konfrontiert werden, was sich in spezifischen Stigmatisierungsstrategien (ebd., S. 135ff.), der Etablierung totaler Institutionen (ebd., S. 139f.) und der Orientierung an einem formalen Arbeitsbegriff (ebd., S. 140ff.) zeige.

Während also Scherpner aus seinen fürsorgetheoretischen Überlegungen einen sozialpädagogischen Re-Integrationsauftrag in die bestehenden Verhältnisse, wie sie sind, ableitet, folgert Mollenhauer aus seinen Betrachtungen die Notwendigkeit einer exakten materialistischen Gegenwartsanalyse, um diese, die Gegenwart, selbst zum Gegenstand der Diskussion machen zu können. Und genau damit liefert Mollenhauer im Gegensatz zu Scherpner einen grundlegenden Andockpunkt für macht- und herrschaftsanalytische Studien. Scherpner sichtet zwar die historisch-spezifischen Kräfteverhältnisse soweit, als er eine genealogische Einordnung Sozialer Arbeit als moderner Fürsorge vorlegt. Diese setzt er dann aber den Handlungsvollzügen Sozialer Arbeit voraus. Zugänge, die Macht- und Herrschaftsverhältnisse aber als Ausdruck historisch-spezifischer Kontexte *und* als Kräfteverhältnisse und nicht als soziale Praktiken per se vorausgesetzte Strukturen erfassen wollen, stellt sich, wie verdeutlicht, die Aufgabe, diese Kräfteverhältnisse als Teil des Bedingungsgefüges zu analysieren und nicht als gegeben vorauszusetzen.

Analyseperspektiven, die in diesem Sinne eine angemessene Thematisierung von Macht innerhalb theorie-systematischer Beiträge zur Sozialen Arbeit realisieren, sind zukünftig deutlich erkennbarer vorzulegen. Dies umfasst zum einen genealogische Vergewisserungen, wie sie im Sinne der Mollenhauerschen Perspektive als materialistische Gegenwartsanalysen (vgl. z.B. Kessl/Reutlinger/

Ziegler 2007) oder als machtanalytische Historiografien (vgl. z.B. Wilhelm 2005; Mierendorff 2010) weiterentwickelt werden können. Über Mollenhauer hinaus stellt sich diesen inzwischen allerdings auch die Aufgabe, Soziale Arbeit selbst als Akteurin von vielfältigen historisch-spezifischen Machtpraktiken *und* Herrschaftsformationen zu erfassen (vgl. Kessl/Maurer 2010), beispielsweise als aktive Agentin der gegenwärtigen wohlfahrtsstaatlichen Transformationsprozesse. Zum anderen sind macht- und herrschaftsanalytische Studien erforderlich, die sich den historisch-spezifischen Kräfteverhältnissen in bestimmten Zusammenhängen analytisch widmen, beispielsweise Arbeiten, die Organisationen Sozialer Arbeit als Herrschaftsformation untersuchen (vgl. dazu Beiträge in Widersprüche 2010), die sozialpädagogische Interventionen als Muster der Lebensführungsregulierung rekonstruieren (vgl. Herrmann 2010) oder die konzeptionelle Umstellung der Praxis Sozialer hin zu einer evidenzbasierten Ausrichtung als (sozial) staatliches Steuerungsstrategie fassen (vgl. Dahme/Wohlfahrt 2010).

Gelingt im Anschluss an diese in jüngster Zeit erfreulicherweise zunehmenden Beiträge eine entsprechende angemessene Thematisierung der Dimension von Macht – und Herrschaft – in der Sozialen Arbeit, dann wäre nicht nur eine markantes Forschungsdesiderat geschlossen, sondern vor allem eine systematische Erkenntnis- und Kritikbasis erreichbar, von der aus die gegenwärtigen fundamentalen Transformationsprozesse des bisherigen wohlfahrtsstaatlichen Arrangements kritisierbar und vor allem gestaltbar würden.

2. Subjekt

2.1 Zur Ausblendung subjektkritischer Einwände in den Diskussionen um Soziale Arbeit

Das Subjekt hat es schwer am Anfang des 21. Jahrhundert. Denn es wird ihm im fortgeschrittenen Liberalismus so viel zugemutet, wie noch nie in der Moderne (vgl. Bröckling 2007; Reckwitz 2006, S. 441ff.). Nikolas Rose (2000, S. 14) diagnostiziert, die Einzelnen würden heute angehalten, so zu leben, „als ob sie ein Projekt aus sich selbst machten". Im *Leben in der flüchtigen Moderne*: „geht es (somit) zuallererst und vor allem darum, *in Bewegung zu bleiben*" (Bauman 2007, S. 149; Hervorh. im Orig.). Für die Soziale Arbeit haben Maria Bitzan, Eberhard Bolay und Hans Thiersch (2006², S. 260) diesen Sachverhalt jüngst folgendermaßen übersetzt: „Die Einzelnen erfahren sich auf sich selbst geworfen". Die Dominanz *aktivierender Interventionsstrategien* in verschiedenen Feldern der Sozialen Arbeit und der Sozialpolitik sind Ausdruck dieser Eigenverantwortungs-Anrufung der Gesellschaftsmitglieder (vgl. Dollinger/Raithel 2006; Kessl 2006). Aktivierungspropagandisten folgern für die die Kinder- und Jugendhilfe dementsprechend, die bisherige sozialpädagogische Handlungsmaxime der Unterstützungsorientierung müsse grundlegend überdacht werden und stattdessen müsse nun der neuen Formel „Handlungsdruck statt Übernahmegarantie" gefolgt werden (Esch et al. 2001, S. 522). Diese Zuschreibung von *Lebensgestaltungsverantwortung* an – individuelle (einzelne Gesellschaftsmitglieder) wie kollektive (Familien, Nachbarschaften, Stadtteilbevölkerungen) – Subjekte geschieht in einer Phase, in der parallel eine grundlegende Infragestellung der Idee des Subjekts Raum gegriffen hat: Vor allem (post)strukturalistische und (sozial)konstruktivistische Perspektiven stellen die seit der Aufklärung dominierende humanwissenschaftliche Idee „des Subjekts" als einer relativ autonom agierenden leiblichen Einheit in Frage: „Das Subjekt als eine mit sich selbst identische Entität gibt es aber nicht mehr" (Butler 1997, S. 315; vgl. Luhmann 1987, S. 593ff.).

Zwar haben sich die zum Teil heftig geführten Auseinandersetzungen um einen vermeintlichen „Tod des Subjekts" oder dessen schon wieder zu proklamierende „Wiederkehr" nach den ersten Aufregungen seit Ende der 1960er Jahre, die vor allem die französischsprachigen Beiträge im Anschluss an Nietzsches, Freuds und Heideggers Überlegungen ausgelöst hatten, inzwischen wieder deutlich beruhigt. Dennoch bleibt die subjektkritische Herausforderung gerade für eine (sozial)pädagogische Perspektive bestehen. Schließlich geht es in der Sozialen Arbeit nach weit verbreitetem Selbstverständnis darum, dass das Subjekt lernt, „über sich selbst zu verfügen, seine eigenen Perspektiven zu fassen und zu verfolgen" (Winkler 1988, S. 335). Eine sozialpädagogische Intervention wird dementsprechend als erfolgreich bestimmt, wenn das Subjekt „imstande wird, sich selbst zu erziehen", wie es Michael Winkler vor knapp 20 Jahren in einem der seltenen deutschsprachigen Versuche einer theorie-systematischen Bestimmung Sozialer Arbeit formuliert hat. Vor dem Hintergrund eines solchen Selbstverständnisses müsste eine Auseinandersetzung mit den vielfältigen und grundsätzlichen subjektkritischen Einwänden (vgl. Meyer-Drawe 1991) nur allzu nahe liegend sein. Überraschenderweise fehlen diese aber bisher weitgehend – eine der Ausnahmen stellen bemerkenswerterweise die jüngeren Arbeiten des eben zitierten Autors dar (vgl. Winkler 2006, S. 119ff.).

Die weitgehende Nicht- oder De-Thematisierung subjektkritischer Einwände in den Diskussionen um Soziale Arbeit ist noch aus zwei weiteren Gründen überraschend. Zum einen haben innerhalb der Debatten um Soziale Arbeit gerade subjektzentrierte Motive als Teil von handlungskonzeptionellen Reformprogrammen (*adressaten-*, *kunden-* und *nutzerorientierte Ansätze*) und jüngst auch als Teil neuer methodologischer Bestimmungsversuche (*Adressaten-*, *Konsumenten-* und *Nutzerforschung*) zunehmend an Einfluss gewonnen.[24] Zum anderen wurden in den letzten Jahren eine ganze Reihe vor allem systemtheoretisch (vgl. zum Überblick Merten/Scherr 2004), aber auch einzelne machtanalytisch argumentierende Arbeiten (vgl. zum Überblick Kessl 2008) im Feld der Wissenschaft Sozialer Arbeit vorgelegt – also Arbeiten, die sich an konstitutiv subjektkritischen Methodologien ausrichten. In den Diskussionen um Soziale Arbeit ist somit die gleichzeitige Konjunktur subjektzentrierter Bestimmungen, in denen die Akteursfigur „des Subjekts" als konzeptioneller Ausgangspunkt gesetzt wird, und subjektkritischer Methodologien, vor allem in systemtheoretischer Variante,

---

24 Mit dem Begriff der Subjektzentrierung werden im Folgenden Deutungsweisen kategorisiert, die das Subjekt als gegebenen, relativ autonom aktionsfähigen Einzel-Aktanten theorie-systematisch (*Descartsches Cogito Ergo Sum*) wie -politisch (*klassischer Humanismus*) voraussetzen. Demgegenüber wenden subjektkritische Perspektiven in der erkenntniskritischen Denktradition von Friedrich Nietzsche, Sigmund Freud und Martin Heidegger ein, dass eine solche Annahme in ihrer immanenten Metaphysik stecken bleibe (vgl. Derrida 1976, S. 21ff.) und demgegenüber ein de-zentrierter Subjektbegriff gedacht werden müsse: „Es kommt also dazu, daß die Gegenwart (...) nicht mehr als die absolute Matrixform des Seins, sondern als eine ‚Bestimmung' und ein ‚Effekt' gesetzt wird" (ebd., S. 23).

zu konstatieren. Dass angesichts dieser Situation explizite Auseinandersetzungen mit den subjektkritischen Einwänden – auch in den eben solche Einwände umfassenden Methodologien – fast komplett fehlen bzw. diese im Fall ihrer Diskussion umgehend wieder als unzureichend verworfen werden, ist erklärungsbedürftig.

Um diese verblüffende Gleichzeitigkeit von Subjektzentrierung und subjektkritischer Methodologie einerseits und Nicht- bzw. De-Thematisierung subjektkritischer Einwände andererseits zu erklären, wird im Folgenden im ersten Schritt am Beispiel der adressaten- bzw. nutzerorientierten Handlungskonzeptionen und Methodologien die Präsenz subjektzentrierter Annahmen innerhalb der Diskussionen um Soziale Arbeit skizziert und nach den Gründen der hierbei weitgehend ausbleibenden Thematisierung subjektkritischer Einwände – oder deren De-Thematisierung – gefragt. Daran anschließend werden zentrale Aspekte der einflussreichsten subjektkritischen Methodologie, der Luhmannschen Systemtheorie, und deren Rezeption diskutiert. Auf dieser Basis kann dann deutlich gemacht werden, dass die weitgehende Aus- und Überblendung des subjektkritischen Potenzials in der sozialpädagogischen Rezeption einerseits auf grundlegende Theorieprobleme dieser Bezugstheorie und andererseits stellvertretend auf die immense Verstrickung sozialpädagogischer Konzepte mit subjektzentrierten Vorstellungen verweist. Vor diesem Hintergrund wird abschließend eine praxistheoretische Erweiterung subjektkritischer Perspektiven – allerdings weniger im Anschluss an die systemtheoretischen denn die machtanalytischen Formate – angedeutet. Ein solcher Zugang bietet Ansatzpunkte an für eine angemessene – wissenschaftlich-analytische wie fachlich-professionelle – Reaktion auf die subjektkritischen Einwände der letzten Jahre an, so die hier vertretene These.

2.2 Aktuelle Subjekt-Konjunktur(en) in der Sozialen Arbeit

Adressaten-, konsumenten- und nutzerorientierte Ansätze und Methodologien stellen die Annahme eines den sozialpädagogischen Handlungsvollzügen vorgängigen Subjektes an den Ausgangspunkt ihrer Überlegungen. Soziale Arbeit habe es „in der Regel mit Menschen zu tun", so formulieren Bitzan, Bolay und Thiersch (2006, S. 7) diese Annahme in ihrer einführenden Darstellung zu ihrem Sammelband *Die Stimme der Adressaten*. Für ein dementsprechendes fachliches Handeln sei daher, so schließen sie an, ein „Wissen aus der ‚Innenperspektive' der Subjekte" erforderlich (ebd.). Gertrud Oelerich und Andreas Schaarschuch schreiben in ihrem Versuch der Grundlegung einer *sozialpädagogischen Nutzerforschung* in analoger Weise davon, dass innerhalb der sozialpädagogischen Nutzerforschung „die Nutzerinnen und Nutzer als aktive Subjekte konzipiert" würden (Schaarschuch/Oelerich 2005, S. 16).[25]

Mensch, Nutzer und Subjekt scheinen in diesen Ansätzen weitgehend synonyme (Begriffs)Bestimmungen für den ins Zentrum gerückten Akteur: den direkten Adressaten sozialpädagogischer Dienstleistungsangebote. Vor dem Hintergrund der gleichzeitigen aktuellen Fokussierung (*Aktivierungsprogrammatiken*) *und* Infragestellung (*De-Zentrierung*) einer solchen zentrierten und präskriptiven Subjektfigur ruft eine solche Setzung nach Erläuterung. Denn gerät die dringend notwendige fachpolitische Abgrenzung sozialpädagogischer Strategien von den semantisch und konzeptionell häufig analogen neo-sozialen und neo-liberalen Subjektivierungsprogrammen (*Versprechen einer Allzugänglichkeit differenter Lebensstile* und *Aktivierung von Eigenverantwortung*) nicht manches Mal zum Problem, wenn nun sozialpädagogisch *wie* „aktivierungspädagogisch" (Kessl 2006) die Selbsttätigkeit „des Subjekts" zum Ausgangs- wie Zielpunkt der jeweiligen Interventionsprogramme erklärt wird? Dieses Dilemma ist den Autoren/innen adressaten- oder nutzerorientierter Programme durchaus bewusst, wenn Bitzan, Bolay und Thiersch beispielsweise in ihren abschließenden Überlegungen zur Adressatenforschung betonen, dass „die Subjektperspektive in der Sozialen Arbeit nicht ein Medium der noch zielgenaueren Bemächtigung der AdressatInnen werden (dürfe)" (Bitzan/Bolay/Thiersch 2006², S. 284; vgl. Schaarschuch/Oelerich 2005, S. 14ff.). Ganz abgesehen davon, das in diesem Zusammenhang bisher nur vereinzelte Hinweise zu finden sind, die außerdem als indirekte Bezugnahme auf subjektkritische Einwände interpretiert werden müssen, stehen diese auch in Spannung zu der bereits zitierten adressatenorientierten Ausgangsannahme derselben Autoren/innen.[26] Wie ist das zu erklären?

---

25   Ähnliches ist auch für die jüngsten Versuche der Etablierung einer sozialpädagogischen Agency-Forschung zu konstatieren, wenn die Vertreter/innen davon sprechen, dass „Personen (…) UrheberInnen ihrer Handlungen (sind)" (Hirschler/Homfeldt 2006, S. 46).

26   In den aktuellen Versuchen zur Grundlegung einer sozialpädagogischen Agency-Forschung (vgl. Anmerkung 2) deutet sich die Diskussion des zugrunde gelegten Subjektbegriffs zwar an manchen Stellen an, wenn beispielsweise Hans-Günther Homfeldt, Wolfgang Schröer und Cornelia Schweppe (2007, S. 245) aktuell im Anschluss an Christian Reutlingers Arbeiten für eine kritische Perspektive auf soziale Entwicklung plädieren, die nicht nur die Selbstentwicklung, sondern auch das „Entwickelt-Werden" der Menschen in den Blick nehme, und außerdem die Begrenzung der sozialpädagogischen Biografie- und Nutzerforschung auf „die biografische Verarbeitung von sozialpädagogischen Programmen" kritisieren (ebd., S. 247). Allerdings ist der von ihnen beanspruchte Analysefokus auf eine soziale Einbettung der Akteure statt eines Fokus auf „immanente individuelle Fähigkeiten" eine zugespitzte Dichotomie, die nicht nur hinter die immanenten subjekttheoretischen Grundannahmen der meisten vorliegenden Biografie- und Nutzerforschungsprojekte zurückfällt, sondern auch für eine Aufnahme subjektkritischer Einwände unzureichend bleibt – das illustriert die gleichzeitige Formulierung subjektzentrierter Annahmen der Agency-Protagonisten selbst (vgl. Anmerkung 2).

Unseres Erachtens lassen sich vor allem zwei Erklärungsmuster ausmachen.[27] Zum einen scheint das Phänomen der widersprüchlichen oder sogar der De- und Nicht-Thematisierung subjektkritischer Einwände dem diesen Ansätzen unterliegenden politischen und berufsethischen Postulat geschuldet, das sich einer emanzipatorischen Perspektive verpflichtet: Schaarschuch und Oelerich (2005, S. 19; vgl. Bitzan/Bolay/Thiersch 2006[1], S. 7) markieren das für ihr Modell einer sozialpädagogischen Nutzerforschung mit den Worten, es gehe um den „moralischen Anspruch der Nutzerinnen auf Anerkennung als aktiv handelnde Subjekte". Diese Emanzipationspostulate basiert zum anderen auf spezifischen neo-marxistischen Denktraditionen, auf deren Basis diese Autoren/innen in verschiedenen praxis-, alltags- und aneignungstheoretischen Varianten argumentieren: Ihre argumentative Basis konkretisiert sich dementsprechend in Annahmen einer „Pseudokonkretheit" der Praxis (Kosik 19896, S. 217; vgl. Bitzan/Bolay/Thiersch 2006[2], S. 260ff.) oder der nur „einseitig(en) und unvollständig(en)" Aneignungsmöglichkeiten menschlicher Wirklichkeit (Leontjew 1971, S. 236; vgl. Schaarschuch/Oelerich 2005, S. 11; kritisch dazu inzwischen Bitzan/Bolay 2013).

Die damit skizzierte aktuelle Konjunktur subjektzentrierter Annahmen in den Diskussionen um Soziale Arbeit ist also vor allem der spezifischen humanistischen Denktradition geschuldet, die das Subjekt als konstitutive autonome Handlungseinheit zugleich voraussetzt und durch emanzipatorische Interventionsstrategien freisetzen will. Ganz im Sinne des Vorwurfs, den vor allem Axel Honneth (vgl. 1985, S. 194f.) und Jürgen Habermas (1985/1998) Mitte der 1980er Jahre mit Verweis auf Michel Foucaults Überlegungen formuliert hatten, dass nämlich subjektkritische Überlegungen sich durch ihre machttheoretische Verkürzung auszeichneten, „vergesellschaftete Individuen nur als (...) die standardisierten Erzeugnisse einer Diskursformation" wahrzunehmen (ebd., S. 343), scheinen auch die aktuellen subjektzentrierten Ansätze in der Sozialen Arbeit das Projekt der Aufklärung und damit verbunden der Pädagogik verteidigen zu wollen. Subjektkritische Einwände werden von solchen – subjektzentrierten – Standpunkten aus schnell als Bedrohung solcher Emanzipations- und Befreiungsprogramme angesehen. Das systematische Dilemma einer solchen Position ist allerdings die Gefahr, die konstitutive Relationalität „der Natur" zu übersehen bzw. analytisch nicht fassen zu können – oder wie es Etienne Balibar (1991, S. 63) in seiner vergleichenden Lektüre Marxscher und Foucaultscher Überlegungen mit Blick auf

---

27 Die Frage nach möglichen Gründen wird noch dadurch provoziert, dass einzelne der benannten Autoren bereits vor fast 20 Jahren selbst wegweisende, wenn auch (bisher) wenig rezipierte, Arbeiten zu einer subjektkritischen Perspektive in der Sozialen Arbeit vorgelegt haben (vgl. Bolay/Trieb 1988).

die marxistischen Denktraditionen verdeutlicht, allzu schnell „von der Materialität der Körper" auf die „Idealität des Lebens" überzugehen.

Nicht zuletzt fehlt bereits in den sozialphilosophischen Einwänden, wie sie hier mit dem Verweis auf Honneth und Habermas angedeutet werden, eine explizite Auseinandersetzung mit dem post-aufklärerischen, post-kritischen und post-humanistischen Anspruch und dem entsprechenden Transformations- und Subversionspotenzial solcher Perspektiven:[28] Deren Anspruch also, die Ereignishaftigkeit von Praktiken, die Regelmäßigkeiten des Sag- und Sichtbaren zu rekonstruieren (vgl. Waldenfels 2004), um dessen nur regionale Gültigkeit auszuweisen, seine immanenten Ausschlussformen aufzudecken und die Grenzen zu markieren, an denen manches als Fremdes zurückgewiesen wird, um der Identität des Einheimischen seine Legitimität zu verleihen.

Dieser Hinweis könnte nun nicht nur miss-, sondern auch als deutlich verkürzt verstanden werden, wenn er nicht auch mit einer Problematisierung der subjektkritischen Deutungsangebote selbst verbunden würde. Denn diese lösen den – von uns im Anschluss an erkenntnis- und subjektkritische Herangehensweisen – beanspruchten *radikal relationalen* und *praxis-analytischen* Zugang keineswegs per se ein. Das soll im Folgenden, wie bereits angedeutet, am Beispiel der in den Diskussionen um Soziale Arbeit in den letzten Jahren besonders einflussreichen subjektkritischen, nämlich systemtheoretischen Methodologie verdeutlicht werden.

2.3 Vom handelnden Subjekt zum handelnden System

Niklas Luhmann fordert in seinen Überlegungen zur Grundlegung einer konstruktivistischen Weltordnung eine generelle Aufgabe der „Denkfigur Subjekt". Der Mensch sei nur mehr als Umwelt sozialer Systeme – das heißt einzelner Funktionssysteme, wie *Wirtschaft, Recht* oder *Bildung* – zu erfassen und dabei selbst in eine dreifache Systemaufteilung zu splitten: in ein physisches, ein psychisches und ein soziales System (vgl. Luhmann 2002, S. 256). Für eine sozialpolitische und damit auch sozialpädagogische Perspektive entscheidend sei diese Annahme, weil damit die Gesellschaftsmitglieder „letztlich für keines der Funktionssysteme mehr als Personen relevant" seien (Hillebrandt 2004, S. 132). Das Individuum ist vielmehr nur mehr hinsichtlich des spezifischen Aspekts eines einzelnen Funktionssystems teil-integriert (*Inklusion*) und damit hinsichtlich dieses Aspekts zugleich aus anderen Teilsystemen ausgeschlossen (*Exklusion*). In den modernen,

---

28   Mindestens in Bezug auf die Arbeiten von Axel Honneth ist diese Einschätzung inzwischen
      zu modifizieren, da er sich in den letzten Jahren explizit mit der jüngeren Rezeption macht-
      analytischer Vorgehensweisen auseinandergesetzt hat (vgl. Honneth/Saar 2003).

funktional differenzierten Gesellschaften ist somit, nach Luhmann, das Individuum nie mehr in ein Funktionssystem komplett inkludiert, da Funktionssysteme eben immer nur noch spezifische, einzelne Bedürfnisse als relevant anerkennen und andere Bedürfnisse in alternative, dafür zuständige Systeme verweisen (vgl. Scherr 2004, S. 57ff.). Diese auf den ersten Blick scheinbar radikal innovative Theoriearchitektur auf dem Fundament einer Annahme funktional differenzierter, moderner Gesellschaften erweist sich auf den zweiten Blick allerdings als ein, wenn auch beeindruckender Taschenspielertrick: Luhmann überträgt nämlich die bisherige Figur des Subjekts, aber auch die damit verbundenen systematischen Probleme „einfach" auf die Figur des Systems.

Luhmanns Denkmodell unterliegt eine relativ schlichte und wohl gerade deshalb so überzeugungskräftige theorie-architektonische Operation: Mit der System/Umwelt-Unterscheidung macht er soziale Zusammenhänge auf einer erhöhten Abstraktionsebene neu kategorisierbar (vgl. Luhmann 2005, S. 7). Damit scheint es Luhmann möglich, „zahlreiche Denkgewohnheiten" zu durchschneiden, indem er systemtheoretisch deren Anteile auf die „eine bzw. die andere Seite dieser (systemischen; F.K.) Grenzlinien verteilt" (ebd.).[29] Nicht nur das damit mögliche „totalisierende Ordnungsdenken" (vgl. Demirovic 2001, S. 16), das sich in den Luhmannschen Monografien zur Rekonstruktion jeweils eines Subsystems materialisiert, ist theorie-architektonisch beeindruckend, sondern vor allem auch die damit verbundene Möglichkeit, das „Eigentliche" der Soziologie freizulegen und zu reinigen: das *soziale System*. Nie zuvor schien es so pur präsentiert werden zu können – frei von damit verbundenem oder gar eingewobenem „humanistischen, leiblichen, ästhetischen oder psychischen Ballast". Die Möglichkeit eines solchen soziologischen Purismus, einer „purifizierte(n) Soziologie", wie auch systemtheoretische Denker in der Sozialen Arbeit formulieren (Scherr 2000, S. 71), scheint Luhmanns zentrale Motivation, wenn er seine Einwände gegen eine theoretische Integration der Subjektfigur formuliert, wie in seiner Bielefelder Vorlesung zur *Einführung in die Systemtheorie* aus dem Wintersemester 1991/92:

---

29 Luhmanns selbst gestellte analytische Aufgabe ist enorm. Denn ihn treibt nicht weniger um, als die Erarbeitung einer universalen Theorie für das Soziale. Es gehe ihm, so formuliert er in der Einleitung zu *Soziale Systeme*, seines Grundrisses einer *allgemeinen Theorie* (sic!), um die „Universalität der Gegenstandserfassung in dem Sinne, daß sie als soziologische Theorie alles Soziale behandelt und nicht nur Ausschnitte" (Luhmann 1987, S. 9). Luhmanns Entwurf einer Systemtheorie ist daher auch in die Gruppe der „Supertheorien" einzuordnen, einem Theorietypus, der „totalisierend verfährt" (Demirovic 2001, S. 25), indem theoretische Gegenpositionen gleich integriert und re-interpretiert werden, das heißt die Theorie „sich selbst und ihren Gegensatz selbst erklärt" (Luhmann 1978, S. 18, zit. nach Demirovic 2001, S. 25). Auch diese Totalisierung kann theorie-architektonisch faszinieren, bleibt damit doch – zumindest dem eigenen Anspruch nach – keine systematische Lücke offen.

Man „will den Begriff (des Subjekts; F.K.) aus dieser Verleimungsfunktion, dieser Scharnierfunktion zwischen individuellen, psychischen, biologischen Systemen auf der einen Seite und Gesellschaftssystemen auf der anderen Seite hinausschießen" (Luhmann 2002, S. 256).

Diese „Befreiung" der Subjekte gelingt Luhmann aber eben nur dadurch, dass er nun die „Systeme" statt der „Subjekte" zu den bestimmenden Handlungseinheiten erklärt. „Das System" wird zum theorie-konzeptionellen Ausgangs- und Endpunkt: Statt der von Luhmann unseres Erachtens zurecht kritisierten, die Philosophie und anschließend die Human- und Sozialwissenschaften seit der Aufklärung konstituierenden subjektzentrierten Perspektive haben wir es nun mit einer systemzentrierten zu tun. In Luhmanns Theoriekonstruktion handeln zwar nicht mehr die „Subjekte", aber dafür die „Systeme" - auch wenn Luhmann den Handlungsbegriff durch die relativ schlichte semantische Transformation in den Begriff der „Operation" zu überwinden sucht.[30]

Die zentrale Frage während der ersten Rezeptionsphase der Luhmannschen Systemtheorie in den theorie-systematischen Diskussionen um Soziale Arbeit war daher auch diejenige nach der Möglichkeit einer Bestimmung Sozialer Arbeit als eigenständiges Funktionssystem (vgl. Baecker 1994; Merten 1997, S. 86ff.; kritisch dazu: Bommes/Scherr 2000). Diese Auseinandersetzung scheint, trotz der teilweise heftig geführten Debatten, allerdings inzwischen ohne merklichen Widerhall weitgehend verklungen. Stattdessen wurde aber eine zweite Rezeptionsphase eingeläutet.[31] Im Zentrum steht nun, so lässt sich aus der hier interessierenden Perspektive formulieren, eine Auseinandersetzung mit der Luhmannschen Forderung nach einer radikalen Auflösung des Subjekts. Diese Forderung geht die Mehrheit der systemtheoretisch argumentierenden Autoren so allerdings nicht mit (vgl. Merten 1997, S. 49ff.). Stattdessen erweitern diese Luhmanns funktionale Differenzierungstheorie um eine Perspektive auf soziale Ungleichheitsphänomene (vgl. Merten 2004, S. 108, daran anschließend Kleve 2004, S. 173ff.) bzw. auf die Bedingungen von Exklusions- und Inklusionsprozessen (vgl. Scherr 2004, S.

---

30   Peter Zima (2000) sieht in diesem Vorgehen Luhmanns sogar nicht nur eine Verschiebung der
      bisher dem Subjekt zugemuteten Handlungsautonomie, sondern auch ein neues systematisches
      Problem auftauchen. Die Subsitution des ontologischen oder transzendentalen Individual-
      Subjekts durch das operational geschlossene System erzeugt seines Erachtens einen neuen
      abstrakten „Subjekt-Aktant(en)", was dazu führe, dass Systeme zu „mythischen Aktanten
      werden, weil sie nicht mit individuellen und kollektiven Subjekten interagieren, sondern diese
      ersetzen und dadurch deren Funktionen verdecken" (Zima 2000, S. 325).

31   Die vorgeschlagene Differenzierung in zwei Rezeptionsphasen ist nicht als eindeutige Chro-
      nologie der systemtheoretischen Debatten in der Sozialen Arbeit zu verstehen, sondern als
      analytische Differenzierung und Klarstellung. Denn die beiden unterschiedlichen Rezeptions-
      stränge verlaufen teilweise parallel nebeneinander her bzw. in gegenseitiger Verschränkung
      zum gleichen Zeitpunkt.

69ff.; vgl. Bommes/Scherr 2000, S. 97). So schlägt Roland Merten die Einführung eines Begriffs der „Nicht-Inklusion" vor, womit er nichts anderes meint als den Ausschluss von *Menschen* aus allen relevanten Teilsystemen – eine für Luhmanns Systemtheorie an sich gar nicht denkbare Konstruktion (vgl. Kronauer 2002, S. 126ff.; Hillebrandt 2004, S, 132).[32] Dass sich eine ganze Reihe der sozialpädagogischen Systemtheoretiker darüber hinwegsetzen, ist kein Zufall. Denn sie reagieren damit auf einen Schwachpunkt der Luhmannschen Systemtheorie selbst. Luhmann neigt in seinen Überlegungen dazu, wie Peter Zima (2000, S. 331) verdeutlicht, „den Subjektbegriff mit dem individuellen oder transzendentalen Subjekt zu identifizieren". Damit verengt er die Subjektfigur aber kategorial in einer Weise, wie sie nicht einmal von explizit subjektzentrierten Ansätzen in Anspruch genommen wird. Diese individualistische Subjektkonstruktion scheint zugleich theorie-immanent konsequent, da Luhmann einen „radikalen Individualismus" (Luhmann 2002, S. 257) unterstellt, den gerade die Verlagerung der psychischen wie physischen Systeme als zentrale Bestandteile menschlicher Akteure in die Umwelt der Sozialsysteme möglich mache (kritisch dazu Merten 1997, S. 49). An dieser Stelle zeigt sich nochmals die Luhmannsche Radikalität in seiner Annahme der Selbstreferentialität von Systemen, die er auch auf den in drei Teilsysteme aufgeteilten Menschen überträgt. Mit der „Ausdehnung des Konzepts der Selbstreferenz auf Letztelemente jeglicher Art" müsse nämlich die „Weltgemeinsamkeit aller Systeme" aufgegeben werden, denn jede Einheit sei ausschließlich „autopoietisch" zu produzieren (Luhmann 1987, S. 653f.). „Alle Regulierung wird selbst reguliert", womit ein rein symmetrisches und in keiner Weise hierarchisches Geschehen zum Untersuchungsobjekt werde, da nichts reproduziert werden könne, was nicht den Bedingungen des jeweiligen System genüge (ebd., S. 654).

Das sich damit für eine Wissenschaft Sozialer Arbeit außerdem andeutende Problem ist die von Systemtheoretikern als immenser Vorteil präsentierte „unglaubliche Realitätsfähigkeit der Systemtheorie" (Stichweh 1999, S. 62, zit. nach Demirovic 2001, S. 24). Die Behauptung lautet, mit Luhmanns Systemtheorie

---

32 Interessanterweise scheint auch auch manchen machtanalytisch vorgehenden Autoren/innen – also dem „anderen Strang" subjektkritischer Einwände – die in diesem Fall vor allem Foucault zu gerechnete Subjektkritik nicht ganz geheuer. Denn diese gerate doch allzu schnell in die Gefahr, (Regierungs)Programme und (Subjekt)Praktiken in eins zu setzen und damit die „Eigensinnigkeit des Handelns gegenüber den Programmatiken" auszublenden (Stövesand 2007, S. 286). System und Subjekt, so könnte man diese Lesart zuspitzen, fielen eben nicht in eins, was totalisierende Machtperspektiven wie diejenige der Studien zur Gouvernementalität aber allzu leicht nahelege (kritisch dazu: Kessl 2008, S. 217ff.). Daher sei auch nicht weniger als eine subjekttheoretische Re-Lektüre machtanalytischer Vorgehensweisen notwendig (vgl. auch Horlacher 2007).

könne man sich von kritisch-theoretischen Zugängen absetzen und diese „als ein Unterfangen vorwiegend normativen Gehalts" ausweisen (ebd.). Ohne nun an dieser Stelle auf das damit angedeutete Werturteilsproblem weiter einzugehen (vgl. dazu Ritsert 1996, S. 30ff.), ist an dieser Stelle festzuhalten, dass Luhmanns Systemtheorie gegenüber Positionen, die sich durch eine eingelagerte und nicht-explizierte Normativität ausweisen, zumindest auf den ersten Blick als radikal-kritischer Gegenentwurf gelesen werden könnte.[33] Denn bietet er mit seinem Ansatz nicht eine radikal-relationale Analyseperspektive an? Und könnten damit nicht gerade für eine Wissenschaft Sozialer Arbeit, in deren Mittelpunkt die skeptische Rekonstruktion dieser Instanz der Lebensführungsregulierung und -regierung stehen muss, systemtheoretische Ansätze von entscheidendem Wert sein? Denn das können gerade die noch relativ jungen Versuche der Implementierung einer Adressaten- und Nutzerforschung deutlich machen: Eine Wissenschaft Sozialer Arbeit muss es um die sozialen Praktiken der beteiligten Akteure gehen – allerdings hinsichtlich ihrer Regulierung und Regierung, denn genau das ist der Auftrag Sozialer Arbeit.[34] Für einen solchen macht- und herrschaftssensiblen, und damit relationalen Zugang (vgl. Appadurai 1996) bietet allerdings die Systemtheorie keinen überzeugenden Zugang. Zwar fordert Luhmann „Formbegriffe, die auf der Ebene der Relationierung von Relationen angesiedelt sind" (Luhmann 1987, S. 26), denn Systeme wie deren Umwelt können nach Luhmann jeweils nur das sein, was sie „im Bezug auf das jeweils andere (sind)" (ebd., S. 244). Diese Annahme weist damit durchaus Strukturanalogien zu explizit macht- und herrschaftssensiblen Ansätzen auf, in denen davon ausgegangen wird, dass Herrschaftsverhältnisse nur in Form von „materiell verdichteten Kräfteverhältnissen", so Poulantzas (2002, S. 64ff.) Bestimmung des Staats, bzw. als ein Feld blockierter Machtbeziehungen (Foucault 1984/2000, S. 11), angemessen zu erfassen seien. Und definiert nicht auch Luhmann „Herrschaftspositionen" als „Grenzstellen› des Systems", von denen aus „eine entsprechende Ausstattung mit Macht und mit Kompetenzen legitimier(t werde)" (Luhmann 1987, S. 280)?

Die Schwierigkeit, Luhmanns Überlegungen als theorie-systematische Grundlage für eine radikal relationale Perspektive zu nutzen, ist, dass systemtheoretisch

---

33 Der konstitutive Ausgangspunkt einer radikal-relationalen Analyseperspektive sind die konfliktiven, ambivalenten, heterogenen und miteinander verstrickten sozialen Praktiken, die zwischen Akteuren und „Dingen" (Bruno Latour) in ihrer permanenten (Re)Produktion existent werden. Theorie-systematisch knüpfen praxistheoretische Perspektiven (vgl. Reckwitz 2003) vor allem an neo-marxistische Zugänge (Althusser; Poulantzas), machtanalytische Ansätze (Foucault; Studien zur Gouvernementalität), hegemonietheoretische Entwürfe (Laclau/Mouffe) und sprachanalytische Deutungsmuster (Wittgenstein; Derrida; Butler) an.

34 Diese Perspektive bleibt in den bisherigen Entwürfen zu einer Adressaten- und Nutzerforschung weitgehend unterbelichtet.

nicht nur eine relationales, sondern auch ein relativistisches Deutungsangebot gemacht wird. Und damit beginnt das systematische Problem: Das Phänomen einer, wenn auch nur historisch-spezifischen Fixierung der Systemgrenzen, einer Herrschaftspositionierung also, wird von Luhmann theorie-architektonisch ausgeschlossen: „Erst wenn die Sinngrenzen die Differenz von System und Umwelt verfügbar halten, kann es die Welt geben" (ebd., S. 283). Diese gegen einen Parsonianischen Strukturfunktionalismus zwar überzeugend argumentierende Forderung, die ein Modell *flexibler* Grenzen beansprucht, verschattet aber zugleich den analytischen Blick auf Herrschaftsverhältnisse. Denn diese realisieren sich gerade *als* Fixierung von historisch-spezifischen Formaten eines bestimmten Musters von Systemgrenzen. Luhmanns Begründung für diese Annahme ist, dass er das Prinzip der Selbstreferentialität absolut setzt, die Systemtheorie also auf der Annahme einer „autopoietischen Abkapselung" basiert (Zima 2000, S. 342). Entscheidend und konstitutiv für die Welt sind demnach die Logiken der Einzelsysteme und *nicht* deren Verschränkung oder Verkopplung (vgl. Luhmann 1995, S. 174). Gerade in diesen Verschränkungen, Grenzfixierungen oder -veränderungen zeigen sich aber die historisch-spezifischen Macht- und Herrschaftsverhältnisse.

Damit verweigert sich Luhmann einer macht- und herrschaftskritischen Perspektive und sein Relationalitätspostulat wird eindimensional, weil Relationen in seiner Theorie autopoietischer Systeme in diesen und deren konstitutiven Selbstreproduktionslogik ihren Ausgangspunkt nehmen und immer wieder an diese zurückgebunden bleiben. Ganz im Gegensatz zu herrschaftskritischen Zugängen, beispielsweise in machtanalytischer oder neo-marxistischer Variante. Denn diese fokussieren gerade auf den „Gesamteffekt dieser Beweglichkeiten" (Foucault 1999, S. 114), das heißt gerade die Gestalt und vor allem die Gestaltungsformierung der Herrschaftspositionen: Die Grenzstellen, die Grenzreproduktionen und damit die Bearbeitung der Grenzen „der Systeme", um nochmals Luhmanns Terminologie zu verwenden, rücken dann in den analytischen Fokus. „Situationen der Missachtung", wie sie für die Soziale Arbeit konstitutiv sind, weil diese das Ergebnis fremder und eigener Regulierungs- und Regierungsstrategien darstellen, entstehen aber genau dann, „wenn es soziale Akteure gibt, die die Macht haben, bestimmten Bevölkerungsgruppen die soziale Anerkennung zu verweigern" (Hillebrandt 2004, S. 136). Systemtheoretisch ist durch den Verweis auf die je „eigene Gesellschaftsbeschreibung" der einzelnen Funktionssysteme eine solche Analyseperspektive aber ausgeschlossen (Luhmann 1995, S. 147).

2.4 System, Subjekt und Soziale Arbeit

Gemeinsam ist konstruktivistischen wie machtanalytischen Zugängen also, dass sie auf die Notwendigkeit einer radikalen Dezentrierung des zentrierten Subjektmodells aufmerksam machen können: Das Subjekt ist nicht Herr im eigenen Haus (vgl. Zizek 2004). Dieser Hinweis ist gerade angesichts der konstitutiven Einlagerung subjektzentrierter Annahmen in traditionelle wie aktuelle Konzepte Sozialer Arbeit entscheidend – und findet bisher, wie der Verweis auf jüngere adressaten- und nutzerbezogenen Konzepte gezeigt hat, zu wenig Berücksichtigung. Während allerdings konstruktivistische Zugänge im Sinne der Luhmannschen Systemtheorie aus dieser Einsicht eine Verschiebung der menschlichen Akteure in die Außenwelt der Funktionssysteme und zugleich die Rollenübernahme durch die Systeme vorschlagen, geht es machtanalytischen Vorgehensweisen um den Hinweis auf die differenten, historisch-spezifischen Konstruktionsmodi der *Subjektivierung* selbst. Machtanalytische – wie auch dekonstruktive – Ansätze basieren also auf der Annahme, dass man das „Subjekt nicht als schlechthin Erstes ansetzen" kann, denn es „gehorcht vielleicht einem Subjektprinzip, ist aber keines" (Waldenfels 1987, S. 115) – und genau dieses Prinzip gilt es jeweils historisch-spezifisch zu rekonstruieren. Für die Wissenschaft Sozialer Arbeit heißt das aktuell, die in den transformierten Gesellschaftsformationen (vgl. Beiträge in Bütow/Chassé/Hirt 2008; Kessl/Otto 2009a) dominierenden Subjektivierungsweisen in den Blick zu nehmen und deren Regelmäßigkeiten nachvollziehbar und transparent deutlich zu machen – vor allem in Bezug auf die damit verbundene Ermöglichung oder Verunmöglichung von Handlungsoptionen für die direkten Nutzerinnen und Adressaten. Für die Soziale Arbeit als professionelle – und damit als pädagogische wie politische – Akteurin sollte das unseres Erachtens heißen, sich ihrer selbst als Instanz der (Re)Produktion dieser Subjektivierungsweisen zu begreifen und das eigene Tun dementsprechend skeptisch auf die eigenen Regulierungs- und Regierungsaktivitäten zu befragen. Einer sich radikal-reflexiv verstehenden Sozialen Arbeit (Kessl/Maurer 2012) kann es nicht um die Vermittlung eines scheinbar gegebenen Verhältnisses von System und Subjekt (*Individuum und Gesellschaft*), nicht um einen scheinbar eindeutigen Perspektivwechsel von der systemischen auf die subjektive Ebene (*Subjektorientierung*), nicht um eine Substitution der autonomen Subjektfigur durch die (Funktions)Systemfigur (*Systemtheorie*), sondern sollte es um die analytische wie professionelle Inblicknahme und Bearbeitung der historisch-spezifischen Systeme der Subjektivierung gehen.

3. Kritik

3.1 Ausgangsposition: Kritik all überall?[35]

Seit einiger Zeit hat die Frage der Gestalt(ung) k/Kritischer Theorie[36] und Forschung wieder Konjunktur – und das keineswegs nur in der Wissenschaft zur Sozialen Arbeit: Die Frage einer "Kritischen Soziologie" gegenüber einer "Soziologie der Kritik" – oder umgekehrt – hat ReferentInnen auf dem letzten bundesdeutschen Soziologiekongress 2010 in Frankfurt am Main beschäftigt und jüngst eine E-Mail Debatte zwischen Heinz Steinert und Georg Vobruba (2011) ausgelöst, die in der Hauszeitschrift der *Deutschen Gesellschaft für Soziologie* veröffentlicht wurde. Vorgängig hatte bereits der Debattenband *Soziologie – Kapitalismus – Kritik*, den die Jenaer Soziologen Klaus Dörre, Stephan Lessenich und Hartmut Rosa (2009) publizierten, eine öffentliche Aufmerksamkeit erzeugt, wie schon lange kein sozialwissenschaftlicher Band mehr, der sich explizit der Gesellschafts- und Herrschaftskritik widmet. In der politisch-theoretischen und sozialphilosophischen Auseinandersetzung haben nicht zuletzt machtanalytische und feministische Arbeiten (vgl. Butler 2002; Lemke 1997; Lorey 2008) und die deutschsprachigen Beiträge aus dem Bereich der *Cultural Studies* (vgl. Winter 2001; Winter/Zima 2007) die Frage nach Form und Inhalt von k/Kritischer Theorie und Forschung aktualisiert; die Beiträge von Alex Demirovic (2008) und anderen werfen die Frage des Verhältnisses von *Kritik und Materialität* auf, Robin Celikates (2009) geht im Anschluss an Luc Boltanskis Überlegungen (2010) der Frage nach der Relevanz der sozialen Praxis von Kritik nach. Die Perspektive ei-

---

35 Für die wirklich hilfreichen Rückmeldungen von Bettina Hünersdorf und Jutta Hartmann (beide Berlin) zu einer ersten Version dieses Beitrags möchte ich mich an dieser Stelle ausdrücklich bedanken.

36 Mit der syntaktischen Markierung „k/Kritisch" wird auf die unterschiedlichen Theorietraditionen einer „*Kritischen* Theorie und Forschung", wie sie von VertreterInnen der Frankfurter Schule oder DenkerInnen in deren Nachfolge beansprucht wird auf der einen Seite, und andere gesellschafts- und herrschafts*kritische* Denktraditionen auf der anderen Seite verwiesen. Im weiteren Text spielt diese Differenzierung allerdings keine systematische Rolle, sondern die Gemeinsamkeit beider Denktraditionen: ihr gesellschafts- und/oder herrschaftskritischer Fokus. Um dies zu symbolisieren, wird für diesen Beitrag die Figur der „k/Kritischen Theorie und Forschung" gewählt.

ner k/Kritischen Erziehungswissenschaft ist zwar im deutschsprachigen Raum
in jüngster Zeit weniger explizit nachweisbar als dies noch vor einigen Jahren
der Fall war (vgl. Sünker/Krüger 1999), und auch innerhalb der englischsprachigen Debatten eher der Fall ist (vgl. Beiträge in Gur-Ze'ev 2005), aber in jüngeren
bildungstheoretisch informierten Arbeiten finden sich wieder verstärkt explizite Einwände gegen einen verkürzten Empirismus in der Bildungsforschung (vgl.
Bernhard 2010; Casale et al. 2010) oder gegen die gegenwärtig vorherrschende
Schul- und Hochschulpolitik (vgl. Lohmann 2002; vgl. dazu auch: Angermüller/
Buckel/Rodrian-Pfennig 2012).

   Auch in Bezug auf die Soziale Arbeit zeigt sich eine entsprechende Verge-
wisserungsdynamik an unterschiedlichen Stellen: Seit einigen Jahren werden
nicht nur Reader und erste Monografien zur Frage der Bestimmung einer Kritischen Sozialen Arbeit und einer Kritik der Sozialen Arbeit vorgelegt (vgl. An-
horn/Bettinger/Horlacher/Rathgeb 2012; Schimpf/Stehr 2012; Seithe 2010), sondern auch explizite Schwerpunkthefte (vgl. Kurswechsel 2009; Sozial Extra 2007;
Widersprüche 2006) und sogar eine eigene Buchreihe zum Thema: *Kritische Soziale Arbeit* (VS-Verlag). Neben diesen wissenschaftlichen Projekten der Kritik
finden sich im deutsch- wie im englischsprachigen Kontext in jüngerer Zeit vermehrt Projekte der Kritik im Format sozialer Bewegungen: Mit der Wiedergrün-
dung des Arbeitskreises Kritische Soziale Arbeit (AKS) und damit verbundener
lokaler Arbeitskreise (z.B. Dresden oder Hamburg), der Gründung des Bremer
Bündnisses Soziale Arbeit, der *Linzer* und der *Soltauer Initiative*, der Initiierung
des *Vereins Kritische Soziale Arbeit* in Wien (Kriso), des gleichnamigen *Forums*
in Zürich und diverser weiterer Zusammenschlüsse und sozialpolitischer Offen-
siven auf kommunaler Ebene positioniert sich diese quantitativ zwar überschau-
bare, aber dennoch wachsende und vor allem immer sichtbarer werdende Anzahl
von AkteurInnen in den Feldern Sozialer Arbeit. Ähnliche Entwicklungen lassen
sich auch im englischsprachigen Bereich, nicht zuletzt in Großbritannien, u.a. mit
der Gründung des *Social Work Action Network* (SWAN) finden.

   Diesen gegenwärtigen Positionierungen zur Kritik Sozialer Arbeit bzw. zur
Etablierung einer k/Kritischen Sozialen Arbeit ist häufig eine strukturanaloge
Zeitdiagnose unterlegt: die Feststellung, dass sich die Menschheit am Beginn des
21. Jahrhunderts in einer sehr grundlegenden gesellschaftlichen Transformationsphase befindet. Der Ausgangspunkt dieser Diagnose lässt sich folgendermaßen
zusammenfassen: In den so genannten Wirtschafts- und Finanzkrisen der 2000er
Jahre („Börsencrash 2001" und „Finanz- und Bankenkrise seit 2007") findet die
post-fordistische Konstellation des Kapitalismus, wie sie sich seit den 1970er Jahren zunehmend etabliert hat, ihre zugespitzte Ausprägung. Insbesondere regula-

tions- und hegemonietheoretische Analysen verdeutlichen, dass sich diese Konstellation als Ausdruck einer Entwicklungslogik erweist, die in den 1970er Jahren
in den „Experimentierräumen" der Militärdiktaturen von Chile (1973) und Ar-
gentinien (1976) – mit immenser Unterstützung durch die wirtschaftlichen Eliten
der USA – ihren Anfang nehmen konnte, und von dort aus in die USA („Reaga-
nism") re-importiert wurde, aber auch zunehmenden Steuerungseinfluss in Großbritannien („Thatcherism") und der weiteren OECD-Welt gewann. David Harvey
(2005, S. 11) bringt die Motivation, die diesen „neoliberalen Projekten" zugrunde liegt, auf folgende Formel: Den AkteurInnen geht es um die Wieder-Entbet-
tung des Kapitals aus den Zwängen und Begrenzungen, die ihm die (wohlfahrts)
staatliche Regulierungspolitik seit dem Ende des 19. Jahrhunderts auferlegt hat.
Dieser politisch-ökonomischen Transformationsdynamik, der „Verschiebung der
Kräfteverhältnisse, (der) Redistribution gesellschaftlicher Macht zugunsten des
Kapitals" (Candeias 2004, S. 9), korrespondiert eine zweite, diskursiv-kulturelle
Transformationsbewegung, die sich vor dem Hintergrund wohlfahrtsstaatlicher,
aber durchaus auch im Kontext „neuer" (Leisering) wie proto-wohlfahrtsstaat-
licher Arrangements in der Durchsetzung einer, wenn auch sehr unterschiedlich
verfassten aktivierenden Sozialstaatslogik manifestiert (vgl. Lessenich 2009;
Pieper/Rodriguez 2005): Gouvernementalitätsanalytische und staatstheoreti-
sche Arbeiten weisen darauf hin, dass die veränderten staatlichen Interventionsmuster in der Bildungs-, Gesundheits- und Sozialpolitik, wie sie unter Formeln
wie der eines „aktivierenden" oder „investiven Sozialstaats" zusammengefasst
werden, zunehmend auf die Freisetzung des jeweiligen subjektiven Potenzials
einzelner AkteurInnen bzw. Akteursgruppen zielt, das es möglichst optimal zu
entwickeln oder zu steigern gelte (vgl. Sauer 2008). Der Verweis auf diese grundlegenden politisch-ökonomischen wie diskursiv-kulturellen Veränderungsdynamiken stellt die eine Legitimationsquelle der zunehmenden Vergewisserungsbemühungen um eine Bestimmung oder Verortung der Bedingungen k/Kritischer
Theorie und Forschung, auch in Bezug auf die Soziale Arbeit dar (vgl. Beiträge
in Bütow/Chassé/Hirt 2008).
    Allerdings wäre ein analytischer Blick auf die gegenwärtige Thematisierung
von Kritik und k/Kritischer Sozialer Arbeit nur unzureichend geworfen, wenn
dabei nur dieser erste Thematisierungsstrang, der Transformation des bis in die
1970er Jahre dominierenden wohlfahrtsstaatlichen Arrangements, beleuchtet würde. Denn mit der zeitdiagnostischen Markierung dieser grundlegenden Transformation ist weder Geltung und Gültigkeit derartiger Transformationsdiagnosen noch der einer damit beanspruchten kritischen Positionierung geklärt. Auch
das zeigt eine wachsende Zahl von Beiträgen in der jüngeren Zeit, in denen um

die methodologische Dimensionierung k/Kritischer Theorie und Forschung (vgl.
Beiträge in Widersprüche 100) und hierbei in jüngster Zeit insbesondere um die
Notwendigkeit eines normativen Orientierungspunktes für k/Kritische Forschung
(vgl. für die Soziale Arbeit u.a. Dahme/Wohlfahrt 2011; Otto/Scherr/Ziegler 2010;
Neumann 2008; Sandermann 2009) gerungen wird. Die zweite Legitimationsquelle der aktuell zunehmenden Vergewisserungsbemühungen um eine Bestimmung oder Verortung der Bedingungen k/Kritischer Theorie und Forschung ist
daher der Geltungsanspruch, der mit der jeweiligen Transformationsdiagnose und
den unterschiedlichen Positionierungen in Bezug auf die Gestalt(ung) von Kritik
bzw. k/Kritischer Sozialer Arbeit beansprucht wird.

   Entlang dieser beiden Vergewisserungsbemühungen um eine Kritik wie k/
Kritische Soziale Arbeit und den damit verbundenen Legitimationsbestrebungen
werden im weiteren Text zuerst zentrale Transformationsdiagnosen in den Blick
genommen, und nach der Art und Weise gefragt, inwiefern diese nachvollzieh-
barer Weise als Legitimationsquelle einer Kritik bzw. k/Kritischen Sozialen Arbeit dienen können. Daran anschließend wird die methodologische Frage nach
der Gestalt(ungs)form von Kritik diskutiert, und damit der Überzeugungskraft
ihrer jeweiligen methodologischen Legitimation.

3.2   Zur Transformation Sozialer Arbeit

Iain Ferguson und Rona Woodward (2009, S. VI) beginnen das Vorwort zu ihrer
Einführung in eine *Radical social work in practice* mit dem Verweis auf den ra-
santen Wandel des britischen Wohlfahrtsstaats; Birgit Bütow, Karl August Chas-
sé und Rainer Hirt (2008, S. 7) eröffnen ihren Sammelband *Soziale Arbeit nach
dem sozialpädagogischen Jahrhundert* mit den Worten: „Soziale Arbeit verliert
ihre bisherige wohlfahrtsstaatliche Einbettung"; und Hans-Uwe Otto und Hans
Thiersch (2011, S. V) formulieren in ihrem Vorwort zur vierten, 2011 erschienenen Auflage des *Handbuchs Soziale Arbeit*, diese stehe „in den letzten zehn Jahren (vor) weitreichenden Herausforderungen". Diese Hinweise münden jeweils in
dem Plädoyer für „kritisch-selbstkritische (...) Impulse für Entwicklungsaufga-
ben" in der Sozialen Arbeit (ebd.) bzw. für eine „kritische Reflexion und Bearbeitung" (Bütow/Chassé/Hirt 2008, S. 234). Die Veränderungsprozesse machen also
nach Einschätzung aller AutorInnen eine kritische Analyse und Positionierung
Sozialer Arbeit notwendig. Doch inwiefern ist mit dem Verweis auf die aktuell
beobachtbare grundlegende Transformation des bisherigen wohlfahrtsstaatlichen
Arrangements eine Legitimationsquelle für eine Kritik bzw. eine k/Kritische Soziale Arbeit markiert? Um diese Frage zu bearbeiten, scheint es sinnvoll, sich zu-

erst die beschriebene Ausprägungsform der diagnostizierten Transformation Sozialer Arbeit vor Augen zu führen.

Charakterisiert wird die gegenwärtige Veränderungsdynamik in der Sozialen Arbeit mit Stichworten, wie (1.) einem manageriellen (vgl. Herrmann 2010; Langer 2010; Messmer 2007) und kommodifizierenden Umbau der sozialen Dienste (vgl. Dahme/Wohlfahrt 2003), einer marktförmigen Neuausrichtung der bisherigen Angebotsstrukturen entlang von Modellen der Angebotsorientierung, der Budgetierung oder der Kontraktualisierung, (2.) einer Stratifizierung und damit verbundenen Prekarisierung der Beschäftigungsverhältnisse eines maßgeblichen Teils der sozialpädagogischen und sozialarbeiterischen Fachkräfte (vgl. Eichinger 2009), (3.) einer massiv zunehmenden sozialen Ungleichheit, Ausgrenzung und Ausschließung auf Seiten der NutzerInnen sozialer Dienstleistungsangebote (vgl. Anhorn/Bettinger 2005; Dollinger/Schmidt-Semisch 2011) – ja, der Gefahr einer (wieder) klassengesellschaftlich organisierten Sozialen Arbeit und damit ihrer Spaltung in einen etablierten Dienstleistungs- und einen marginalisierten Existenzsicherungsbereich (vgl. Schaarschuch 1996; Lutz 2008) und schließlich (4.) einer aktivierungspolitischen wie aktivierungspädagogischen Neujustierung des professionellen Handlungsvollzugs (vgl. Kessl 2006; Kutscher/Richter 2011), mit der nicht mehr die Erziehungs-, Unterstützungs-, Beratungs- oder Hilfsbedürftigkeit von NutzerInnen vorausgesetzt wird, sondern deren strukturell produzierte Passivität in der eigenen Lebensführung, die es daher – gegebenenfalls auch mit Zwang – in zielgerichtete Aktivität zu überführen gelte.

Auf den ersten Blick lässt sich demnach also festhalten, dass sich die allgemeinen politisch-ökonomischen und diskursiv-kulturellen Transformationsdynamiken in den genannten unterschiedlichen Veränderungsprozessen der Sozialen Arbeit konkretisieren. So überzeugend der Verweis auf die Korrespondenz von allgemein-gesellschaftlicher und spezifischer Transformation (in den Feldern Sozialer Arbeit) ist, so greift doch die vielfach nahe gelegte und formulierte Konkretisierungsthese einer allgemeinen gesellschaftlichen Transformation in den Feldern Sozialer Arbeit analytisch zu kurz. Daher schlägt zum Beispiel Michael Winkler (2011, S. 23f.) zur systematischen Erfassung der gemeinsamen Form der vielfältigen gegenwärtigen Veränderungsprozesse in der Sozialen Arbeit auch eine andere Analysefigur vor: Hier sei eine doppelte Bewegung von zwei, eigentlich unvereinbaren Vorgängen zu beobachten, so Winkler: eine Ent-Strukturierung, die zu einer Entbettung der Subjekte führt, auf der einen Seite und eine massive Verschärfung von Ausgrenzungsprozessen auf der anderen. Damit bezieht Winkler eine andere, weit verbreitete Zeitdiagnose auf die Felder der Sozialen Arbeit: Die Transformation der bisherigen wohlfahrtsstaatlichen,

aber auch proto- und neuer wohlfahrtsstaatlicher Arrangements werden demnach von grundlegend veränderten (wohlfahrts)staatlichen Steuerungsmustern
(*Governance*) auf der einen Seite geprägt und von damit verbundenen deutli-
chen Veränderungen in der sozialstrukturellen wie -kulturellen Repräsentation
und Zusammensetzung nationalstaatlich verfasster Gesellschaften (Debatten um
„neue Armut", *„neue Klassengesellschaften"* und eine *„neue Unterschicht"*) auf
der anderen Seite. In der internationalen Diskussion ist eine solche Zeitdiagnose
vor allem in den Arbeiten des britischen Kriminologen David Garland (2001) zu
finden: In *The Culture of Control. Crime and Social Order in Contemporary Society* hat Garland diese für das Feld der Kriminalpolitik konkretisiert.[37] An der
Jahrtausendwende sei die Kriminalpolitik sowohl durch ein rationalisiertes Management von Kriminalitätsrisiken als auch eine verstärkte punitive Ausschließung derjenigen Personen, die als Kriminelle bestimmt werden, gekennzeichnet (vgl. auch Krasmann 2003). Tilman Lutz (2010) und Holger Ziegler (2003)
haben Garlands Deutungsmuster für die Soziale Arbeit kritisch, aber im Unterschied zu Winkler explizit aufgenommen: Lutz (2010, S. 246) verweist in seinen
Überlegungen auf die selektiven Aktivierungsstrategien, die gegenüber den 'ak-
tivierbaren Mittelschichtsangehörigen' eine „präventiv orientierte, sozialinvesti-
ve Strategie" nahe legt, während sich das „so genannte Prekariat" mit der Anrufung als „unverantwortliche und unmoralische Individuen" konfrontiert sieht
– und daher Unterstützungsleistungen verstärkt mit „Bedingungen und Pflich-
ten" präsentiert bekommt, deren Nichteinhaltung sanktioniert werden. Holger
Zieglers (2003, S. 173) Analyse lässt sich direkt daran anschließen, wenn er die
doppelte Bewegung der gegenwärtigen Transformationsdynamiken als „Liberalität" am „oberen Ende" bezeichnet, die durch „eine verstärkte Androhung von
Sanktionen und Anwendungen von direktem oder indirektem Druck und Zwang
am ‚unteren Ende' ergänzt" werde.

Garland, und im kritischen Anschluss daran Lutz und Ziegler betonen somit
als Charakteristikum der gegenwärtigen Transformationsdynamiken gerade die
Tendenz einer neuen *Fokussierung* staatlicher Steuerungspolitiken. Auch sie (2005,
S. 132) folgern daraus in einem gemeinsamen Beitrag eine notwendige Kritik der
(vor)herrschenden Sozialen Arbeit, da diese die Entwicklung übersehe, wenn sie
die „bloße Tatsache, dass sich soziale Dienste im Feld der (Kriminalitäts-)Kont-

---

37   Garlands Diagnose erweitert Louic Wacquant (2009) in *Punishing the poor: the neoliberal
      government of social insecurity* nochmals, in dem er die Gleichzeitigkeit von Prison- und
      Workfare als Kennzeichen des neo-liberalen Disziplinierungsprinzips der prekarisierten
      LohnarbeiterInnen insgesamt hervorhebt und damit betont, dass nicht nur eine veränderte
      Strafpolitik, wie Garland nahe lege, sondern ein Komplex einer veränderten Straf- und Sozi-
      alpolitik zu analysieren sei.

rolle bewegen und dort ‚pädagogische' und ‚rehabilitative' Maßnahmen vollziehen, mit dem einfachen Fortbestand ‚des Sozialen' (gleich setze)". Lutz (2010, S.
257) konkretisiert diese generelle Kritik auf Basis seiner Studie zur *Sozialen Arbeit im Kontrolldiskurs* noch dahingehend, dass er anhand der Rekonstruktion von
Deutungsmustern sozialarbeiterischer Fachkräfte deren handlungs-konzeptionelle
Verarbeitungsmuster verdeutlicht und hieran zeigen kann, dass diese sich keineswegs gleichförmig darstellen: Die „existierende Kritik an Repression, Zwang und
bloßer Verwahrung (nähre daher auch) zumindest die Hoffnung, dass die Soziale Arbeit der ihr (...) zugedachten Funktionen der bloßen Verwaltung, Kontrolle
und Repression widerspricht bzw. ein Stück weit widersteht".

Gegenüber dieser ideologiekritisch begründeten These der neuen *Fokussierung* staatlicher Steuerungspolitiken legt Winklers (2011, S. 23) analytischer Zugriff die kulturtheoretische These einer gleichzeitigen *Orientierungsdiffusion und
neuen Eindeutigkeit* nahe: Die „modernen Gesellschaften (verlieren) zunehmend
Strukturen, institutionelle Regelungen und Stabilitätsmuster" und zugleich werden Menschen „von der Teilhabe und Teilnahme an gesellschaftlichen Prozessen
ausgeschlossen, nicht nur materiell, sondern zunehmend sozial und kulturell".
Damit vereint Winkler eine modernisierungstheoretische Deutung im Sinne der
Beck'schen (vgl. Beck/Lau 2004) Entgrenzungsanalyse mit der modernisierungs-
skeptischen Lesart Zygmunt Baumans (1992/1989)[38]. Winklers Diagnose ist von
beiden modernisierungstheoretischen Lesarten inspiriert und geprägt: Einerseits
zeigt er sich mit Bauman im höchstem Maße skeptisch, wenn er in seiner Betrachtung der aktuellen Reformkonzeptionen, die unter den Überschriften von Bildung,
Empowerment und Inklusion für die Soziale Arbeit präsentiert werden, formuliert: „Sie eröffnen kaum Freiheitsräume, sondern tendieren dazu, Menschen in
Institutionen einzuschließen, die zwar freundlich als solche der Bildung einher
kommen, aber längst nur noch mit Zwängen der Unterordnung verbunden sind"
(Winkler 2011, S. 34). Andererseits schlägt er eine Antwort vor, die als Reaktion auf eine, der von Beck u.a. (2004, S. 52ff.) aufgeworfenen „zukünftigen Forschungsfragen" einer der „zweiten Moderne" adäquaten Wissenschaft gelesen
werden kann: Beck u.a. sehen in der Frage „nach neuen Begründungs- und Le-
gitimationsformen" eine solche zu bearbeitende Forschungsfrage. Winklers Plädoyer für die Anbindung einer kritischen Sozialen Arbeit an eine Liberalitätsori-
entierung im Sinne des ethischen Universalismus, den Martha Nussbaum vertritt,

---

38 Während Becks Diagnose immer von dem Glauben in das wissenschaftliche Aufklärungs-
    potenzial und aus diesem heraus bestimmbare Bewältigungsstrategien in Bezug auf die
    Anforderungen in der so genannten zweiten Moderne bestimmt bleibt, hat Bauman mit Blick
    auf die Erfahrungen des 20. Jahrhunderts, und hier ganz konkret auf den Holocaust, die Fort-
    schrittshoffnung letztlich fallen lassen.

markiert eine solche Antwort – wenn sie auch mit dem Anschluss an eine normative Theorie einen anderen Weg einschlägt: Für eine kritische Soziale Arbeit habe
zukünftig „Vorrang zu haben, was als ein subjektives Wohlbefinden zu gelten hat.
Darauf muss gehört werden, wenn Kritik nicht zur Durchsetzung von vermeint-
lichem Expertenwissen dienen soll, sondern sich auf die Subjekte menschlicher
Lebenspraxis bezieht. Dies aber wäre Aufgabe einer kritischen Sozialpädagogik,
die sich in ihrer Kritik selbst prüft" (Winkler 2011, S. 35).

In jüngeren Arbeiten schließt sich Ziegler nun – gegenüber der ideologiekri-
tischen Lesart, wie er sie mit Lutz formuliert hat, Winklers Perspektive an, und
plädiert – auch wenn er diese Schlussfolgerung nicht mit der modernisierungs-
skeptischen Diagnose Baumans legitimiert – für eine systematische Ausbuchsta-
bierung von „eigenen Maßstäben", mit denen sich jene „ins Verhältnis zu gesellschaftlich einflussreichen Diskursen und kritik-bedürftigen Verhältnissen (setzen
könne)" (Otto/Scherr/Ziegler 2010, S. 141).

Bevor daran anschließend im weiteren Text die zweite Legitimationsquelle
der aktuellen Vergewisserungsbemühungen um eine Kritik bzw. eine k/Kritische
Soziale Arbeit diskutiert wird, lässt sich an dieser Stelle in Bezug auf die erste
Legitimationsquelle, die Transformationsdiagnose der bisherigen wohlfahrtsstaatlichen Gestalt(ung) Sozialer Arbeit festhalten: Sichtet man entsprechende Positionen innerhalb der Fachdiskussionen, die für eine Kritik bzw. eine k/Kritische
Soziale Arbeit plädieren, findet sich ein weitgehender Konsens darüber, dass ein
grundlegender Wandel in Bezug auf das bisher prägende wohlfahrtsstaatliche
Arrangement zu konstatieren ist. Unklarheit herrscht allerdings gleichzeitig dahingehend, wie diese Transformation systematisch zu bestimmen ist und damit
immer auch, von welcher Position ein kritischer Blick auf diese Entwicklungen
geworfen werden sollte.

Die beiden Quellen der aktuellen Vergewisserungsbemühungen um eine Bestimmung oder Verortung der Bedingungen k/Kritischer Theorie und Forschung in
der Sozialen Arbeit stehen also in einem Verweisungszusammenhang: Die Frage
nach der Art und Weise der gegenwärtigen Transformation der bisherigen wohlfahrtsstaatlichen Formation Sozialer Arbeit verweist auf die Frage nach Geltung
und Gültigkeit der vorliegenden kritischen Perspektiven.

3.3   Wie eigentlich Kritik und k/Kritische Soziale Arbeit?

Philipp Sandermann (2010, S. 447) formuliert in einem Beitrag in der *Neuen Praxis* 2010 gegenüber den häufig formulierten Transformationsdiagnosen in der
wissenschaftlichen Auseinandersetzung um Soziale Arbeit den Einwand, die-

se Positionen vernachlässigten die Inblicknahme der Kontinuität „sozialpolitischer und sozialpädagogischer Strukturen". Diese Blindstelle sei insofern mar-
kant, weil derjenige, der „differenziert über Wandel diskutieren will, (…) eine
ebenso genaue Vorstellung von dem (braucht), was das Gemeinsame im Unterschiedlichen, das Bleibende im sich Verändernden ausmacht, um das Phänomen
des Wandels als solches überhaupt greifbar zu machen" (ebd.). Ohne nun auf die
Frage eines möglichen Kritikpotenzial der systemtheoretischen Re-Lektüre wohlfahrtsstaatstheoretischer Überlegungen, wie sie Sandermann vorschlägt, an dieser Stelle einzugehen, soll sein Hinweis hier als Sensibilisierung gelesen werden,
welche Gültigkeit und welche Geltung den gegenwärtigen Schlussfolgerungen
aus den Transformationsdiagnosen für die Bestimmung einer k/Kritischen Sozialen Arbeit zukommt. Schließlich beanspruchen sowohl analytische Positionen,
wie die von Winkler, Lutz oder Ziegler, und vieler anderer AutorInnen, die sich
mit der Frage nach einer Kritik bzw. einer k/Kritischen Sozialen Arbeit ausein-
andersetzen (vgl. Beiträge in Bütow/Chassé/Hirt 2008), als auch die eingangs genannten Projekte der Kritik im Format sozialer Bewegungen (vgl. dazu ausführlicher Kessl 2012) den Verweis auf die Transformationsdiagnosen als zentralen
Legitimationsbeleg. Doch welche Gestalt(ung) haben sie in den Feldern Sozialer
Arbeit angenommen und wie sind diese Veränderungsdynamiken systematisch
zu fassen? Diese Frage ist bisher unzureichend beantwortet, wie die differenten
Einschätzungen von Winkler und Lutz /Ziegler in Bezug auf die Systematisie-
rung der Transformationsprozesse stellvertretend zeigen können.[39] Hinsichtlich
des erstgenannten Aspekts, der Ausprägungsform der Transformation bisheriger
wohlfahrtsstaatlicher Gestalt(ung) Sozialer Arbeit, ist auffällig, dass die vorliegenden Zeitdiagnosen in der Mehrheit der Fälle weder empirisch nachgehalten
noch historisch-systematisch verortet werden – auch auf diese Blindstelle macht
Sandermann zu Recht aufmerksam.

Insofern kann die Unterstellung einer grundlegenden Transformation des
bisherigen wohlfahrtsstaatlichen Arrangements, wie sie analytischen, aber eben
auch bewegungspolitischen Positionen inhärent ist, in dreifacher Weise in die Gefahr einer systematischen Engführung geraten:

---

39 Stellvertretend für die Projekte der Kritik im Format sozialer Bewegungen sei hier nur die
    Selbstdarstellung des bundesdeutschen *Arbeitskreises Kritische Soziale Arbeit (AKS)* benannt,
    der sich auf seiner Website in den folgenden Worten selbst legitimiert: „Die Notwendigkeit
    eines derartigen Arbeitskreises stellt/e sich aufgrund einiger zentraler Sachverhalte, so u.a.
    in Anbetracht (…) aktueller gesellschaftlicher Entwicklungen (Stichworte: Globalisierung,
    Neoliberalismus, ‚Vermarktwirtschaftlichung' weiter gesellschaftlicher Bereiche, und in der
    Folge zunehmende soziale Ungleichheit, zunehmende Arbeitslosigkeit und Armut usw.)"

- durch eine falsche *Vereindeutigung der gegenwärtigen Entwicklungsdynamiken.* Vor allem mit der Rede von einer „Ökonomisierung" werden allzu leicht unterschiedliche, voneinander abgegrenzte gesellschaftliche Subsysteme unterstellt und suggeriert – ein System der Politik, des Sozialen *und* des Ökonomischen, womit aber deren konstitutive Verweisungszusammenhänge allzu leicht aus dem Blick geraten. Zugleich wird damit u.U. die Tatsache verschleiert, dass diese Entwicklungen ein Ergebnis politischer Entscheidungsprozesse darstellen, das heißt ein Ausdruck spezifischer Macht- und Herrschaftsverhältnisse (*sozialer und politischer Kämpfe*), an denen auch AkteurInnen in den Feldern Sozialer Arbeit beteiligt sind;

- durch eine nostalgische *Verklärung des Vorhergehenden,* das heißt der bisherigen wohlfahrtsstaatlichen Formation Sozialer Arbeit. Immer wieder unterstellen die gegenwärtigen Projekte der Kritik sowohl in ihren (Ausgangs) Diagnosen als auch in ihren Forderungen, es gehe um ein „Wieder" der bisherigen Unterstützungs- und Sicherungsstrategien. Eine derartige Perspektive kann selbstverständlich nicht überzeugen, schließlich würden damit nachträglich die massiven Einwände sozialer Bewegungen seit den 1960er Jahren für nichtig erklärt, die die nationalistischen, rassistischen, sexistischen, aber durchaus auch klassistischen Tendenzen des wohlfahrtsstaatlichen Kontextes in dessen Hochphase im 20. Jahrhundert skandalisierten; und

- durch eine *Dichotomisierung von Tätern und Opfern.* Die Selbststilisierung der SprecherInnen – wie diese immer wieder im Fall k/Kritischer WissenschaftlerInnen, aber auch unter k/Kritischen Fachkräften zu beobachten ist – als Opfer der managerialisierenden, kommerzialisierenden und privatisierenden Strategien von TäterInnen in den Leitungsetagen der Träger oder der kommunal-adminstrativen Entscheidungsebenen kann zwar zurecht auf bestehende Herrschaftsverhältnisse hinweisen, verdeckt aber zugleich allzu leicht den Blick auf ihre Mit-TäterInnenschaft, die sie in ihren jeweiligen Tätigkeitsfeldern als AkteurInnen in der Sozialen Arbeit zu verzeichnen hätten.

Die immer wieder weitgehend ohne empirische oder historisch-systematische Belege notierten Transformationsdiagnosen sind dazuhin nicht nur in der Gefahr, schwach zu bleiben, weil sie die vorliegenden Belege der Transformation des bisherigen wohlfahrtsstaatlichen Arrangements nicht nutzen. Sie geraten auch in die Gefahr, die widersprüchlichen Gleichzeitigkeiten, von denen die gegenwärtigen Transformationsprozesse gekennzeichnet sind, zu verschleiern. Beispielhaft sei dies anhand der Ergebnisse in Bezug auf den Prozess der Managerialisierung sozialer Dienste verdeutlicht: Mit der Etablierung sozialwirtschaftlicher und sozialmanagerieller Instrumente in den Trägerorganisationen ist nach vorliegenden

Erkenntnissen (vgl. Beckmann et al. 2006; Dahme/Wohlfahrt 2003; Langer 2010; Messmer 2007) davon auszugehen, dass keineswegs automatisch eine durchgreifende und gleichförmige Wirkmächtigkeit entsprechender Strukturen auf der Ebene der Erbringung sozialpädagogischer und sozialarbeiterischer Dienstleistungen nachzuzeichnen ist. Zwar bestätigen alle vorliegenden empirischen Befunde die Vehemenz und den Tiefgang der organisationalen Veränderungsdynamik, die mit der Etablierung zunehmend marktförmiger Instrumente und Vorgehensweisen (*Quasi-Markt sozialer/sozialpädagogischer Dienstleistungen*) und den damit verbundenen betriebswirtschaftlichen Steuerungsprogrammen im Sinne einer effizienten Leitungs-, Planungs- und Kontrolltätigkeit (*Managerialisierung sozialer Dienste*) verbunden ist. Zugleich machen sie aber auch darauf aufmerksam, dass die veränderten Steuerungskonzepte weder die häufig unterstellte automatische und umfassende „Industrialisierung" sozialpädagogischer Interventionsmuster (*Taylorisierung*) noch eine organisationale Determinierung anderer Art per se nach sich gezogen haben. Eine angemessene k/Kritische Forschung hätte diese Entwicklungen wahrzunehmen, indem sie möglichst genau bestimmt und analysiert werden – sie hätte aber eben auch, die damit sichtbaren Brüche und Widersprüche zu fokussieren und somit auch das damit markierbare *Transformationspotenzial* (vgl. Jaeggi/Wesche 2009) gegenüber den hegemonialen Transformationsbewegungen zu verdeutlichen und zu stärken.

Die Arbeit von Tilman Lutz deutet an, in welcher Weise eine k/Kritische Forschung Gestalt gewinnen kann: Mit den von ihm rekonstruierten handlungskonzeptionellen Verarbeitungsmustern sozialarbeiterischer Fachkräfte in Bezug auf die Tendenz der verstärkten punitiven Neuausrichtung sozialarbeiterischer und sozialpädagogischer Handlungsvollzüge in der stationären Erziehungshilfe verweist er auf die unterschiedlichen Umgangsweisen und ermöglicht damit auch die Identifizierung von Ansatzpunkten für mögliche Veränderungsstrategien.

Der Verweis auf praktische Brüche und Widersprüche innerhalb der vorherrschenden Transformationsdynamik ist auch in Bezug auf die Bearbeitung der Frage entscheidend, inwieweit eine Position legitimer Weise beanspruchen kann, sich als eine k/Kritische Soziale Arbeit zu begründen. Die gegenwärtigen Auseinandersetzungen um die Notwendigkeit einer expliziten normativen Positionierung einer (k/Kritischen) Wissenschaft Sozialer Arbeit sind für solche Legitimationsversuche symptomatisch. In diesen Auseinandersetzungen fällt zuerst auf, dass sich eine scharfe Polarisierung zwischen zwei Argumentationsgruppen nachzeichnen lässt: Auf der einen Seite diejenigen AutorInnen, die eine explizit normative Positionierung für eine k/Kritische Theorie und Forschung als konstitutiv und daher als notwendige Voraussetzung ansehen. Auf der anderen Seite finden sich die unterschiedlichen Positionen, die sich entweder auf eine reine Gesellschaftsanalyse als Ausgangspunkt kritischer Analysen berufen (Dahme/ Wohlfahrt 2011), erkenntnistheoretisch auf die normative Enthaltsamkeit theoretischer Bestimmungsversuche insgesamt verweisen (Neumann/Sandermann 2008b) oder fachpolitisch auf eine radikale Liberalität pochen (Bossong 2011).

Das herausragendste aktuelle Beispiel für die erste Argumentationsgruppe stellt das programmatische Plädoyer für eine explizite, systematisch grundgelegte normative Positionierung einer kritischen Wissenschaft der Sozialen Arbeit von Otto/Scherrr/Ziegler in der *Neuen Praxis* von 2010 (S. 143) dar: „Wenn Phänomene (…) erst auf der Grundlage von Deutungen und Bewertungen in einer sozialpolitischen sowie sozialarbeiterischen Perspektive relevant werden und Soziale Arbeit genau dann affirmativ (bzw. nicht-kritisch) ist, wenn sie sich den gesellschaftlich dominanten Deutungen und Bewertungen einfach unterwirft, dann bleibt einer kritischen Sozialen Arbeit gar nichts anderes übrig, als normative Maßstäbe zur Analyse und Kritik vorzuschlagen und zu begründen". Diesen normativen Maßstab finden Otto/Scherrr/Ziegler, wie Winkler, in dem Angebot des ethischen Universalismus, wie er im Konzept des *Capability Approaches* vertreten wird. Für die zweite Gruppe kann stellvertretend die Position von Heinz-Jürgen Dahme und Norbert Wohlfahrt (2011) genannt werden, mit ihrem ebenfalls in der *Neuen Praxis* erschienenen und wohl als Reaktion auf Otto/Scherrr/Ziegler lesbaren Beitrag, indem sie aus einer ökonomistisch-kapitalismuskritischen Position heraus gegen systematische normative Positionierungen argumentieren: „Die Disziplin der Sozialen Arbeit ignoriert oder verklärt auf dies Art und Weise aber auch die praktische Zurechtstutzung und Funktionalisierung weiter Bereiche der sog. helfenden Berufe" (Dahme/Wohlfahrt 2011, S. 402). Ein weiteres Beispiel für die zweite Position ist diejenige von Sascha Neumann und Philipp Sandermann (2008) mit ihrem – aus einer system- und feldtheoretischen Perspektive formulierten – Plädoyer für eine radikale Autonomie des wissenschaftlichen Feldes, das sich dann den „externen sozialen Grenzen" entwinden könne. Genau eine solche politische Enthaltsamkeit sei notwendig, da Wissenschaft „weder vom Willen zur Kritik gespeist (…), noch um der Kritik willen (realisiert)" werde (Neumann 2008, S. 296). So unterschiedlich sich diese beiden Positionen auch darstellen, eines ist ihnen gemeinsam: Im Gegensatz zur normativen Explikationsforderung von Otto/Scherrr/Ziegler betonen sie, wenn eben auch mit höchst differenten Argumenten, eine explizit a-normative Positionierung einer (k/Kritischen) Wissenschaft Sozialer Arbeit. Otto/Scherrr/Ziegler ziehen letztlich aus der basalen und insofern an sich unstrittigen Tatsache der zumindest impliziten Normativität jeder gesellschaftskritischen Positionierung (vgl. Habermas 1972,

S. 186f.) einen durchaus diskussionswürdigen Rückschluss auf die Notwendigkeit einer unweigerlich erforderlichen expliziten theorie-systematisch grundgelegten Normativitätspositionierung jeder k/Kritischen Analyse. Eine Behauptung
der A-Normativität wissenschaftlicher Positionen kann allerdings sozial-, erzie-
hungs- und kulturwissenschaftlich – in diesem Sinne wäre Otto/Scherrr/Ziegler
sicherlich zuzustimmen – ebensowenig überzeugen.[40]

Während also Otto/Scherrr/Ziegler die konstitutive Notwendigkeit einer
expliziten theorie-systematisch grundgelegten Normativitätspositionierung be-
haupten, argumentieren Dahme/Wohlfahrt und Neumann/Sandermann letztlich
für eine weitgehende A-Normativität aufgrund gegebener funktionaler Strukturprinzipien (Analyse der Logik der Funktionalität der Profession Sozialer Arbeit
für demokratisch kapitalistische Gesellschaften bei Dahme/Wohlfahrt oder Notwendigkeit der Orientierung einer Wissenschaft Sozialer Arbeit an der funktions-
systemischen Logik der Wissenschaft bei Neumann/Sandermann).

In allen drei Fällen bleibt interessanterweise aber eine entscheidende Perspektive, obwohl sie teilweise erwähnt wird (vgl. Dahme/Wohlfahrt 2011, S. 406),
systematisch unberücksichtigt: Die politischen und sozialen Kämpfe, und die darin
eingelagerten Brüche und Widersprüche der jeweiligen Praktiken der AkteurInnen in den Feldern Sozialer Arbeit, eben: die praktischen Brüche und Widersprüche. Sind damit die Legitimationsversuche einer Kritik bzw. einer k/Kritischen
Sozialen Arbeit durch die benannten Autoren hinfällig, ihr Geltungsanspruch als
nicht überzeugend zurückgewiesen?

Keineswegs, denn erstens lässt sich die rekonstruierte Polarisierung der Ar-
gumentationspositionen der zitierten Autoren vermutlich aus ihrer jeweiligen ar-
gumentationsstrategischen Motivation erklären. Schließlich suchen sie alle eine
Markierung für eine k/Kritische Soziale Arbeit zu verdeutlichen – sei es, in dem
sie eine systematische Beschäftigung mit Normativität fordern oder eben eine
Beschäftigung mit den Funktionsgesetzen des Kapitalismus bzw. dem Prinzip
der funktionalen Ausdifferenzierung moderner Gesellschaften. Und alle drei
Hinweise lassen sich höchstens um den Preis der Aufgabe entscheidender sozi-
al- und kulturwissenschaftlicher Analyse-Instrumentarien vom Tisch wischen.

Das Problem, dass diese Positionen dennoch für die Diskussion um eine k/
Kritische Soziale Arbeit produzieren, ist, dass sie eben eine konstitutive Dichotomisierung der Positionen nahe legen, mit der die höchst relevante Frage der angemessenen und adäquaten kritischen Positionierung auf die Alternativen einer

---

40 Da Bossongs Position sich letztlich einer theorie-systematischen Einordnung enthält, und nur
    fachpolitisch ausgewiesen ist, bleibt sie im Folgenden unberücksichtigt. Auf der fachpolitischen
    Ebene gilt aber für sie dasselbe: Auch sie unterstellt eine axiomatische Polarisierung und wird
    damit den konkreten Auseinandersetzungen in der Sozialen Arbeit nicht gerecht.

expliziten Normativität versus einer funktionstheoretisch begründeten A-Normativität verkürzt wird. Diese Verkürzungsgefahr wird an dieser Stelle deshalb so betont, weil sie keineswegs nur innerhalb der Debatten um eine k/Kritische Soziale Arbeit vorzufinden ist, sondern die aktuellen sozial- und kulturwissenschaftlichen Auseinandersetzungen um Gültigkeit und Geltung einer k/Kritischen Theorie und Forschung prägt – und damit systematisch begrenzt: So zeigt sich eine ähnliche strategisch-semantische Dichotomisierung zum Beispiel in der aktuellen soziologischen Nachbardebatte. Die dafür stellvertretende E-Mail-Auseinandersetzung zwischen Heinz Steinert und Georg Vobruba (2011) legt in der Überschrift der publizierten Version eine ähnliche Polarisierung nahe – hier wird von einer "Kritischen Soziologie" (Steinert) gegenüber einer "Soziologie der Kritik" (Vobruba) gesprochen.[41]

Die unterschiedliche Bestimmung einer k/Kritischen Positionierung als Einnahme einer Gegenposition (*Kritik als Opposition*) gegenüber dem Modell von Kritik als Beurteilung (*Kritik als Urteilsfähigkeit*) kann erkenntnistheoretisch nicht überzeugen, obwohl sie eben regelmäßig aufgerufen wird (vgl. für die erziehungswissenschaftliche Debatte Tenorth 1999, S. 161). Warum?

Letztlich laufen derartige Dichotomisierungen, die nur die Alternativen einer expliziten Normativität oder einer funktional begründeten A-Normativität nahe legen, immer wieder auf eine Gegenüberstellung von „wohlverstandener Rationalität" gegenüber einer nur umgebenden „technokratisch bestimmten Gesellschaftsbetrieb" hinaus (Dammer 2008, S. 6). Sicherlich kann Wissenschaft keine eindeutige Orientierung versprechen, hier ist Dahme/Wohlfahrt und Neumann/Sandermann zuzustimmen. Zugleich unterliegt Wissenschaft aber keinem von der Politik in der Weise eindeutig unterscheidbaren Modus, wie die funktionale Rede von der Differenzierung der „Logiken von Wissenschaft und Politik" nahe legen will, auf die sich auch Neumann/Sandermann beziehen (vgl. Tenorth 1999, S. 161). Darauf wiederum können die Hinweise von Otto/Scherrr/Ziegler aufmerksam machen. Eine angemessene k/Kritische Theorie und Forschung Sozialer Arbeit kommt daher nicht (mehr) umhin, sich die Möglichkeit der Eindeutigkeit eines methodologischen Regelwerks abzuschminken, unter anderem weil sie selbst im institutionalisierten Kampf um Deutungshoheiten steckt und für sich nicht die Position der wirklichen Interessenlosigkeit beanspruchen kann. Diese Einsicht darf aber nun nicht dahingehend missverstanden werden, dass keine po-

---

41   Diese Gegenüberstellung einer politisch-positionierten "Kritischen Soziologie" gegenüber einer enthaltsamen, nur beobachtenden "Soziologie der Kritik" taugt allenfalls als stilistisches Mittel, mit der die Debatte von den HerausgeberInnen der Hauszeitschrift der Fachgesellschaft (Deutsche Gesellschaft für Soziologie) präsentiert wird. Im Text der beiden Autoren findet sich auch hier keine überzeugende qualifizierende Explikation dieser Dichotomie.

litische Gegenposition (Smith 2005) k/Kritischer Wissenschaft mehr mit eingenommen werden könnte – und ggf. nur noch ein relativistisches „sowohl als auch"
oder „alles zugleich" markierbar wäre.

Das Erkenntnisinteresse einer k/Kritischen Theorie und Forschung richtet
sich, das ist und bleibt ihr Kennzeichen, auf die Aufklärung der (vor)herrschen-
den Interessenstrukturen (vgl. Kessl/Maurer 2012). Kritik meint in diesem Sinne
das Vermögen der Unterscheidungsfähigkeit und *zugleich* das kontinuierliche und
unabschließbare Bemühen um die Einnahme von Gegenpositionen. Eine kritische
Perspektive ergibt sich aber eben erst aus der Verkopplung beider Dimensionen:
Es geht, so lässt sich mit Michel Foucaults (1978/1992, S. 31) Antwortversuch auf
die selbst gestellte Frage *Was ist Kritik?* formulieren, in der k/Kritischen Theorie
und Forschung immer um „reflektierte Unfügsamkeit".

Auch eine solche k/Kritische Positionierung enthält damit selbstverständlich ein normatives Potenzial, allerdings ein negatives und ein relationales, indem sich darum bemüht wird, auf das in dem Gegebenen immer schon vorhan-
dene, aber verschattete Andere hinzuweisen – auf der Basis des Wissens um die
gegenseitige Verwiesenheit der Menschen, aufgrund ihrer Verletztlichkeit also,
wie zum Beispiel Judith Butler in ihren Überlegungen formuliert. Das ist es, was
eine k/Kritische Wissenschaft auszeichnet: Das kontinuierliche, unabschließbare Bemühen um die Vermeidung von Verletzungen, und dazu ist ihr Beitrag die
Sichtbarmachung des Verschatteten, da in der permanenten Ignoranz des Anderen das Potenzial der Verletzung liegt.

Nachdem in den vergangenen Jahren Projekte der Kritik in und in Bezug auf
die Soziale Arbeit vermehrt auf den Weg gebracht worden sind, stellt sich nun die
Aufgabe, sie im „'Handgemenge' der kritischen Praxis" (Celikates 2009, S. 240)
– als politische Praxis der Kritik – weiter und hörbar auszugestalten. Dazu kann
eine k/Kritische Theorie und Forschung dann am besten beitragen, wenn sie die
praktischen Brüche und Widersprüche im Kontext der (vor)herrschenden Transformationsdynamik systematisch in den Blick nimmt – und damit auch immer
ihre eigenen Verstrickungen (*Mit-TäterInnenschaft*) mit reflektiert.

Teil 3

Transformierte Denkweisen und Ausprägungsformen Sozialer Arbeit. Vom Gegenstand einer wohlfahrtsstaatlichen Transformationsforschung

1. Punitivität in der Sozialen Arbeit – von der Normalisierungs- zur Kontrollgesellschaft

1.1 Normalisierungsmacht als gemeinsamer Ausgangspunkt vergesellschafteter Straf- wie Sozialisationinstanzen

In den vergangenen Jahren ist für den Bereich der Straf- *wie* Sozialisationsleistungen eine neue Strafbereitschaft (*Punitivität*) zu beobachten (vgl. Wacquant 2009) – allerdings ist diese neue Punitivität kein Phänomen, das objektivistisch als Realität der „mehr, härtere(n) oder längere(n) Strafen" (Heinz 2011, S. 14) gefasst werden kann. So erkenntnisreich die empirische Überprüfung gestiegener Strafmaßnahmen ist, so verkürzt bleibt eine solche Analyse auch. Denn eine derartige Einschätzung macht doch allzu leicht übersehen, dass für die Bestimmung des Grades und der Gestalt gegenwärtiger Straf*bereitschaft* nicht ausschließlich die Steigerungstendenz von Anzeige- und Inhaftierungsraten fokussiert werden sollte. Vielmehr muss es um die Inblicknahme der gegenwärtigen Punitivitäts*praktiken* im Vergleich zu deren vormaligen Muster gehen. Somit sollte beispielsweise auch die diskursive Positionierung relevanter Akteure analysiert werden. Darauf weist Heinz in seinem Beitrag auch explizit hin, wenn er zu Beginn Punitivität als ein multifaktorielles Phänomen bestimmt, dass unter anderem „die Forderung nach Strafverschärfungen im gesellschaftlichen Diskurs" und „die Erwartung härterer/längerer Strafen durch die Bürger" umfasse (ebd., S. 14). Allerdings zieht der Autor im weiteren Text aus dieser Bestimmung keine Konsequenzen für die Wahl seines Untersuchungsfokus.

Im Folgenden wird argumentiert, dass sich für den Bereich der Straf- wie der Sozialisationsleistungen und damit unter anderem für die polizeilichen, staatsanwaltlichen und sozialarbeiterisch/sozialpädagogischen Felder in den vergangenen Jahren dynamisierte Punitivitätspraktiken nachzeichnen lassen, die aber nur dann angemessen zu verstehen sind, wenn ihre Gestalt und ihr Ausmaß nicht ausschließlich anhand einer Steigerungstendenz von Anzeige- und Inhaftierungsraten identifiziert wird. In diesem Sinne wäre eine Rede von der Punitivität in den sozialen Dienstleistungsbereichen der Sozialen Arbeit sowieso unsinnig – schließlich spielen hier Anzeige- und Inhaftierungsraten nur eine indirekte und quantitativ eher marginale Rolle. Allerdings ist sehr wohl eine veränderte Strafbereitschaft in der Sozialen Arbeit zu beobachten, beispielsweise innerhalb stationärer Erziehungshilfeangebote, wo sich eine vehemente Relegitimierung von Strafmaßnahmen als pädagogische Strategien und Maßnahmen vollzieht (z.B. Instrument des „Time Out"-Raumes oder „konfrontative Verfahren").

An einer grundlegend veränderten Positionierung der relevanten Akteure und ihrer Strategien und Maßnahmen in den Felder der Straf- wie Sozialisationsleistungen sind derartige neue Punitivitätstendenzen festzustellen, wie im Folgenden aus der Perspektive der öffentlichen Sozialisationsinstanz Soziale Arbeit verdeutlicht wird.

Zugleich markieren diese grundlegend veränderten Punitivitätspraktiken den Ausdruck einer neuen Inverhältnissetzung der bisherigen wohlfahrtsstaatlichen Straf- und Sozialisationspolitik. Die bisherige wohlfahrtsstaatliche Gouvernementalität wird maßgeblich verändert. Die veränderten Punitivitätspraktiken stellen somit einen Teil einer umfassenderen Transformationsbewegung der bisherigen „Normalisierungsgesellschaft" (Foucault 1975/1994, S. 392) seit dem letzten Drittel des 20. Jahrhunderts dar.

Die transformierte Inverhältnissetzung wohlfahrtsstaatlicher Straf- und Sozialisationspolitik markiert dennoch keinen Epochenwechsel und damit einen radikalen Bruch gegenüber den vormaligen Punitivitätspraktiken, denn die gegenwärtig beobachtbare Punitivitätdynamik lässt sich nicht nur als eine durchaus grundlegende Veränderung im Vergleich zu den vormaligen Mustern beschreiben, sondern sie ist auch dadurch gekennzeichnet, dass die entsprechenden gegenwärtigen Strategien und Maßnahmen an historische Vorläufer anknüpfen. Daher erscheint für eine analytische Betrachtung der gegenwärtigen Punitivitätsdynamik auch deren genealogische Verortung sinnvoll und erkenntnisträchtig.

Im weiteren Text wird zuerst auf zentrale Traditionslinien verwiesen, die sich in den Feldern der Sozialen Arbeit in Bezug auf die Dimension der Strafbereitschaft finden. Diese erweist sich nämlich als „uraltes Thema" sozialarbeiterischer/sozialpädagogischer Fachdiskussionen, allerdings als eines, das am Ende der wohlfahrtsstaatlichen Hochphase und der Etablierung professioneller fachlicher Standards, also in den 1970er und 80er Jahren überwindbar schien. Die gegenwärtige Punitivitätsdynamik in fachliche Traditionslinien einzuordnen, darf daher zugleich nicht darüber hinwegtäuschen, dass jene eine neue Qualität gegenüber den Entwicklungsmustern in der wohlfahrtsstaatlichen Hochphase Mitte des 20. Jahrhunderts aufweist. Die veränderte Strafbereitschaft ist in den veränderten Kontext einzuordnen, der etwas vereinfacht als Übergang von einer Normalisierungs- zu einer „Kontrollgesellschaft" (Deleuze 1990) charakterisiert werden kann. Die neue Tendenz zur Strafbereitschaft stellt, wie anschließend gezeigt wird, nur einen Teil dieser Transformationsgeschichte dar. Die aktuelle Punitivitätsdynamik ist angemessen nämlich erst dann zu verstehen, wenn sie als Teil der viel umfassenderen Neujustierung der Sozialen Arbeit als „präventiver Opferschutz" erfasst wird. Die neuen Punitivitätspraktiken bilden das neue Gegenstück dieser Neuprogrammierung Sozialer Arbeit und der umfasssenden Neujustierung des Verweisungszusammenhangs von Disziplinierung und Normalisierung insgesamt.[42]

1.2 Strafbereitschaft – ein uraltes Thema professioneller Sozialer Arbeit

Johann Hinrich Wichern wird in jüngerer Zeit nicht mehr nur als der Begründer des *Rauhen Hauses* in Hamburg Anfang der 1830er Jahre angesehen, sondern auch als einer der Pioniere der frühen Professionalisierungsprozesse sozialpädagogischer Fachkräfte (vgl. Anhorn 2000): Zehn Jahre nach der Gründung des Rettungsdorfes in Hamburg-Horn, einer nach dem Familienprinzip organisierten Erziehungsanstalt für Kinder, baut Wichern dort auch die so genannte *Brüderanstalt* auf, ein Ausbildungsinstitut für seine pädagogischen Gehilfen, die in familienähnlichen Gruppenstrukturen von maximal 13 Personen mit den Kindern zusammenlebten.

---

42 Normalisierungmacht meint dabei die Durchsetzung von sozialstatistisch erfassten Normalitätsstandards (Barlösius 2001), das heißt eine bestimmte Weise der alltäglichen Lebensführung durch die Gesellschaftsmitglieder (z.b. in Bezug auf die relativ festgelegten Geschlechterrollen und ebenso weitgehend definierten Familienformen). Während die Leistungen der Sozialversicherung dabei vor allem auf die Stabilisierung der Arbeitskraft und die Reproduktionsleistung der Gesellschaftsmitglieder einerseits und deren Lebensstandardsicherung andererseits zielt, ist die professionelle Soziale Arbeit für die aktive Unterstützung und geplante Beeinflussung der subjektiven Lebensführung dann zuständig erklärt, wenn diese als potenziell oder reell sozial problematisch markiert wird.
  Im Unterschied zum disziplinarischen Zugriff auf den individuellen Körper des Einzelnen (*Disziplinierung*) der aufgrund devianter Aktionsmuster in das Gefängnis verwiesen werden kann, sind die Normalitätsrichter primär die Agenten der Regulierung des kollektiven Bevölkerungskörpers. Ihre Aufgabe ist im Unterschied zum disziplinierenden Zugriff primär die Bewahrung oder Wiederherstellung eines Normalzustands: *Normalisierung*.
  Allerdings sind die beiden Steuerungsmodi der Disziplinierung und der Normalisierung zwar voneinander differenzierbar. Doch für die im wohlfahrtsstaatlichen Kontext moderner Gesellschaften ist entscheidend, dass sie zugleich in einem konstitutiven Verweisungszusammenhang stehen: Sowohl normalisierenden wie auch die disziplinierenden Strategien und Maßnahmen sind nämlich auf ihre potenziellen Integrationsleistung hin ausgerichtet. Staatliche Strafpolitik ist somit historisch immer auch eine konstitutive Schwester der staatlichen Sozialisationspolitik (vgl. Ellger 1922)

In seinen pädagogischen Schriften (vgl. Wichern 1841) unterscheidet Wichern zwar explizit pädagogische Maßnahmen von denen in Strafanstalten angewendeten, dennoch sieht er körperliche Strafen als adäquates pädagogisches Mittel zur Rettung der Kinderseele an (vgl. Kuhlmann 2008, S. 25). Damit kann er als auch als einer der Mitbegründer einer Traditionslinie benannt werden, die sich in unterschiedlicher Gestalt und Ausprägung bis mindestens in die 1960er Jahre für den deutschsprachigen Raum fortsetzt. Das lässt sich gerade am Beispiel der evangelischen Fürsorgedebatte zeigen (ebd., S. 24ff.). Exemplarisch sei daher an dieser Stelle wenigstens auf die Position eines weiteren pädagogisch engagierten evangelischen Pastors in der Etablierungs- und Institutionalisierungsphase Sozialer Arbeit allerdings am Beginn des 20. Jahrhunderts verwiesen: Wilhelm Backhausen. Dessen sozialpädagogisches Engagement, unter anderem im Stephansstift in Hannover seit 1900, wird immer wieder als das eines Reformers dargestellt, der reformpädagogische Elemente in die diakonische Arbeit implementiert hat (vgl. Mehl 1996). Der Mitbegründer des *Allgemeinen Fürsorgetages* (AFET) war allerdings, wie viele andere einflussreiche Fürsorgepolitiker am Beginn des 20. Jahrhunderts auch, zugleich expliziter Vertreter von pädagogischen Programmen des expliziten Freiheitsentzugs – und damit pädagogischer Strafmaßnahmen. Derartige Positionierungen symbolisieren sich beispielsweise in der Resolution des *Allgemeinen Fürsorgetags* von 1912, in der es heißt: „Für die defekten oder abnormen Fürsorgezöglinge sind alsbald gesonderte Anstalten, Zwischenanstalten zu gründen (…), um eine dauernde psychiatrische Beobachtung und Behandlung zu gewährleisten" (zitiert nach Oberwittler 2000, S. 236). Carola Kuhlmann (2008) verfolgt diese Traditionslinie in ihrer Rekonstruktion von Lebens- und Berufserinnerungen von MitarbeiterInnen und BewohnerInnen der Erziehungsheime in den 1950er und 60er Jahren für den bundesrepublikanischen Kontext weiter, und macht am Eintrag von Kurt Frör zu *Grundfragen der evangelischen Heimerziehung*, den dieser 1954 im *Handbuch der Heimerziehung* publiziert, deutlich, dass mindestens bis Mitte des 20. Jahrhunderts die strafende Orientierung als legitimes pädagogisches Mittel weithin Befürworter findet: „Gebot und Strafe sind der Menschheit gegeben als Hilfe zum Leben. Das wird die Erziehung unter dem Wort ganz ernst nehmen müssen. Sie hat den göttlichen Auftrag, den rebellischen, unheiligen, maßlosen Menschen unter die Zucht und Ordnung des göttlichen Gebotes zu stellen" (zit. nach Kuhlmann 2008, S. 25; vgl. Kappeler 2011).

Für die hier eingenommene Perspektive ist nun entscheidend, dass diese – hier nur exemplarisch an der evangelischen Fachdebatte skizzierte – Traditionslinie der pädagogischen Punitivitätsprogrammatik die Implementierungs-, Etablierungs- und weitere Entwicklungsphasen bis ins zweite Drittel des 20. Jahrhunderts durchzieht. Dann allerdings, in den 1970er Jahren, bricht sie – vorläufig – ab. Denn seit dem Ende des 20. Jahrhunderts wird sie wieder aufgenommen. Wie ist diese Entwicklung zu erklären?

Mit dem Ende der wohlfahrtsstaatlichen Hochphase schienen professionelle fachliche Standards etablierbar, wie sie unter den Überschriften einer „alltags-" oder „lebensweltorientierten" (Thiersch 2005; Sünker 1989; BT-Drucksache 11/6576), einer „dienstleistungsorientierten" (Schaarschuch/Otto/Flößer 2001; BT-Drucksache 13/70) oder subjektorientierten Sozialpädagogik (Winkler 1988) zusammengefasst werden können. Gemeinsames Grundprinzip all dieser Ansätze bildet die Überzeugung, dass die sozialarbeiterische/sozialpädagogische Intervention situativ, methodisch flexibel und an den Perspektiven des Nutzers bzw. der Adressatin ausgerichtet werden müsse. Damit war damit eine bewusste Abgrenzung von disziplinarischen Strategien und Maßnahmen markierbar. Dies belegt die Anfang der 1970er Jahre grundgelegte handlungskonzeptionelle Grundfigur des so genannten doppelten Mandats Sozialer Arbeit, die Annahme einer Gleichzeitigkeit von Hilfe und Kontrolle im fachlichen Handlungsvollzug also.

In ihrer Einführung in das *Methodische Handeln in der Sozialen Arbeit* formuliert Hiltrud von Spiegel (2004, S. 31) am Beispiel des Verhältnisses von Jugendhilfe und Schule in diesem Sinne: „Die zentrale Funktion der Jugendhilfe – als einem untergeordneten System der Sozialen Arbeit – besteht letztlich darin, Integrationsarbeit in die Gesellschaft zu leisten (…). Der gesellschaftliche Auftrag der Jugendhilfe (…) ist dabei jedoch ambivalent. Einerseits soll die Jugendhilfe (…) Personen unterstützen und fördern, andererseits hat sie gesellschaftliche Erwartungen in Bezug auf die Einhaltung bestehender Normen durchzusetzen. Die sozialpädagogischen Fachkräfte stehen so vor einem doppelten Mandat von Hilfe und Kontrolle". Soziale Arbeit ist demnach zu beidem zugleich aufgefordert: Unterstützung *und* Regulierung zu realisieren, so lässt sich Spiegels Hinweis verallgemeinern (vgl. Urban 2004, S. 64)[43].

Die damit benannte Figur des „doppelten Mandats" Sozialer Arbeit hatten Lothar Böhnisch und Hans Lösch bereits 1973 in der Fachdiskussion manifestiert. Dieses zentrale Strukturmerkmal Sozialer Arbeit kategorisiere den Sachverhalt, so Böhnisch/Lösch (1973, S. 28), dass die sozialpädagogische bzw. sozialarbeiterische Fachkraft in einer sozialen Dienstleistungsfunktion angehalten ist, „ein stets gefährdetes Gleichgewicht zwischen den Rechtsansprüchen, Bedürfnissen

---

43 An dieser Stelle soll zumindest auf die systematische Analogie zu anderen pädagogischen Bereichen aufmerksam gemacht werden: Für die Schulen lautet das entsprechende Strukturmerkmal: die gleichzeitige Ausrichtung schulpädagogischen Handelns auf Brauchbarkeit *und* Entfaltung.

und Interessen des Klienten einerseits und den jeweils verfolgten sozialen Kontrollinteressen seitens öffentlicher Steuerungsagenturen andererseits aufrechtzuerhalten". Böhnisch und Lösch ging es in ihren Überlegungen vor knapp vierzig Jahren um die Kritik an verkürzten Professionalisierungsstrategien, die das doppelte Mandat dahingehend verkürzten, dass sie den Konflikt als Widerspruch zwischen „bürokratischen und professionellen Handlungsmustern" (ebd., S. 27) übersetzten. Böhnisch/Lösch markierten damals eine deutliche Kritik an dieser Deutung und dem damit verbundenen Hinweis, dass professionelle Fachkräfte in der Sozialen Arbeit immer schon im institutionalisierten Setting agieren, und daher die Kontrolldimension nicht an externe „institutionell-organisatorisch(e(n) Zwänge(n)" (ebd., S. 29) verwiesen werden können, sondern konstitutiv einen Teil des sozialpädagogischen Handlungsvollzugs darstellten und damit von den professionellen Fachkräften als ihr „Problem" (ebd., S. 28) systematisch mit zu berücksichtigen sind. Dieser professionalisierungstheoretische Hinweis ist in inzwischen weithin geteilte Überzeugung aller einflussreichen theorie-systematischen Bestimmungen Sozialer Arbeit.

Die handlungskonzeptionelle Grundfigur der Gleichzeitigkeit von Hilfe und Kontrolle weist somit darauf hin, dass sich Soziale Arbeit nicht *nur* an den Interessen oder Bedürfnissen der Nutzerinnen und Adressaten orientieren (*Hilfe*) kann. Sie ist als öffentliche Sozialisationsleistung immer zugleich einem normierenden oder zumindet norm-orientierten Anspruch ausgesetzt. Allerdings verweist der damit benannte zweite konstitutive Bestandteil Sozialer Arbeit, die *Kontrolle*, eben auf den Normalisierungsauftrag Soziale Arbeit (Olk 1994), und nicht auf eine strafende, also punitive Ausrichtung, wie er im Anschluss an die benannte pädagogische Punitivitätsprogrammatik durchaus denkbar wäre. Ganz im Gegenteil: Die Etablierung der handlungskonzeptionellen Grundfigur von Hilfe und Kontrolle markierte das vorläufige Ende der Punitivitätsprogrammatik in der sozialarbeiterischen/sozialpädagogischen Fachdiskussion.

Soziale Arbeit ist in diesem Sinne dem Steuerungsmodus der Normalisierung zugeordnet und kann von dem Steuerungsmodus der Disziplinierung klar unterschieden werden. Aktionsmuster der öffentlichen Sozialisationsleistung „Sozialer Arbeit" sind Bildung, Erziehung und Sorge. Demgegenüber sind andere Instanzen, wie die Polizei im Steuerungsmodus der Disziplinierung strafend aktiv. In diesem Sinne kann die grobe Schematik des Idealtypus der wohlfahrtsstaatlichen Gouvernementalität nun etwas differenzierter ausgearbeitet werden.

Trotz der weitgehenden Einigkeit über die Relevanz der handlungskonzeptionen Grundfigur von Hilfe und Kontrolle ist innerhalb der Fachdiskussionen weiterhin höchst umstritten, was aus der Einsicht in das zentrale Strukturmerkmal

Sozialer Arbeit, diese widersprüchliche Gleichzeitigkeit, folgt. Das deutet sich bereits in der zitierten Einschätzung Hiltrud von Spiegels an. Sie unterscheidet von dem doppelten Mandat, das sich aus dem „gesellschaftlichen Auftrag" Sozialer Arbeit ergebe, die dahinter liegende generelle Funktion Sozialer Arbeit, die sie in deren gesellschaftlichen Integrationsleistung sieht. Doch was folgert aus einer solchen systematischen Trennung von Auftrag und Funktion? Behindert der Auftrag die eigentliche Funktion – ist die Integrationsleistung also aufgrund des Normanpassungsauftrags erschwert? Kann eine generelle Funktion Sozialer Arbeit (*Integration*) bestimmt werden, wenn der konkrete historische Auftrag (*Unterstützung und Regulierung*) dieser entgegensteht? Würde man dies annehmen, müsste die Funktion Sozialer Arbeit über-historisch gegeben und bestimmbar sein – jenseits des nur historisch-spezifisch bestimmbaren Auftrags. Eine derartige Funktionsbestimmung macht selbstverständlich keinen Sinn, schließlich ist die professionelle Soziale Arbeit als wohlfahrtsstaatliche Instanz seit dem zweiten Drittel des 19. Jahrhunderts implementiert worden – und ihr spezifischer Auftrag und ihre damit verbundene spezifische Funktion nur in diesem historischen Kontext verstehbar (vgl. ausführlich dazu Kap. 1.1).

Unabhängig von den damit angesprochenen theorie-systematischen Fragen nach der Relationierung von Funktion und Auftrag Sozialer Arbeit, verweist Hiltrud von Spiegels Einschätzung auf eine typische handlungskonzeptionelle Argumentationsbewegung: Die Grundfigur der widersprüchlichen Gleichzeitigkeit von Hilfe und Kontrolle wird zwar als solche behauptet, aber nicht als solche zu Ende gedacht. Das heißt, Hilfe und Kontrolle werden doch als unabhängige Pole betrachtet und konstruiert, und vor allem zugunsten der Hilfe, also des Unterstützungsaspektes aufzulösen versucht (vgl. Merten 1997). Damit wird nicht nur eine argumentationslogische Inkonsistenz aufgebaut, weil die widersprüchliche Gleichzeitigkeit nachträglich nicht mehr als solche betrachtet wird, sondern vor allem eine andere konzeptionelle Flanke geöffnet: Die Suggestion, die für den wohlfahrtsstaatlichen Kontext konstitutive Kontrolldimension Sozialer Arbeit könne überwunden werden, hat seit Ende des 20. Jahrhunderts die Gegenpositionierung zu einer wachsenden Zahl von Einwänden geschwächt, die diese Vernachlässigung des Kontrollaspekts nun dahingehend skandalisieren, dass Soziale Arbeit den notwendigen *Mut zur Erziehung* nicht (mehr) aufbringen könne (Koch-Laugwitz/Büchner 2005; Weidner/Kilb 2004; kritisch dazu: Scherr 2002b; Sozial Extra 2006; Widersprüche 2007). Das habe dazu geführt, dass sozialarbeiterische/sozialpädagogische Fachkräfte über keine angemessenen Umgangsweisen mit den Grenzverletzungen der Nutzerinnen und Adressaten mehr verfügten. Das sei aber angesichts solcher Grenzverletzungen nicht nur unumgänglich, sondern derartige Reaktionen dürften gegebenenfalls „auch unter Zwang geschehen" (Weidner 2005, S. 16). Mit Verweis auf ein Kontrolldefizit Sozialer Arbeit wird also von Protagonisten einer so genannten konfrontativen Pädagogik einer Wiederaufnahme der pädagogischen Punitivitätsprogrammatik das Wort geredet oder wie Tilman Lutz in seiner Rekonstruktion professioneller Positionierungen von Fachkräften im Feld der Hilfen zu Erziehung in doppeldeutiger Weise formuliert: Es kommt zu einer „Normalisierung des doppelten Mandats" (Lutz 2010, S. 271). Die Auseinandersetzung um Hilfe und Kontrolle wird nun durch den „Konflikt um die Legitimität der Mittel, also die Frage, wie viel Zwang in der Hilfe sein darf" (ebd.) abgelöst.

1.3 Neue Strafbereitschaft in der Sozialen Arbeit – aber nicht nur da(s)

In der bereits zitierten Resolution des AFET aus dem Jahr 1912 wird nicht nur auf die pädagogische Notwendigkeit von Strafmaßnahmen gepocht, sondern damit noch eine weitere Lesart aufgerufen: eine angebliche Unerziehbarkeit bestimmter Gruppen von Kindern und Jugendlichen. In der Resolution ist dementsprechend von „defekten oder abnormen Fürsorgezöglinge(n)" die Rede, für die besondere „Anstalten" zu gründen seien. Die Unerziehbarkeitsannahme prägt aber nicht nur Anfang des 20. Jahrhunderts die Rede von einer notwendigen pädagogischen Punitivität, sondern auch das Revival pädagogischer Punitivitätsprogrammatik am Beginn des 21. Jahrhunderts. Der Hamburger Verhaltenstrainer Jens Weidner (2001, S. 17) begründet die Notwendigkeit einer „Konfrontativen Pädagogik", wie er sein entsprechendes Interventionsprogramm nennt, zum Beispiel mit den folgenden Worten: „Fakt bleibt: Ein Massenphänomen sind diese Wiederholungstäter nicht. Aber sie machen massenhaften Ärger. Ca. 9% dieser abweichenden Jugendlichen sind für die Hälfte aller Straftaten verantwortlich. Und da müssen Soziale Arbeit, Pädagogik und Psychologie aktiver werden! Interventionen fallen nicht leicht, denn diese Jugendlichen haben etwas Irritierendes: Sie sind geradezu erziehungsresistent". Die Identifikation derjenigen Jugendlichen, die nach Einschätzung von Weidner nur mit so genannten konfrontativen Methoden erreichbar sind, geschieht also über deren angebliche Unerziehbarkeit. Mit dieser Einschätzung stellt sich Weidner in die Traditionslinie der pädagogischen Punitivitätsprogrammatik, in der auch Backhausen oder Krör stehen

Zugleich geht die neue Punitivität, wie sie hier am Beispiel der so genannten Konfrontativen Pädagogik angedeutet wird, wie sie sich aber auch in der Relegitimation von geschlossenen institutionellen Settings (vgl. dazu Wolffersdorff et al. 1995) seit Ende des 20. Jahrhunderts zeigt, nicht vollständig in dieser Traditionslinie auf – und auch das illustriert die Legitimationsstrategie für das Programm einer „Konfrontativen Pädagogik" á la Weidner. Wenn dieser nämlich schreibt, dass „(a)bwarten und gewährenlassen" bedeute, „sich pseudotolerant zu verhalten, das heißt auch Opfer billigend in Kauf zu nehmen", was für Fachkräfte einen „unverzeihliche(n) Faupax" darstelle (Weidner 2001, S. 21), dann wird deutlich, dass derartige Positionen für eine neue Punitivität, ihre Forderung, im Unterschied zu ihren historischen Vorläufern, nun mit Verweis auf einen notwendigen Opferschutz zu rechtfertigen suchen. Und damit fügen sie sich in einen grundlegenden Kontext der Neuprogrammierung der bisherigen Normalisierungsgesellschaft ein: Während sich deren Staat auf die Täter konzentrierte – bzw. im Fall der Sozialen Arbeit: die Zöglinge und Klienten (vgl. Peukert 1986), weil der „Verbrecher (…) eine Gefahr für die Gesellschaft dar(stellte)" (Krasmann 2003, S. 270), gegenüber dem es „das Soziale" zu verteidigen galt, so stellt sich der veränderte Staat der Kontrollgesellschaft – in seiner Selbstbeschreibung – „auf Seiten der Opfer" (ebd., S. 269). Entscheidend ist dabei allerdings, dass mit dieser programmatischen Orientierung auf die Opfer ein „Opferschutz" und keineswegs eine Opferhilfe gemeint ist (ebd.). Der entscheidende Fokus des neuen Staates gilt nämlich den *potenziellen* Opfern: Nicht mehr die Normalisierung der Abweichler, deren Integration, sondern der Schutz potenzieller Opfer wird inzwischen in den Mittelpunkt der veränderten (wohlfahrts)staatlichen Programme gerückt.

Das Gegenstück dieser Neujustierung der bisherigen wohlfahrtsstaatlichen Sozialisations- und Straflogiken und damit verbundenen -praktiken bilden die neuen Punitivitätsprogramme und damit verbundene Maßnahmen: Die Gesellschaftsmitglieder sehen sich zunehmend entweder selbst als potenzielle Opfer angerufen oder als aufmerksame Wächter über die potenziellen Opfer. Erwehren sie sich dieser Anrufung (vgl. Althusser 1977), dann droht ihnen eine punitive Reaktion staatlicher bzw. öffentlich verfasster Instanzen, entweder weil sie sich – so die Begründung – leichtfertig in die Rolle des Opfers gebracht haben (*unterlassener Selbstschutz*) oder ihrer Wächterverantwortung (*Verantwortung zur Wachsamkeit*) nicht nachgekommen sind. Diese Anrufungsleistungen werden von den Straf- *wie* Sozialisalisationsinstanzen erbracht, was die bisherige wohlfahrtsstaatliche Grenzziehung beispielsweise zwischen Polizei und Sozialer Arbeit teilweise diffundieren lässt (vgl. Müller 2001): Die bisherige Strafinstanz Polizei mutiert zur präventiven Sozialisationsinstanz – die sich allerdings nur dem Aktionsmodus der Erziehung in spezifischer Weise bedient, nicht der Bildung und Sorge – und die Soziale Arbeit in Fällen, wie der Übernahme von pädagogischen Punitivitätsprogrammen, beispielsweise in geschlossenen institutionellen Settings zu einer strafenden Akteurin (um)definiert und (um)strukturiert. Damit ist der bisherige wohlfahrtsstaatliche Verweisungszusammenhang der Steuerungsmodi von Normalisierung und Disziplinierung – zumindest auf den ersten Blick – verkehrt (vgl. Ziegler 2004): Die Polizei wird zur bevölkerungsbezogenen Sozialisationsinstanz und die Soziale Arbeit zur individualkörperbezogenen Strafinstanz.

Allerdings gilt diese Verkehrung des bisherigen Verweisungszusammenhangs nur für bestimmte Bereiche der beiden Instanzen und dazuhin unterliegt beiden Instanzen inzwischen der gemeinsame Fokus auf den Opferschutz und die damit verbundene punitive Drohung an diejenigen Gesellschaftsmitglieder, die sich dieser Anrufung widersetzen. Insofern ist auch die wohlfahrtsstaatliche Kopplung der Steuerungsmodi (Normalisierung und Disziplinierung) und der ihnen zugeordneten Aktionsmuster (Sozialisation und Strafen) an differente verantwortliche Instanzen in Frage gestellt.

Im damit entstehenden neo-sozial begründeten und post-wohlfahrtsstaatlich verfassten Zusammenhang gehen Normalisierung und Disziplinierung in einer neuen Konstellation auf: War in der Normalisierungsgesellschaft die Integration der Fokus des Verweisungszusammenhangs der differenzierbaren Aktionsmuster von Sozialisation und Strafen, so kommt es im Kontext der gegenwärtigen Kontrollgesellschaft zu einem paradoxen Verweisungszusammenhang im Modell des „präventiven Opferschutzes". Bisher schienen Prävention und Opferschutz zwei Perspektiven, die nicht in eins gesetzt werden können. Schließlich sucht das vorausgreifende Eingreifen, die präventive Aktion, eine bestimmte Tat in der Zukunft erst gar nicht auftreten zu lassen, während der Schutz von Personen, die von einer Tat betroffen wurden, der Opferschutz also, erst nach der Tat sinnvoll realisiert werden kann. Und dennoch ist es gerade die Verschneidung dieser beiden Aspekte ein Modell, das in der entstehenden Kontrollgesellschaft bestimmend wird: Denn das vorausgreifende Eingreifen, beispielsweise in Form eigener *task forces* in bundesdeutschen Jugendämtern zur politisch priorisierten frühzeitigen Gewährleistung des Kinderschutzes, erfährt seine politische Legitimation gerade durch den Verweis auf die damit nicht zu Opfer werdenden Kinder. Das Paradox dieser neo-sozialen Gouvernementalität ist somit nicht das von Prävention und Opferschutz im Sinne deren zeitlichen Vor- und Nachrangigkeit, sondern vielmehr das der Konzentration auf potenzielle Opfer bei gleichzeitiger struktureller Vernachlässigung der realen Opfer.

2. Veränderte Formate der Körperregierung

2.1 Zur veränderten Regierung des/r Körper

Die wohlfahrtsstaatlichen Vereinbarungen basieren auf einer spezifischen Normalitätsvorstellung und einer damit verbundenen Körperregulierung. Diese wird in Bezug auf den kollektiven Bevölkerungskörper einerseits und den menschlichen Individualkörper andererseits realisiert. Michel Foucault fasst diese Körperregierungsform in seinen Arbeiten als „Bio-Politik" oder als „Bio-Macht", die das Kennzeichen der modernen Gesellschaften darstellten: Bio-Politik meine eine „sorgfältige Verwaltung der Körper und die rechnerische Planung des Lebens" (Foucault 1999, S. 167). Der Kapitalismus habe, so Foucault (1974/2003, S. 275), zunächst einmal den Körper in seiner Funktion als Produktiv- und Arbeitskraft vergesellschaftet: „Die Kontrolle der Gesellschaft über die Individuen wird nicht über das Bewusstsein oder durch die Ideologie, sondern ebenso im Körper und mit dem Körper vollzogen". Diese Implementierung der Bio-Macht stelle zugleich eine Weiterentwicklung der vormaligen Souveränitätsmacht dar und produziere damit einen grundlegend neuen Machttypus: „Jahrtausende hindurch ist der Mensch das geblieben, was er für Aristoteles war: ein lebendes Tier, das auch einer politischen Existenz fähig ist. Der moderne Mensch ist ein Tier, in dessen Politik sein Leben als Lebewesen auf dem Spiel steht" (Foucault 1999, S. 171). Die klassische Souveränitätsmacht war für Foucault dadurch ausgezeichnet, dass der Souverän das Recht zum Töten hatte, er also über die Untertanen regierte, weil er das Recht hatte, ihr Leben zu beenden: „Das sogenannte Recht ‚über Leben und Tod' ist in Wirklichkeit das Recht, sterben zu *machen* und leben zu *lassen*" (ebd., S. 162). Demgegenüber wird in modernen Gesellschaften die „Gestaltung und Beherrschung des Lebens, nicht des Todes" zum Zielpunkt der Macht (Magiros 1995, S. 989). Die moderne Regierung über die Körper basiert also nicht mehr auf der Todesdrohung, sondern auf der „Verantwortung für das Leben, die der Macht Zugang zum Körper verschafft" (Foucault 1999, S. 171). Und diese Verantwortung realisiert sich als zweifacher Zugriff auf individuelle wie kollektiven Körper: „als individuelle Disziplinierung und soziale Regulierung" (Lemke 2007, S. 146). Die individuellen Körper werden, vor allem durch spezifische institutionalisierte Prozeduren, diszipliniert: zum Beispiel durch die Disziplinierung der heranwachsenden Körper von Kindern und Jugendlichen als Schülerkörper (vgl. Langer 2008). Der kollektive Körper wird als – nationalstaatlich verfasste – Bevölkerungseinheit auf seine Regelmäßigkeiten hin vermessen. Von den damit mathematisch gewonnenen Normalitätsstandards aus werden die Interventionsmuster für die Disziplinierungsstrategien, die auf die Individualkörper zugreifen, abgeleitet. Disziplinierung und Regulierung von Individual- und Kollektivkörper greifen also ineinander und sind im wohlfahrtsstaatlichen Kontext nicht unabhängig voneinander zu denken. Normalismustheoretisch lässt sich diese wohlfahrtsstaatliche Logik der Verkopplung von Individual- und Kollektivkörper auch als spezifisches Verhältnis von Innen- und Außenbereich beschreiben: Im Innenbereich werden auf Basis der sozialstatistischen Normalverteilung von Verhaltensmustern, von Krankheitsbildern oder von Kriminalitätsraten die Grenzen der Normalität bestimmt. Diese Grenzen markieren damit den Außenbereich, den Bereich der „indiskutable(n) Anormalität" (Link 1997, S. 21; vgl. für die Soziale Arbeit: Schütte-Bäumner 2007, S. 151ff.). Mit der Etablierung des Sozialen ist also keineswegs eine generelle Überwindung der Körperdisziplinierung verbunden, diese ist aber konstitutiv an das wohlfahrts- und damit immer auch nationalstaatliche Normalisierungsprogramme rückgebunden, also mit Bezug auf dieses – im Muster von individueller Disziplinierung (*Individualkörper*) und sozialer Regulierung (*Kollektivkörper*) – legitimiert: „Die Normalisierungsgesellschaft ist eine Gesellschaft, in der sich (…) die Norm der Disziplin und die Norm der Regulierung miteinander verbinden" (Foucault 1999, S. 293). Diese Logik lässt sich auch am prägenden wohlfahrtsstaatlichen Instrument der Sozialversicherungen zeigen (vgl. Schmidt-Semisch 2002). Francois Ewald (1993) fasst den entsprechenden Zusammenhang in seiner Studie zur Genealogie des *Vorsorgestaats* folgendermaßen zusammen: „Die Klassifizierung geschieht unter Bezugnahme auf deren Normalität nicht mehr in einer hierarchischen Abstufung von 1 bis 10, sondern anhand der Abweichungen von einem Mittelwert, der nicht das zu erreichende Minimum, sondern den gruppenspezifischen Typus bezeichnet" (192f.). Mit der Etablierung des wohlfahrtsstaatlichen Arrangements, das unter anderem durch die Logiken der Sozialversicherungssysteme charakterisiert ist, entsteht nicht weniger als eine staatlich verantwortete Risikokalkulation menschlicher Verhaltensweisen. Henning Schmidt-Semisch (2002, S. 19ff.) charakterisiert diesen Wandel in seiner risikotheoretischen Studie im Anschluss an Ewalds und Robert Castels Überlegungen daher auch als Entwicklung vom „Schicksal zum Risiko". Zugleich ist dieser Normalismus, das spezifische Format nationalstaatlicher und zugleich wohlfahrtsstaatlicher Normalitätskonstruktion, aber nicht

„ohne Subjekte" realisierbar. Die soziale Regulierung vollzieht sich erst in der Disziplinierung der Subjekte, die dem anormalen Außenbereich zugewiesen sind – und diese Disziplinierung wird daher am Individualkörper angedockt. Dieser wird zur Ermöglichung einer Normalisierung von wohlfahrtsstaatlichen Institutionen diszipliniert. Wohlfahrtsstaatliche Interventionsmuster, wie die sozialpädagogischen Muster der Lebensführungsregulierung und -unterstützung, zielen also im gelungenen Fall auf die Rückführung des Individualkörpers in den Innenbereich der Normalität (*Prinzip gesellschaftlicher Integration*).

Für die wohlfahrtsstaatlichen und zugleich immer nationalstaatlichen Regierungsprogramme lässt sich also zusammenfassen, dass diese in Absetzung zu dem vormaligen Prinzip der Souveränität mit deutlich veränderten Denkweisen der Körperregierung verbunden sind – Denkweisen, *wie* soziale Zusammenhänge als Zusammenhang von Individual- und Bevölkerungskörper reguliert und gestaltet werden sollen. Mit der Implementierung der wohlfahrtsstaatlichen Regierungsstrategien war also vor allem im 19. und beginnenden 20. Jahrhundert nicht weniger als eine grundlegende Veränderung der vormaligen (Souveränitäts)Politik verbunden.

Seit dem letzten Drittel des 20. Jahrhunderts ist inzwischen eine erneute grundlegende Transformation dieses bis dahin etablierten wohlfahrtsstaatlichen Arrangements und der damit verbundenen Praktiken der Körperregierung zu beobachten. Dabei spielt zwar die Risikokalkulation (vgl. Kessl 2006) weiterhin eine zentrale Rolle, allerdings wird diese „zunehmend von der Referenz auf den Bevölkerungskörper (ge)löst, um durch ein Unsicherheitsmanagement der (individuellen wie kollektiven) Subjekte abgelöst" zu werden. Neo-soziale Körperregierungsstrategien fokussieren also zunehmend auf die einzelnen Körper, relativ unabhängig von deren Rückführungsermöglichung in den Kollektivkörper der nationalstaatlichen Bevölkerung (Lemke 2007, S. 146). Das wohlfahrtsstaatliche Format der Körperregulierung wird also seit einigen Dekaden einer grundlegenden Transformation unterzogen, allerdings ohne dass dieses komplett diffundieren würde (vgl. Kessl/Otto 2009b, S. 10ff.).

2.2 Zur präventiven Individualisierung der Körperregierung und den damit verbundenen Ausschließungspraktiken

Angelika Magiros (1995, S. 27) macht in ihren rassismustheoretischen Überlegungen sehr deutlich, wie sehr der rassistische Diskurs einen Staatsdiskurs darstellt, in dem die Idee des Nationalstaats mit der Idee einer einheitlichen Gesellschaft verknüpft ist: „Man sieht nun auch, wie eng diese Idee des ‚legitimen Staates' mit dem Thema der ‚Einheit der Gesellschaft' verknüpft ist. Der Einheits- und Gleichheitsgedanke (...) taucht nun im Rassismus wieder auf: Die Gesellschaft als biologische Einheit, als ‚rassische Gemeinschaft', das Verschwindenmachen von Spaltungen und Oppositionen – alle diese Punkte zielen auf die Integration, auf die Vereinheitlichung des ‚Gesellschaftskörpers' und nicht zuletzt auf die Identifikation von ‚Souveränität' und ‚Untertanen" (ebd.). Der moderne Staat im Rassismusdiskurs bilde die Spitze „einer biologischen Gemeinschaft, die ihn braucht, um gesund zu bleiben" (ebd.). Zugleich erweise sich der Rassismus aber auch als „Bestandteil der modernen ‚Bio-Macht" (ebd., S. 100), wie Magiros im Anschluss an Etienne Balibars (1991) Überlegungen zum *Neo-Rassismus* ausführt. Mit der Kulturalisierung des Rassismus kommt es nach Einschätzung von Balibar zu dessen Verallgemeinerung: Die biologisierende Begründungsstruktur wird in Richtung einer Naturalisierung kultureller Differenzen verschoben. Diese „allgemeine Verlagerung' der (...) Biologie-Problematik im rassistischen Diskurs" (Magiros 1995, S. 122) zeichne den Neo-Rassismus aus, die Differenzierung von scheinbar natürlich gegebenen kulturell-differenten Gruppen also (vgl. zur Kritik des Neo-Rassismus Magiros 2004). Auch Michel Foucault schlägt in seinen Überlegungen zur Bio-Macht einen umfassenden Begriff des Rassismus vor, den er allerdings bereits als Teil der Entstehung moderner Gesellschaften ansieht. Der Rassismus ist für Foucault daher auch im Unterschied zu Balibars umfassendem Verständnis des Neo-Rassismus „ein zentrales Element gesellschaftlicher Normalisierung" (Lemke 2007, S. 113). Insofern erweist sich für Foucault die Vergemeinschaftungslogik des national gefassten Wohlfahrtsstaates selbst als rassistisch, da sich das „Problem von einer Pluralität von Rassen zum Singular einer Rasse verschiebt", also einem als einheitlich konzipierten, nationalstaatlich-verfassten kollektiven Bevölkerungskörper (ebd., S. 112). Im Sinne eines solchen umfassenden Rassismusverständnisses werde aus dem vormaligen Rassenkampfkonzept, das gegebene rassistische Einheiten als mindestens potenzielle Kriegsparteien unterstellt habe, nun ein „moderner Rassismus", der sich nach innen verlagert: „(E)in Rassismus permanenter Reinigung, der zu einer der grundlegenden Dimensionen der gesellschaftlichen Normalisierung wird" (Foucault 1999, S. 75, zit. nach ebd.).

Die gleichzeitige soziale Regulierung und individuelle Disziplinierung der Bio-Macht basiert also auf der Konstruktion eines solchen „biologischen Kontinuums" (ebd., S. 113), das eine Stratifizierung der Bevölkerungsgruppe zulässt. Thomas Lemke (2007, S. 82) sieht deshalb in Foucaults Konzept der Biomacht auch eine deutliche Erweiterung der Marxschen Kritik der politischen Ökonomie, die diese um eine Perspektive „einer ‚politischen Anatomie" ergänze. Damit spielt er auf die Foucaultsche Idee einer „Verkörperung der Macht" (Foucault 2003b, S. 204, zit. nach ebd.) an, das heißt eine Organisation der Körper und Verhaltensweisen als Unterbau der kapitalistisch organisierten Gesellschaften. Dieser Unterbau werde mit der wohlfahrtsstaatlichen Transformation neu ausgestaltet, indem die wohlfahrtsstaatlichen Risikostrategien zunehmend von einer Entkopplung der Regulierungsstrategien in Bezug auf den Populations- und die einzelnen Körper geprägt sind. Neue neo-soziale Körperregierungsmuster, wie das der *Genetifizierung*, also der Regierung über genetische Risiken, die als symptomatisches neo-soziales Regierungsmuster im Zentrum der Arbeiten von Nikolas Rose und Thomas Lemke stehen, unterliegt eine Idee der Diagnostizierung von Risikolagen in direktem Bezug auf den Individualkörper. Die wohlfahrtsstaatlichen Normalisierungspolitiken, die die Risikoverortung der Subjekte und die damit verbundenen Disziplinierungsstrategien in Bezug auf den Individualkörper immer hinsichtlich der Normalverteilungsmuster in der Gesamtbevölkerung bestimmten, werden also dahingehend verändert, dass genetische Dispositionen – oder für die Soziale Arbeit bisher relevanter: individuelle Verhaltensdispositionen (*Risikofaktoren*) als Ansatz für Programme der Risikoregulierung dienen. „Moderne Prävention widmet sich vor allem dem Aufspüren möglicher Risikofaktoren" (Rabinow 2004, S. 140). Die diagnostische Vermessung von Risikopotenzialen und deren Verortung im Individualkörper werden dementsprechend mit den Programmen der *subjektiven Präventionserziehung* verbunden: Die und der Einzelne wird erstens zur Risikoidentifizierung aufgefordert oder verpflichtet, und zweitens im Fall der Feststellung und Markierung von Risikopotenzialen mit der Forderung nach deren Substitution konfrontiert oder in gesonderte Risikogruppen verwiesen; drittens werden alle Bevölkerungsmitglieder mit der Aufgabe einer generellen Risikokalkulation angerufen, das heißt zu einem prinzipiell präventiven Verhaltensmuster aufgefordert. In dieser dreifachen Programmstrategie materialisiert sich also die Aufforderung zur *Selbstinklusion* des Individualkörpers in den Kollektivkörper unter dem Schirm der Drohung einer *Exklusion*.

Mit diesen veränderten wohlfahrtsstaatlichen Normalisierungsstrategien (*neosoziale Neu-Programmierung*) kommt den naturwissenschaftlichen gegenüber den sozialwissenschaftlichen Disziplinen erneut eine immense, aber veränderte Aufmerksamkeit zu. Wie Foucault in der letzten Vorlesung seiner 1976 gehaltenen Vorlesung zur *Verteidigung der Gesellschaft* zeigt, stellen die naturwissenschaftlichen Disziplinen – vor allem die Biologie und die Medizin – bereits für die Implementierung der Prinzipien einer Regierung des Sozialen entscheidende Größen dar (vgl. Foucault 1999, S. 276ff.). Die Bestimmung der Norm als Regulationsgröße, an der die Normalisierungsgesellschaft vermessen wird und Risikoregulierungsprogramme ausgerichtet werden, basiert auf Vermessungsinstrumenten, die nicht zuletzt die Medizin und die Biologie – neben der Demografie und der Sozialstatistik – zur Verfügung stellen: „Die Medizin ist ein Macht-Wissen, das sich auf die Körper wie die Bevölkerung, auf den Organismus wie die biologischen Prozesse erstreckt und also disziplinierende und regulierende Wirkungen hat" (ebd., S. 292). Zugleich wird im wohlfahrtsstaatlichen Format dieses naturwissenschaftliche Wissen insofern „sozialisiert", als es immer in Bezug auf das Soziale wirkmächtig wird. Mit der zunehmenden Überführung dieser bevölkerungsbezogenen Risikoregulierung in Strategien individueller Risikoidentifizierung und damit verbundenen Programmen der subjektiven Substitution und Prävention im Kontext neo-sozialer Strategien, diffundiert die Bindung an das bisherige Modell des „Sozialen", das heißt auch die Bindung der (wohlfahrtsstaatlichen) Risikoregulierung an den nationalstaatlich verfassten Gesellschaftskörper. Insofern kann im Anschluss an Rabinow (2004, S. 139) von der „Auflösung der Kategorie des ‚Sozialen" gesprochen werden, wobei diese Rede nicht mit der unscharfen Rede vom „Tod des Sozialen" (vgl. Baudrillard 1988) verwechselt werden sollte. Nicht „das Soziale" im Sinne der wohlfahrtsstaatlich und nationalstaatlich verfassten Körperregierungsstrategien ist an sich hinfällig, es unterliegt allerdings seit den 1970er Jahren in der Mehrheit der OECD-Staaten einem sehr grundlegenden Wandel, eben einer *neo-sozialen Neu-Formatierung*. Darauf weist beispielsweise auch Nikolas Rose (1996) in seinen Überlegungen hin, wenn er diese mit „Tod des Sozialen?" überschreibt.

Rassismustheoretisch gewendet: Der von Foucault diagnostizierte „Staatsrassismus" (1999, S. 75), der auch als „wohlfahrtsstaatlicher Rassismus" bezeichnet werden kann, also der Rassismus, den „die Gesellschaft gegen sich selber, gegen ihre eigenen Elemente, ihre eigenen Produkte kehrt", ist mit der neo-sozialen Transformation keineswegs hinfällig. Dieser innere Rassismus der „permanente(n) Reinigung, der zu einer der grundlegenden Dimensionen der gesellschaftlichen Normalisierung wird", wird seit dem letzten Drittel des 20. Jahrhunderts aber grundlegend neu formatiert. Dieser Transformationsprozess führt nicht zu dessen Ablösung durch einen ganz anderen Rassismus oder zu einem kompletten Alternativprogramm. Ganz im Gegenteil: Die Gestaltung und Beherrschung des Lebens als zentralem Prinzip der wohlfahrtsstaatlichen Normalisierungsgesellschaft, mit der sie sich von der vorgängigen Souveränitätsgesellschaft unterscheidet, kommt in gewisser Weise mit den neo-sozialen Transformationsprozessen erst zu sich selbst. Die wohlfahrtsstaatlichen Kontrollprogramme waren nämlich immer von der *Antizipation eines Ordnungsideals des Sozialen* abhängig (*soziale Ordnung*). Allerdings versprechen neo-soziale Risikovermessungs- und -kal-

kulationsprogramme ein bisher ungekanntes Maß an sozialer Kontrolle und ein
mit dem Dreischritt von Risikoidentifizierung, Risikosubstitution und präventiver
Risikokalkulation verbundene neue Muster der sozialen Ordnung – neue Muster,
die die Rede von einer „Auflösung des Sozialen" oder eben dem „Tod des Sozialen" übersehen machen können. Die Rationalisierungsmuster dieser dreischritti-
gen neo-sozialen Regierungsweisen sind quasi-naturwissenschaftliche Modelle
der Kausalitätserklärung menschlicher Verhaltensmuster, die damit als Risiko-
verhalten markiert werden. Diese mathematisch errechnete Potenzialität eines
solchen (Risiko)Verhaltens dient dann der Verortung und politischen Legitimierung entsprechender (präventiver) Regulierungsprogramme, beispielsweise evidenzbasierter Strategien in der Erziehungshilfe.

2.3 Epilog: Transformierte Körperpolitiken in der Sozialen Arbeit

Soziale Arbeit ist als Teil der wohlfahrtsstaatlichen Körperregierungsprogram-
me seit dem 19. Jahrhundert institutionalisiert worden. Seit dem letzten Drittel
des 20. Jahrhunderts wird dieses Muster der verkoppelten Individual- und Kol-
lektivkörperregulierung auch in den Feldern Soziale Arbeit zunehmend zugunsten der ersten Körperdimension verschoben. Charakteristikum dieses Prozesses
einer grundlegenden Transformation des bisherigen wohlfahrtsstaatlichen Konzepts, Charakteristikum der sich ausbildenden neo-sozialen Strategien der Körperregierung also, ist auch in unterschiedlichen Handlungskonzeptionen und Ar-
beitsformen Sozialer Arbeit der verstärkte Versuch eines veränderten Zugriffs auf
die Leibdimension, das heißt auf das innere Erleben der einzelnen Personen, auf
ihr individuelles, radikal subjektives Fühlen (vgl. Villa 2007). Diese Entwicklung symbolisiert sich beispielsweise in der vehementen Implementierung kog-
nitiv-behavioraler Trainingselemente innerhalb sozialpädagogischer Interventionsstrategien.

Diese transformierten Körperpolitiken sind zwar weder konzeptionell einheitlich noch ausschließliches Prägungsmuster aktueller sozialpädagogischer Vorgehensweisen. Dennoch lässt sich auch innerhalb der Sozialen Arbeit der skizzierte
Prozess der Ausbildung post-wohlfahrtsstaatlicher Formate der Körperregierung
deutlich beobachten. Am deutlichsten zeigen sich solche Interventionsmuster in
jüngster Zeit in der Wiederentdeckung disziplinierender Strategien, die unter La-
beln wie „Konfrontative Pädagogik", „Konsequent Grenzen setzen" oder „Zwang
als erzieherisches Mittel" daher kommen. Argumentativer Bezugspunkt solcher
Programme sind spezifische zeitdiagnostische Unterstellungen, die davon ausgehen, dass sich in den vergangenen Jahren auch im bundesdeutschen Kontext eine

„Kultur der Armut" in einer „neuen Unterschicht" ausgebildet habe (vgl. Nolte 2004; kritisch dazu Lindner 2008; für die Soziale Arbeit vgl. die Beiträge in Kessl/ Reutlinger/Ziegler 2007). Diese Bevölkerungsgruppe zeichne sich durch ein „unzivilisiertes" Verhalten aus, das selbst- wie fremdschädigend sei: Es schwäche nämlich zum einen den bisherigen Aufstiegswillen der Gesellschaftsmitglieder auf den unteren Sprossen der sozialen Hierarchieleiter und unterwandere zum anderen den Zusammenhalt der bürgerlichen Gesellschaft durch die Ausbildung von „Parallelkulturen". Symptomatisch für die neo-soziale Gestalt(ung) dieser politischen Re-Pogrammierungsversuche ist nun, dass sowohl in Bezug auf den visuellen Teil ihrer medialen Inszenierung als auch innerhalb der vorgeschlagenen Gegenstrategien der Zugriff auf die individuelle Körperdimension im Mittelpunkt steht (vgl. Wollrad 2008). Die mediale Inszenierung dieser neuen Unterschichtskörper wird nicht zuletzt in Form von spezifischen Bildkompositionen realisiert, die das „Außen" der bürgerlichen Mehrheitsgesellschaft greifbar zu machen scheinen: Bildreihen übergewichtiger, ungepflegter weißer Menschenkörper beim offensichtlichen Verzehr von Fast Food vor laufendem Fernseher, tätowierter männlicher Körper in ungelüfteten Räumen, rauchend und Kaffee trinkend, an einem Plastiktisch mit überquellendem Aschenbecher und leeren Kaffeesahne-Einwegpackungen oder schließlich von Kleinkinderkörper alleine vor laufendem Fernseher zwischen scheinbar wahllos hingeworfenen Bergen von Süßwaren. Derartige Körperinszenierungen sollen das "Ganz andere" der Mehrheitsgesellschaft sichtbar machen, um damit „das Eigene" wieder besser markierbar und fixierbar zu machen. Denn adressiert werden hier die Individualkörper *innerhalb* der unterstellten „Parallelkulturen" ebenso wie diejenigen *innerhalb* der damit differenzierbaren Mehrheitskultur. Die letztgenannten Körpersubjekte werden zur *Selbstinklusion* ihrer – individuellen wie kollektiven – Einzelkörper angerufen. Die Inszenierung des „Ganz Anderen" soll sie an die Mehrheitskultur binden, aber auch zugleich die Drohung aussprechen, dass im Fall der Verweigerung präventiver Verhaltensweisen eine *Exklusion* ihrer Individualkörpers drohen kann. Die Mitglieder der suggerierten „neuen Unterschicht" sehen sich dagegen von vornherein mit fokussierten disziplinierenden Strategien der *inklusiven Exklusion* ihrer Einzelkörper konfrontiert – häufig sogar noch verbunden mit deren *territorialen Exklusion*. Und an dieser Stelle bringen sich immer wieder Akteure aus der Sozialen Arbeit als neo-disziplinierende Instanzen ins Spiel. Die inklusiven und territorialen Exklusionsstrategien schreiben sich nämlich in sozialkartografischen Vermessungen sozialer Zusammenhänge ein, mit denen lokale, regionale und überregionale Muster der Zugehörigkeiten oder Nicht-Zugehörigkeiten geografisch fixiert werden (*Territorialisierung des Sozialen*): „Sozial benachteiligte" Wohnareale, Gebiete mit hohem Anteil von übergewichtigen Menschen oder Stadtteile mit überdurchschnittlichen Bevölkerungsanteilen von Migrantinnen und Migranten werden so markiert und an diesen Orten wird dann die Zuständigkeit einer entsprechend zielgruppenspezifisch ausgerichteten Sozialen Arbeit verankert. Derartige körperbezogene Rationalisierungsmuster der Disziplinierung sind prinzipiell als *reaktionär-neoliberale* Positionierungen zu kategorisieren. Allerdings finden sie sich nicht nur in explizit reaktionär-neoliberalen Argumentationen, sondern vielfach auch in oberflächlich *sozialliberalen* Positionen. Zwar wird von entsprechenden Autoren auch eine strukturelle Komponente dieser Entwicklungen bestimmt: „Der Druck kommt aus der Unsicherheit des Systems heraus. Es stuft die Schüler in eine bestimmte Kategorie ein und stuft sie herab, wenn sie in diese Leistungsbox nicht mehr passen, gibt dabei aber keine gezielten, individuellen Hilfen" (Hurrelmann 2006). Allerdings sei es verkürzt, das Ergebnis dieses „Systemdrucks" nur als Beschränkung für einzelne Personen zu lesen, vielmehr müsse auch das jeweilige *individuelle Defizit* in Blick genommen werden, das sich daraus ergebe: „Das verunsichert" (ebd.). Und Ergebnis dieser Verunsicherung sei, dass „wir" deshalb „in Deutschland auch so viele Jugendliche (haben), die Zigaretten rauchen" (ebd.). Denn das sei „immer ein Zeichen von ungesichertem Selbstwert" (ebd.). Und schon läuft er wieder rund, der argumentative Transformationsriemen hin zur präventiven Anrufung des einzelnen Subjekts über dessen Körper. Sozialpädagogische Interventionsmaßnahmen setzen dann an solchen Diagnosen direkt an, wie schulische „Anti-Raucher-Programme" zeigen, in denen die Schüler_innen dahingehend aktiviert werden, eine kalkulative Einsicht in die „Kosten" des Rauchens zu bekommen: die „persönliche" Gesundheit, die „subjektive" Lebensgestaltungsmöglichkeiten und die „individuelle" Lebensqualität – unter Umständen sogar das „eigene" Leben, wie ja die markanten Aufschriebe auf den Zigarettenpackungen bereits illustrieren sollen. Die Schüler_innen sollen ihr Handeln und damit das persönliche Risiko möglichst zielgenau kalkulieren, womit der dritte Schritt der neo-sozialen Regierungslogik von Risikoidentifizierung, Risikosubstitution und präventiver Risikokalkulation wieder in die Hände der individuellen und kollektiven Subjekte übergeben wäre: Die präventive Kalkulation der Subjektkörper ist angeschoben, wenn die Schüler_innen begreifen, dass sie bei schlechter oder fehlender Risikokalkulation, also beispielsweise bei einer Entscheidung fürs Rauchen, „selber schuld" (Schmidt-Semisch 2000) sind, das heißt die Kosten möglicher Konsequenzen ihres Verhaltens selbst zu tragen haben. Doch diese Konsequenzen und ein entsprechend konsequent-kalkulative Denkweise ist nach Ansicht neo-sozialer Regierungslogiken den Menschen erst zu vermitteln, also beispielsweise sozialpädagogisch beizubringen: Neo-soziale Programme stellen in diesem Sinne fokussierte Disziplinierungsstrategien dar.

Eine ganz andere, „post-neo-soziale" Geschichte wäre es, wenn sich Akteure in den Feldern Sozialer Arbeit auf die Traditionen besinnen, dass das fachliche Handeln in der Sozialen Arbeit als pädagogisches Tun immer auch risikokalkulativ sein sollte, allerdings dies nie im Sinne einer technologischen Gewissheit sein kann. Es sollte daher nicht um die vorzeitige Verhinderung bestimmter Risiken aufgrund vermeintlicher körperbezogener Risikofaktoren gehen, sondern um das Wissen um körperliche Ressourcen, leiblich habitualisierte Ängste, Reflexionsmöglichkeiten und die jeweiligen biografischen Geschichten, und damit verbundene adäquate fachliche Handlungsvollzüge. Denn statt um die Anrufung der individuellen Risikokalkuation im Sinne der Erziehung zum eigen-präventiven Opferschutz sollte es um die Eröffnung möglichst vielfältiger und auch bisher nicht sichtbarer und unzugänglicher Handlungsoptionen gehen. (vgl. Kessl/ Richter 2006)

3. Die Rede von einer „neuen Unterschicht"
Hinweise zu einem einflussreichen Deutungsmuster

3.1 Zur Etablierung einer Deutungsmusters

Mit Verweis auf eine Studie der Friedrich-Ebert-Stiftung (vgl. Neugebauer 2007; auch: Müller-Hilmer 2006) zur Gestalt politischer Einstellungsmilieus in Deutschland spricht der damalige Vorsitzende der Sozialdemokratischen Partei Deutschlands (SPD), Kurt Beck, in einem Interview im Oktober 2006 davon, dass es „zu viele Menschen in Deutschland (gebe), die keinerlei Hoffnung mehr haben, den Aufstieg zu schaffen. Sie finden sich mit ihrer Situation ab". Das damit benannte Problem sei ein „Unterschichtenproblem", so Beck weiter: Eine bestimmte Gruppe von Armen habe sich „materiell oft arrangiert und ebenso auch kulturell" (Frankfurter Allgemeine Sonntagszeitung, 8.10.2006).

Mit dieser Kategorisierung eines Teils der bundesdeutschen Bevölkerung als – sozialtransferabhängige und aufstiegsunwillige – „Unterschicht" gibt Beck das Stichwort für eine erste mediale Inszenierung. Eine Begegnung zwischen ihm und Henrico Frank, einem zu diesem Zeitpunkt bereits seit mehreren Jahren erwerbslosen Mann, auf dem Mainzer Weihnachtsmarkt Ende 2006 treibt die Debatte noch einmal voran: Auf dessen Kritik an der veränderten Arbeitsmarktpolitik, die sich in den so genannten Hartz-Gesetzen manifestiert, entgegnet Beck: „Wenn Sie sich waschen und rasieren, dann haben Sie in drei Wochen einen Job!".

Die Unterschichtsdiagnose von Kurt Beck im bundesdeutschen Kontext nahm vorgängige zeitdiagnostische Einschätzungen auf, wie sie nicht zuletzt der Berliner Historiker Paul Nolte (2004) in seiner Programmschrift „Generation Reform" geäußert hatte. Die wohlfahrtsstaatlichen Unterstützungssysteme weisen demnach am Anfang des 21. Jahrhunderts eine höchst problematische Dynamik auf: Sie produzieren nach Einschätzung Noltes eine „fürsorgliche Vernachlässigung" der Angebotsnutzer. Es werde eine soziale Lethargie, ein fehlender Aufstiegswillen und eine mangelnde Leistungsbereitschaft auf Seiten der Nutzer sozialer Sicherungs- und öffentlicher Dienstleistungsangebote gefördert und damit deren Verantwortung, die eigene prekäre Lage zu überwinden, unterminiert. Ergebnis sei eine passive Fürsorgeklasse – eben „die neue Unterschicht".

Nolte schließt damit wiederum an vorgängige Einschätzungen US-amerikanischer und britischer Autoren an: Mitte der 1990er Jahren gewann der US-amerikanische Regierungsberater Charles Murray (Herrnstein J./Murray 1994; siehe auch Murray 1984) mit der Einschätzung politisch an Einfluss, dass eine kleine Gruppe von US-amerikanischen Armen eine wachsende Bedrohung für die Gesellschaft geworden sei, da sie die geltenden Werte der US-amerikanischen Gesellschaft beschädigten. Diese Gruppe müsse über ihr Verhalten definiert werden und nicht primär über ihren sozialen Status oder ihre gesellschaftliche Position. Diese Deutung wurde, unter aktiver Mithilfe von Murray selbst, in den 1990er Jahren auch in Großbritannien zunehmend einflussreich (Lister 1996).

In dem zum Bestseller avancierten Pamphlet „Deutschland schafft sich ab" von Thilo Sarrazin (2010) findet die Einführung einer solchen Weltsicht im bundesdeutschen Kontext ihren vorläufigen Höhepunkt: Zwar konnte bereits Paul Nolte mit seiner immerhin von der *Bundeszentrale für Politische Bildung* vertriebenen Programmschrift einige publizistische Aufmerksamkeit erlangen. Auch die mediale Inszenierung im Anschluss an Kurt Becks Interpretation der Friedrich-Ebert-Studie löste Ende 2006 die erste, kurze mediale Präsenz der Debatte um eine „neue Unterschicht" aus. Doch erst Sarrazin gelang mit seiner Schrift ein publizistischer Fingerzeig, mit dem die Figur der „neuen Unterschicht" zu einem maßgeblichen Deutungsmuster innerhalb der öffentlichen Diskussionen in Deutschland wurde. Auffällig dabei ist, dass die explizite Figur der „neuen Unterschicht", die in Sarrazins Schrift eine zentrale Rolle spielt, in der Rezeption seines Buches fast gar nicht mehr auftaucht. Präsent geworden sind die damit verbundenen bildungs-, sozial- und insbesondere integrationspolitischen Unterstellungen.

Dass dies nun weitgehend ohne einen Verweis auf die Figur der „neuen Unterschicht" selbst geschieht, ist durchaus kein Zufall. Denn diese Figur ist in hohem Maße unscharf und unbestimmt. Kirk Mann (1992) hatte darauf bereits im Rahmen der ersten Auseinandersetzungen im englischsprachigen Raum Anfang der 1990er Jahre hingewiesen: Es bleibe, so Mann damals, völlig unklar, was mit der Rede von der „neuen Unterschicht" gemeint sei. Daher gäbe es auch so viele Definitionen des Phänomens wie Sprecher. Loïc Wacquant (2008, S. 60) definierte die „neue Unterschicht" entsprechend als ein „wildes Konglomerat – ein ‚Sammelsurium' sozialen Versagens". Denn die „neue Unterschicht" beschreibe weder die Gruppe der Armen insgesamt, noch würden damit die Milieus gefasst, die sozialwissenschaftlich schon seit Jahrzehnten als Unterschicht markiert werden – also diejenigen Milieus, deren Angehörigen es sehr schwer fällt, eine bestimmte symbolische Grenze zu überwinden und damit sozial aufzusteigen: SozialwissenschaftlerInnen sprechen hier von einer nur schwer überwindbaren

Distinktionsgrenze am potenziellen Übergang von den unteren zu den mittleren Milieus. Doch wenn es Nolte, Murray und Sarrazin weder um die Armen an sich noch um die Armutsmilieus am untersten Rand der Gesellschaft geht, was rücken sie dann in den Blick, wenn sie von einer „neuen Unterschicht" sprechen?

3.2 Von der Kulturalisierung der Klassen

Der Verweis auf die als „neue Unterschicht" imaginierte Gruppe von Gesellschaftsmitgliedern, denen ein bestimmtes, und zwar asoziales Verhalten unterstellt wird, dient nicht als systematische Analysekategorie, sondern als programmatischer Motor für die Etablierung einer spezifischen politischen Behauptung: Der These, die bisherigen wohlfahrtsstaatlichen Sicherungs- und Dienstleistungsstrukturen seien nicht nur ineffizient, was die faktische Armutsbekämpfung angehe, sondern beschränkten systematisch die leistungsstarken Akteure und damit die erfolgreiche Sicherung des Wirtschaftsstandorts Deutschland.

In der Version von Thilo Sarrazin lautet die entsprechende Argumentation folgendermaßen: Die demografische Entwicklung führe im 21. Jahrhundert unweigerlich zu einer „kontinuierliche(n) Abnahme des quantitativen Potentials an wissenschaftlich-technischer Intelligenz" (Sarrazin 2010, S. 53). Zugleich habe Deutschland in den für diesen Bereich relevanten, so genannten MINT-Fächern[44] „seinen Vorsprung beim Humankapital" verloren (ebd., S. 68). Dies liege nun gerade an der falschen wohlfahrtsstaatlichen Sozial- und Bildungspolitik: Die „vorrangig am persönlichen Einkommen orientierte(n) Armutsbekämpfung" führe zu „Leistungsferne und (einem) mangelhaften Willen zur Selbsthilfe" (ebd., S. 134); die große Durchlässigkeit des Bildungssystems hätte zur Folge, dass sich einerseits „das Potential an Höchst- und Hochbegabten aus den unteren Schichten (erschöpft)" (ebd., S. 82) und andererseits „die Untüchtigen von oben verstärkt absteigen" (ebd., S. 84). Notwendig sei daher die Akzeptanz der „angeborenen Ungleichheit der Menschen", die auch durch Bildungsangebote nicht verringert werden können (ebd., S. 249), vielmehr belege die größere Nachfrage nach privaten Schulen in Deutschland, dass die „wachsenden Belastungen des öffentlichen Schulsystems durch eine immer heterogenere Schülerschaft" gerade die begabteren SchülerInnen in die privaten Schulen treibe (ebd., S. 248).

Mit seiner Argumentation formuliert Sarrazin nichts weniger als ein Plädoyer dafür, dass die Tatsache sozialer Ausschließung zum *unweigerlichen Faktum* einer freiheitlichen Gesellschaft gehört und daher zu akzeptieren und auch nicht

---

44   Als „MINT-Fächer" werden im bundesdeutschen Kontext die folgenden Fächer zusammengefasst: Mathematik, Informatik, Naturwissenschaft und Technik.

zu ändern ist. Nolte sprach bereits von einer Klassengesellschaft in neuer Form, einer so genannten „neu-alte(n) Klassengesellschaft" (2004, 35). Wie die alte, industriegesellschaftliche Klassengesellschaft, auf die der Wohlfahrtsstaat seit dem 19. Jahrhundert reagiert, sei diese zwar durchaus weiterhin von der Trennung entlang von Bildung und Besitz charakterisiert. Nur stelle diese Trennlinie nicht mehr das politisch relevante und zu bearbeitende Problem dar, wie es die alten Klassentheorien immer nahelegen wollten. Vielmehr sei die wachsende kulturelle Spaltung zwischen der Mehrheitsgesellschaft und der diagnostizierten „neuen Unterschicht" als eigentliches Problem in den Blick zu nehmen und politisch zu bearbeiten. In den Worten Sarrazins: „In Deutschland beobachten wir schon seit vielen Jahren die allmähliche Verfestigung und das beständige Wachstum einer weitgehend funktions- und arbeitslosen Unterklasse" (2010, 174). Grund dafür sei ein „relativ hohes garantiertes Grundeinkommen", das die „weniger Leistungsstarken in die Nichtbeschäftigung (treibt) und dort (bindet)" (ebd.).

Solche Anti-Sozialstaats-Argumente stehen allerdings im Kontrast zu den Erkenntnissen der vorliegenden empirischen Forschung: Keiner der historisch bekannten Verarmungsprozesse, in dessen Rahmen die untersten gesellschaftlichen Gruppen merklich angewachsen sind – die „Unterschichten" also größer geworden sind – wurde durch massiv gesteigerte Sozialleistungen ausgelöst oder verschärft. Weder die mit der Entwertung von Industriearbeit einhergehende „Neue Armut" in den 1980er Jahren, noch die Verelendung während der Wirtschaftskrise 1929 oder gar die Verarmungsprozesse seit den 1830er Jahren, in deren Rahmen die historisch erste moderne Unterschichtsdebatte (Pauperismus) geführt wurde, weisen einen solchen Zusammenhang auf. Und sollte, wie Sarrazin glauben machen will, tatsächlich vor allem ein sehr gut ausgestatteter Sozialstaat für die Entstehung einer „weitgehend funktions- und arbeitslosen" Klasse verantwortlich sein, müsste eine solche „neue Unterschicht" zuerst in den sozialdemokratischen Sozialstaatsmodellen, wie in Norwegen und Schweden zu finden sein. Davon kann aber genauso wenig die Rede sein (Heite u.a. 2007, 66).

Die Vorstellung, dass „nicht die materielle, sondern die geistige und moralische Armut" das Problem sei (Sarrazin 2010, 123), widerspricht den grundlegenden Einsichten aus der Ungleichheitsforschung. Je größer die soziale Gleichheit innerhalb einer Gesellschaft ist, so deren Ergebnis, desto weniger Probleme treten auf: Die Menschen sind insgesamt gesünder, verfügen über eine höhere Lebenserwartung und leben in einem weniger von gewalttätigen Konflikten geprägten Kontext (Wilkinson/Pickett 2009). Die Umverteilung materieller Ressourcen und die Ermöglichung eines Zugangs zu einer öffentlichen Infrastruktur stellen insofern geeignete Instrumente dar, um die Auswirkungen sozialer Ungleichheit zu reduzieren oder sogar zu substituieren – daran kann nach allen vorliegenden Erkenntnissen keinerlei Zweifel herrschen.

Doch Nolte, Sarrazin und andere ignorieren diese Einsichten nicht nur, sondern ziehen sie wider besseres Wissen konsequent in Zweifel. Die dahinter liegende politische Motivation scheint eine Re-Legitimation der wieder wachsenden Ungleichheitsverhältnisse zu sein, wie sie seit dem Ende des 20. Jahrhunderts zum Beispiel in den regierungsamtlichen Armuts- und Reichtumsberichten dokumentiert werden. Und nicht nur das: Sarrazin und andere unternehmen damit einen publizistisch-populistischen Generalangriff auf die Mehrheitsmeinung in der bundesdeutschen Bevölkerung. Denn schließlich wünscht sich diese noch immer zu mehr als 80 Prozent einen egalitaristischen Sozialstaat, der oberhalb von Mindeststandards in die Einkommensverteilung und die Arbeitsmärkte eingreift (Nüchter/Bieräugel/Glatzer/Schmidt 2010).

3.3   Diskurspolitisches und neo-eugenisches Interesse

Der Rede von der „neuen Unterschicht" unterliegt also kein systematischer Aufklärungsanspruch. Vielmehr geht es deren Protagonisten um eine diskurs*politische* Intervention, um grundlegend gegen die Formen der kollektiven Lebensführungsregulierung und -gestaltung anzugehen, wie sie für die wohlfahrtsstaatlichen Arrangements seit dem 19. Jahrhundert charakteristisch sind. Kein geringerer als Peter Sloterdijk, immerhin neben Habermas vermutlich aktuell der bekannteste lebende deutsche Philosoph, unterstützt derartige Argumentationen vehement, wenn er Ende 2009 gegen „die Überregulierung" argumentiert, „die dem unternehmerischen Elan zu enge Grenzen setzt" und „die Überbesteuerung, die den Erfolg bestraft" (Sloterdijk 2009).

Mit der Rede von der „neuen Unterschicht" ist also das politische Interesse verbunden, die seit dem Ende der 1990er Jahre wieder deutlich sichtbar gewordene Tatsache, dass die bundesdeutsche Gesellschaft eine Klassengesellschaft ist, in eine quasi-natürliche Gegebenheit umzudefinieren. Die steigenden Zahlen von Menschen in Armut, in Überschuldungssituationen oder als *working poor* werden damit zu einem Sachverhalt, den es nicht nur zu akzeptieren gälte, sondern der für den Fortschritt der Menschheit sogar von entscheidendem Nutzen sei. Und damit erweisen sich die Protagonisten einer „neuen Unterschicht" als eindeutig neo-liberale Denker. Denn nichts anderes war das Plädoyer von deren Vordenker: Der Wohlfahrtsstaat habe zu viel für Gleichheit gesorgt und damit die gesellschaftliche Entwicklung stillgelegt, weil er die Freiheitsräume für die fortschrittlichen Denker einschränke, so Friedrich Hayek in seiner neo-liberalen Grundlegung bereits Ende der 1950er.

Während Nolte mit seinem Plädoyer vor allem den aktivierungspolitischen Eigenverantwortungsmythos der vergangenen Jahre legitimierte, treibt Sarrazin die Debatte noch weiter voran. Seine Streitschrift zielt auf die Etablierung des bis dahin in der deutschsprachigen Debatte weitgehend tabuisierten neo-eugenischen Arguments von Murray. Dieser hatte mit Richard Herrnstein in der höchst umstrittenen Studie „The Bell Curve" behauptet, die Zugehörigkeit von Personen zu sozioökonomischen Klassen hänge in hohem Maße von deren Intelligenz ab. Dieses Argument übernimmt Sarrazin nun und folgert, dass es aufgrund der geringeren Geburtenquote unter den bildungsbürgerlichen Biodeutschen zu einer kontinuierlichen Verdünnung des „vererbten intellektuellen Potentials der Bevölkerung" komme (2010, 92). Daher brauche es, so legt er nahe, nicht weniger als einer neuen Bevölkerungspolitik zugunsten der „bildungsnahen" und zu Ungunsten der „bildungsfernen Schichten" (ebd., 347). Die Plumpheit, mit der hier systematisch an der Enttabuisierung eines biologistischen Deutungszusammenhangs gestrickt wird, hat auch unter profilierten konservativen Denkern wie Frank Schirrmacher zu Irritationen geführt (Schirrmacher 2010). Dass die Einschätzungen von Sarrazin oftmals tatsächlich auf nicht mehr als simplen Stereotypen basieren, belegen Aussagen wie jene, die er gegenüber der Filmemacherin Güner Balci bei einem gemeinsamen Besuch auf dem Gemüsemarkt in Berlin-Kreuzberg machte: „Das Beleidigt sein ist eine Kampfhaltung des Orientalen – ist eine Kampfhaltung, mit dem er die unangenehme Diskussion wegwischt. Das ist meine ehrliche Meinung".

4 Soziale Arbeit und die Tafeln – von der Transformation der Wohlfahrtsstaatlichen Armutsbekämpfung

4.1 Soziale Arbeit im veränderten Kontext – vier dominante Formen der Thematisierung von Tafeln

„Guten Tag, warum stehen Sie bei der Suppenküche an?". Mit dieser Frage überschreibt die Bildzeitung am 16. Februar 2010 ihren Aufmacher zur „große(n) Hartz IV-Debatte".

Illustriert wird die Darstellung mit einer Fotografie von fünf Personen, die unterschiedliche und zugleich typische Gruppen von ALG II-NutzerInnen zu repräsentieren scheinen: Ein 46 Jahre alter Gas-Wasser-Installateur, der „seit sieben Jahren arbeitslos (ist)" und keine „Hoffnung auf neue Arbeit (hat)"; eine 55 Jahre alte „gelernte Gärtnerin", die „nur 128 Euro Hartz IV" bekommt, weil ihr Mann Rente bezieht; eine 35 Jahre alte „Friseurin und Näherin", „die keine Arbeit findet"; ein 64 Jahre alter Maurer, dessen Einkünfte „nicht zum Sattwerden (reichen)", obwohl er „45 Jahre (…) gerackert (hat)"; und schließlich eine 79 Jahre alte Kranfahrerin, die nach 30 Jahren Erwerbstätigkeit „trotzdem nur 550 Euro Rente bezieht". Alle fünf Personen stehen mit leeren Einkaufstaschen in der Hand und ernsten bis niedergeschlagenen Blicken an der Eingangstür zu einem lokalen „Tafel- oder Tischangebot" an. Ihnen gegenüber und neben einer verschlossenen Tür – vermutlich der Eingangstür zum Verkaufsraum – stehen zwei Frauen, deren strenge Blicke auf die Schlange der Wartenden gerichtet sind. Sie tragen halblange weiße Kittel, wie sie in der Lebensmittelindustrie, in Apotheken oder Fleischereien getragen werden, und einen Berechtigungsausweis um den Hals. Zwischen der Gruppe der Anstehenden und jenen beiden Frauen steht ein Pflegearbeitswagen, wie man ihn aus Kliniken kennt, auf dem eine blaue Geldkassette steht und diverse Listen liegen. Offensichtlich gibt es in dem Moment, in dem das Bild aufgenommen wird, keine direkte Kommunikation zwischen den abgebildeten Akteursgruppen.

Mit dieser Illustration reihen sich die Bild-Zeitungsmacher in eine zunehmend verbreitete Bildgebung ein, bei der Hartz IV-BezieherInnen immer wieder als NutzerInnen der lokalen „Tafeln" und „Tische" dargestellt werden – manches Mal, wie im vorliegenden Fall, scheint die Bildinformation dabei sogar eine Gleichsetzung nahe legen zu wollen: Hartz IV-BezieherInnen sind TafelnutzerInnen und umgekehrt.

Eine solche Bildgebung findet sich vor allem im Rahmen der medialen Inszenierung der jüngsten Sozialstaatsdebatte, die der Philosoph Peter Sloterdijk im Juni 2009 mit seinen sozialstaatskritischen Einschätzungen ausgelöst hat: Sozialstaatliche Umverteilungslogik habe zur Konsequenz, dass die „Produktiven" durch die „Unproduktiven" ausgebeutet würden (FAZ vom 13.6.2009). Eine Debatte, die von dem Vorsitzenden der Freien Demokratischen Partei Deutschlands (FDP), Guido Westerwelle, dann Anfang 2010 popularisiert wurde: In der Tageszeitung „Die Welt" schreibt dieser Anfang Februar 2010, der Sozialstaat lade zur „spätrömischen Dekadenz" ein, wenn „dem Volk anstrengungslose(r) Wohlstand (versprochen werde)". In diesen und weiteren Beiträgen der Wochenzeitung „Die Zeit", der „tageszeitung" oder der „Süddeutschen Zeitung", in der auf die Stellungnahmen von Sloterdijk und Westerwelle reagiert wurde, findet sich immer wieder die Tafelsymbolik als Illustration des Hartz IV-Alltags.

Aus sozialpolitischer und sozialpädagogischer Sicht ist diese Bildgebung nun deshalb von besonderem Interesse, weil sie auf *veränderte Thematisierungsweisen* in der öffentlichen Debatte um Armut, Armutsbekämpfung und Wohlfahrtsstaatlichkeit aufmerksam machen kann. Erstens scheint es inzwischen eine weithin geteilte Einschätzung zu sein, dass der Alltag von Hartz IV-BezieherInnen einen Alltag in Armut meint – denn die NutzerInnen von Lebensmittelausgaben und ähnlichen Initiativen sind, auch nach dem Selbstverständnis der Anbieter, arme Bevölkerungsmitglieder: „Tafeln" „sammeln ‚überschüssige', aber qualitativ einwandfreie Lebensmittel, und geben diese an Bedürftige weiter" (http:// www.tafel.de/startseite, 14.4.2010). Die These, Hartz IV falle mit einem Alltag in Armut in eins war dagegen noch in Zeiten der „großen Koalition" vehement bestritten worden – nicht zuletzt, um der Kritik zu begegnen, der Bezug dieses Transfereinkommens habe einen Verarmungseffekt.

Zwar ist ein direkter Verarmungseffekt durch den Hartz-IV-Bezug empirisch schwer nachvollziehbar. Doch als Instrument der Armutsbekämpfung ist Hartz IV allen Erkenntnissen nach nicht wirksam. Das zeigen die weiter massiv gestiegenen Armutsquoten seit der entsprechenden grundlegenden Veränderung des SGB im Jahr 2004. Doch nicht nur die Armut insgesamt ist weiter angestiegen, sondern gerade auch die Arbeitsmarktintegration, auf die die Hartz IV-Instrumente zielen, ist in den vergangenen Jahren deutlich prekärer geworden: So ist der Niedriglohnsektor bis 2007 auf 21,5% angewachsen (Kalina/Weinkopf 2009); die Reallöhne sind in Deutschland im EU-Vergleich am deutlichsten gesunken und auch die Spaltung zwischen denjenigen Gesellschaftsmitgliedern, die über ein großes oder sehr großes Vermögen verfügen und denjenigen, die nur auf ein kleines oder kein Vermögen zugreifen können, nimmt weiter kontinuierlich zu (vgl. Frick/Grabka 2009).

Zweitens wird Armut am Anfang des 21. Jahrhunderts aus der Unsichtbarkeit der Sozialamtsflure, Wärmstuben oder Kleiderkammern, in der die von ihr Betroffenen in der wohlfahrtsstaatlichen Phase typischerweise anzutreffen waren, zunehmend in die Sichtbarkeit gerückt: Tafeln, Tische, aber auch andere mitleidsökonomische Angebote (vgl. Kessl/Wagner 2010), wie „Medikamententafeln" oder „Sozialkaufhäuser", scheinen die neuen Orte, an denen Armut im urbanen Alltag öffentlich auftritt, aber auch verortet wird. Eng mit dieser zweiten Thematisierungsform ist eine dritte verbunden: Die historische Wiederkehr der Unterscheidung legitimer und illegitimer Armutsgruppen.

Auch das symbolisiert die Typisierung in der Bild-Zeitungsillustration: Hier scheinen nur „berechtigte", „tugendsame Arme" anzustehen, die ehrlich und wacker gearbeitet haben oder das gerne tun würden, aber nun in die prekäre Lage der Erwerbslosigkeit, einer Niedriglohnbeschäftigung oder einer nur sehr geringen Rente geraten sind. Diesen „berechtigten" gegenüber finden sich die hier nicht Dargestellten, die „unberechtigten" oder „lasterhaften Armen" – eine Personengruppe, die von Sloterdijk bis Westerwelle beschworen wird und der unterstellt wird, sowohl sozialstaatliche Unterstützungs- und Hilfsangebote wie das philanthropische Engagement der Tafelanbieter illegitimerweise auszunützen. Obwohl die Bildgebung also bereits die „lasterhaften Armen" ausgeblendet hat, symbolisiert die Bilddarstellung mit der Position der beiden Frauen am Pflegearbeitswagen – mit Berechtigungsausweis, Kasse und Kontrolllisten – eine strenge Prüfung der Zugangsberechtigung. Der Subtext scheint also zu markieren:

Wir prüfen genau, dass hier auch nur die Berechtigten eingelassen werden. Die beiden Frauen, die den Wartenden gegenüber positioniert sind, deuten zugleich noch eine vierte Thematisierungsweise an: Die neuen almosenökonomischen Strukturen, wie die Lebensmittelausgaben oder ähnliche Initiativen, beschreiben sich selbst und werden in wachsendem Maße als eine Form bürgerschaftlichen Engagements beschrieben. Diese Form der Thematisierung findet sich bspw. in einer Antwort der Bundesregierung auf eine kleine Anfrage der Fraktion „Die Linke" im deutschen Bundestag aus dem Jahr 2006: Die „Tafeln" werden hier zum einen als „ein herausragendes Beispiel für zivilgesellschaftliches Engagement" bezeichnet und es wird zum anderen davon ausgegangen, dass durch die „Tafeln" „Menschen geholfen (wird), die über die staatliche Sozialpolitik nur unzureichend erreicht werden." Die „Tafeln" seien aus diesem Grund „eine wichtige Ergänzung der vorhandenen staatlichen Hilfen".[45]

Alle vier Thematisierungsformen verweisen darauf, dass sich der Kontext, in dem sozialpolitische wie sozialpädagogische Angebote verortet sind, in den vergangenen Jahren radikal verändert hat: Die Differenzierung von Sozialversicherungs- und Fürsorgesystemen wird zunehmend diffus, worauf die Gleichsetzung von Hartz IV-BezieherInnen und armen Gesellschaftsmitgliedern verweisen kann; Armut verliert seine Skandalisierungskraft, die ihr vor dem Hintergrund des wohlfahrtsstaatlichen Integrationsideals inhärent war, weshalb sie auch in den Fluren von Sozialbürokratie und sozialpädagogischen Anbietern weitgehend unsichtbar geblieben war; zugleich wird den von Armut Betroffenen zunehmend ein massiver Grad der Verpflichtung auferlegt (*Aktivierung*), sich aus dieser Notlage wieder zu befreien oder zumindest Anstrengungen in diese Richtung zu präsentieren und nachzuweisen. Ansonsten droht ihnen die Stigmatisierung als „lasterhafte Arme", beispielsweise in Form ihrer öffentlichen Diskreditierung als „Sozialschmarotzer"; und nicht zuletzt ist das Modell der bisherigen Professionalität in der Sozialbürokratie und im Feld sozialer Dienstleistungsanbieter mit dem Einzug neuer almosenökonomischer Strukturen und einer damit verbundenen neuen Philanthropie angefragt.

In diesem grundlegend veränderten Kontext wohlfahrtsstaatlicher Armutsbekämpfung stellt sich natürlich auch die Frage, wie es um das Verhältnis von beruflich wahrgenommener Sozialer Arbeit und den ihrem Selbstverständnis nach primär bürgerschaftlich organisierten „Tafeln" bestellt ist.

4.2   Die Tafel – Konkurrentin oder Partnerin Sozialer Arbeit?

Schauen wir in die Alltagspraxis der Lebensmittelausgaben (vgl. Schoneville 2009), müssen wir zuerst feststellen, dass die Gegenüberstellung von Sozialer Arbeit als professioneller, wohlfahrtsstaatlich verfasster Instanz auf der einen Seite und den Tafeln als bürgerschaftlicher Initiative auf der anderen Seite die Realität nicht treffend beschreibt. Das wird bereits mit Blick auf die Entwicklung der Organisationsform von „Tafeln" deutlich.

---

45   Für analoge Thematisierungen vgl. auch die Rede des Bundespräsidenten Horst Köhler 2006 im Rahmen eines Benefizkonzertes in der Berliner Philharmonie sowie die Pressemitteilung des Bundesministeriums für Frauen, Familien, Senioren und Jugend 2006 anlässlich der Übernahme der Schirmherrschaft für die Tafeln durch die Bundesministerin Ursula von der Leyen.

Während diese zu Beginn ihrer Etablierung als unabhängige, bürgerschaftlich und lokal organisierte Initiativen entstanden sind, haben sich mittlerweile übergeordnete Strukturen herausgebildet. Insbesondere der „Bundesverband Deutsche Tafeln e. V." dient als bundesweites Dach der „Tafeln", der Richtlinien für die Arbeit in den lokalen „Tafeln" herausgibt, bundesweite Aktionen koordiniert und als bundesweiter Vertreter und Ansprechpartner für die Öffentlichkeit dient. Aber auch innerhalb der Organisationsformen der beruflich wahrgenommenen Sozialen Arbeit sind die „Tafeln" längst angekommen: Der „Bundesverband Deutsche Tafeln e. V." ist Mitglied im Deutschen Paritätischen Wohlfahrtsverband (DPWV). Vor allem aber betreibt eine wachsende Zahl von Wohlfahrtsverbänden und -anbietern – von der Arbeiterwohlfahrt über die Caritas bis zur Diakonie – selbst eine beachtliche Zahl von „Tafeln". Genaue Daten liegen hierzu bisher nicht vor, aber einen Hinweis kann die Selbstauskunft des Deutschen Caritasverbandes geben, der Anfang 2010 nach eigener Einschätzung von etwa 220 Lebensmittelausgaben in seinen Reihen ausgeht.

Nun ist eine solche Aufnahme kleinerer Initiativen in den Korpus der Wohlfahrtsverbände historisch kein prinzipiell neues Phänomen, schließlich wurde der DPWV 1924 als Dachverband unabhängiger und eher kleinerer Wohlfahrtsorganisationen gegründet. Und immer wieder finden seither neue Träger oder Selbsthilfeorganisationen ihren Weg in die Wohlfahrtsverbände. Ungewöhnlich ist allerdings, dass ein derart umfassendes, ursprünglich primär bürgerschaftliches Angebot, wie es die „Tafeln" darstellen, seinen Weg in die Reihen der Wohlfahrtsverbände findet bzw. von diesen mit initiiert wird – wenn auch in durchaus differenter Weise: Das Angebot der jeweiligen Lebensmittelausgaben wird innerhalb der Wohlfahrtsverbände zuweilen modifiziert, beispielsweise werden bestehende Suppenküchen zu Lebensmittelausgaben erweitert oder in anderen Fällen die bisher schon vorgehaltenen Dienstleistungen in anderer Weise ergänzt. So wird die Ausgabe von Lebensmitteln immer häufiger auch zusammen mit anderen Angeboten, beispielsweise im Bereich der Schuldnerberatung, der Hausaufgabenhilfe oder mit Koch- und Ernährungskursen vorgehalten.

Zugleich wäre das Verhältnis der Wohlfahrtsverbände zu den Lebensmittelausgaben und ähnlichen Initiativen missverständlich dargestellt, wenn nicht auch darauf hingewiesen würde, dass das zunehmende Angebot von Lebensmittelausgaben in den Wohlfahrtsverbänden Gegenstand deutlicher Diskussionen geworden ist. So titelt der „Kirchenbote" des Bistums Osnabrück am 18. Oktober 2009 mit der Schlagzeile „Skandal für ein reiches Land. Tafelbewegung in Deutschland: Eine lobenswerte Erfolgsgeschichte kommt in die Kritik" und ein zweiter Artikel in der gleichen Ausgabe ist überschrieben mit „Zweifelhafte Almosen".

Diese Beiträge stehen exemplarisch für eine wachsende Zahl von Stellungnahmen und Diskussionsbeiträgen, in denen eine Konfliktlinie beschrieben wird: Auf der einen Seite wird als Sachverhalt geschildert, dass eine wachsende Zahl von Not leidenden Menschen ohne die Lebensmittelausgaben ihre Existenzsicherung nicht mehr realisieren können. Nur diese versorgten diese Gesellschaftsmitglieder gegenwärtig mit Lebensmitteln, weshalb die private Initiative der „Tafeln" zu begrüßen sei. Auf der anderen Seite stellten die Lebensmittelausgaben aber einen Rückschritt in der Armutsbekämpfung dar, da sie Armut zwar in ihren Folgen etwas linderten, die Ursachen jedoch nicht bekämpften.

Vor dem Hintergrund derartiger Diskussionen haben die beiden größten bundesdeutschen Wohlfahrtsverbände, der Caritas Bundesverband (2008) und das Diakonische Werk (2010), inzwischen eine Stellungnahme zu den Lebensmittelausgaben verabschiedet. In beiden Positionspapieren wird deren bürgerschaftliches Engagement begrüßt und weiterhin darauf hingewiesen, dass die Angebote der Lebensmittelausgaben vermehrt auch von Personen genutzt würden, die durch die bisherigen Angebote der beiden Verbände nicht erreicht worden seien. Auch das sei positiv zu vermerken. Gleichzeitig wird in den Papieren darauf verwiesen, dass die Lebensmittelausgaben zwar in der Lage sind, Notlagen temporär abzumildern, jedoch kein adäquates Mittel einer wohlfahrtsstaatlichen Armutsbekämpfung darstellten. Um eine soziale Teilhabe von Personen zu ermöglichen, die von Armut gefährdet oder betroffen sind, sei vielmehr eine Armutspolitik notwendig, die auf individuellen Rechtsansprüchen für die jeweilige Person basiert.

Die Wohlfahrtsverbände stehen somit gegenwärtig in keinem geringeren Dilemma als demjenigen, sich auf der einen Seite auf die Befriedigung eines immens gewachsenen und nachgefragten Angebots zu konzentrieren und damit auch neue AdressatInnen zu gewinnen oder auf der anderen Seite den selbst formulierten Anspruch zu befördern und politisch einzufordern, eine verlässliche, sozialstaatlich organisierte Armutsbekämpfung zu realisieren. Anders ausgedrückt: Die Partnerschaften und Verflechtungen mit den lokalen Lebensmittelausgaben und ähnlichen Initiativen stellt für die Träger Sozialer Arbeit und die Soziale Arbeit insgesamt einen grundlegenden Konflikt hinsichtlich des eigenen sozialpolitischen und fachlichen Anspruchs und Auftrags dar.

4.3 Soziale Arbeit zwischen sozialstaatlicher Sicherung und ehrenamtlicher Mildtätigkeit

Die lokalen Lebensmittelausgaben und ähnliche Initiativen beanspruchen inzwischen einen festen Platz im Orchester sozialstaatlicher Sicherung und zivilgesellschaftlicher Initiativen. Dies dokumentiert zum einen die schlichte Zahl von inzwischen fast 900 „Tafeln" im bundesdeutschen Kontext – womit das Angebot zwischen 2003 und 2009 fast verdreifacht wurde – und über einer Million wöchentlicher NutzerInnen (vgl. Bundesverband Deutsche Tafeln e.V. 2007). Zum anderen unterstreicht aber auch die bereits skizzierte immense mediale Aufmerksamkeit, die den Lebensmittelausgaben zukommt, und die diese bereits zu einem Symbol der neuen Armut machen, deren bemerkenswerte Etablierung. Unsere These ist, dass sowohl die Expansion als auch die öffentliche Wahrnehmung der „Tafeln" und ähnlicher Initiativen Ausdruck einer neuen sozialen Spaltung (Lessenich/Nullmeier 2006) sind, wie sie im bisherigen wohlfahrtsstaatlichen Kontext nicht denkbar war. Denn diese neue Qualität sozialer Stratifizierung, wie sie auch in den vier veränderten Thematisierungsweisen von Armut, Armutsbekämpfung und Wohlfahrtsstaatlichkeit symbolisiert wird, hat Akteure auf den Plan gerufen, die mit neuen Formen der existenzsichernden Nothilfe „eine Brücke zwischen Überfluss und Mangel" bauen wollen (www.tafel.de/die-tafeln; 12. März 2010). Entstanden ist mit den kommunalen „Tafel-" und „Tisch-", aber auch ähnlichen Angeboten der Almosenökonomie, nicht weniger als „eine(r) der größten sozialen Bewegung unserer Zeit" (ebd.). Und mit dieser sieht sich nun auch die professionelle Soziale Arbeit konfrontiert.

Der Umgang mit sozialen Bewegungen ist nun Sozialer Arbeit keineswegs unbekannt. Im Gegenteil: Sie ist in ihrer Geschichte eng mit der Entwicklung sozialer Bewegungen verbunden. Soziale Bewegungen haben sogar entscheidende Impulse zur Entstehung und fachlichen Etablierung der beruflich wahrgenommenen Sozialen Arbeit geleistet (vgl. die Beiträge in Wagner (Hg.) 2009). Das Verhältnis von Sozialer Arbeit und sozialen Bewegungen kann als Wahlverwandtschaft beschrieben werden, „da von Sozialen Bewegungen soziale Probleme aufgegriffen werden, die mit tradierten Formen gesellschaftlicher Organisation nicht oder nicht hinreichend lösbar erscheinen. Dies sind vielfach auch die Probleme, mit denen Soziale Arbeit sich beschäftigt bzw. auf die Soziale Arbeit reagieren soll.

Soziale Bewegungen zeigen notwendige Veränderungen an und beteiligen sich am Prozess der Umsetzung. Soziale Arbeit reagiert ebenfalls auf sozialen Wandel und hat die Aufgabe, bestehende und neue Unzulänglichkeiten gesellschaftlicher Verhältnisse zu bearbeiten" (Wagner 2009, S. 9).

Die Errichtung wohlfahrtsstaatlicher Sicherungssysteme und die Etablierung der beruflichen, fachlich qualifizierten Sozialen Arbeit stellte die Abwendung von mildtätigen, auf Zufall beruhenden Gaben und den damit einhergehenden Abhängigkeiten für bedürftige Menschen dar und stellte diesen individuelle Rechte entgegen, die darauf zielen, die Teilhabe der Gesellschaftsmitglieder zu sichern. Die Entstehung und Ausbreitung der „Tafeln" sowie ähnlicher Initiativen und die damit einhergehende Wiederkehr von karitativen Hilfsangeboten zur Linderung sozialer Notlagen irritiert vor diesem Hintergrund. Vielfach haben sich die lokalen „Suppenküchen, Tafeln, Kleiderkammern, kostenloses Mittagessen für Kinder, Arbeitslosenfrühstücks, Restaurants des Herzens und viele weitere Instanzen der karitativen Notversorgung (...) als Basisversorgung für Menschen etabliert, die in Armut bzw. in extremer Armut leben" (Lutz 2008, S. 8). Diese Form der Notversorgung zielt nicht auf eine fundamentale Veränderung der konkreten Lebenssituationen ab, sondern stellt eine Hilfeleistung dar, die das Leben unter den gegebenen Umständen womöglich etwas erträglicher gestalten lässt. Damit deutet sich eine neue Dynamik und Richtung der Spaltung Sozialer Arbeit (vgl. Lutz 2008) an, auf die einige WissenschaftlerInnen bereits seit längerem hinweisen (vgl. Bommes/Scherr 1996, Schaarschuch 1990): Zum einen wird die sozialpädagogische Logik zu einer zentralen Logik im Kontext des aktivierenden Sozialstaats, da es hier darum geht, Potenziale zu mobilisieren und Eigenverantwortlichkeit anzustoßen. Zum anderen entstehen Schattenbereiche des Wohlfahrtsstaats, in denen nurmehr zur Linderung sozialer Notlagen beigetragen wird, jedoch weder rechtlich garantierte und entsprechend einforderbare Leistungen erbracht werden, noch Ursachen der Armutslagen bekämpft werden.

Mit dieser Transformation des bisherigen Systems der wohlfahrtsstaatlichen Armutsbekämpfung wandelt sich nicht nur das grundlegende Verständnis, was der „soziale Staat" leisten soll, sondern auch das Verhältnis zwischen gesellschaftlicher Verantwortung auf der einen Seite und Individuum auf der anderen Seite (vgl. Lessenich 2008).

4.4 Soziale Arbeit unter veränderten Vorzeichen und neuem Legitimierungsdruck

Die Lebensmittelausgaben der „Tafeln" und ähnliche Initiativen sind nicht nur eingebettet in die grundlegende Transformation der bisherigen wohlfahrtsstaatlichen Armutsbekämpfung, sondern stehen durchaus symptomatisch für die seit dem letzten Drittel des 20. Jahrhunderts zunehmend veränderte Wohlfahrts- und Fürsorgeökonomie und -kultur. Die rasante Etablierung und immense öffentliche

Thematisierung der „Tafeln" können dabei als Symbol, aber auch als Ausdruck der neuen sozialen Spaltungsprozesse gelesen werden und somit auch als Ausdruck einer veränderten Armutspolitik. In der medialen Bild- und Symbolsprache werden die Lebensmittelausgaben in mehrfacher Hinsicht zu einem Sinnbild der neuen Armutspolitik stilisiert. In den Schlangen vor den Lebensmittelausgaben zeigt sich nicht nur eine neue Armut, sondern sie erhält auch ihr öffentliches Gesicht. Diese Sichtbarmachung führt bisher allerdings nicht zu einer Skandalisierung der massiv gestiegenen Armutsquoten, sondern eher zu einer verstärkten Moralisierung der Alltagspraxen armer Gesellschaftsmitglieder und deren öffentlichen Disziplinierung. Dies zeigt sich exemplarisch in der dichotomen Thematisierungsfigur der „berechtigten Armen" bzw. „lasterhaften Armen". Wer zur „Tafel" oder ähnlichen Angeboten kommen darf, hat der ersten Gruppe anzugehören, so die Unterstellung. Die Nutzung durch die als „lasterhafte Arme" markierten Personen wird dagegen als unzulässig erklärt. Die Moralisierung ihres Verhaltens wird noch dadurch verstärkt, dass die Lebensmittelausgaben als primär bürgerschaftliche Angebote organisiert und präsentiert werden – ja ihr Engagement als herausragendes und zukunftsgestaltendes bürgerschaftliches Engagement thematisiert wird. Denn, so das Argument, die Lebensmittelausgaben tragen zur sozialen Sicherung bei, indem sie die Not von Menschen, die von Armut betroffen sind und deren Versorgung ansonsten nicht mehr gesichert ist, lindern. Ein solches philanthropisches Angebot „auszunutzen" scheint im extremen Maß unmoralisch.

Die Tafeln und analoge almosenökonomische Angebote werden damit auf der einen Seite zu einem Sinnbild der lebendigen Zivilgesellschaft stilisiert und auf der anderen Seite stellt ihr Ausbau die Leistungsfähigkeit der sozialstaatlich organisierten Sicherungs- und Dienstleistungsstrukturen nicht nur in Frage, sondern delegitimiert deren Notwendigkeit. Die professionelle Soziale Arbeit ist innerhalb dieses Prozesses keinesfalls ein Zaungast oder nur indirekt von diesen Transformationsprozessen betroffen. Wie gezeigt werden konnte, beteiligt sie sich vielerorts pragmatisch an den lokalen Lebensmittelausgaben und ähnlichen Initiativen oder initiiert sogar deren Auf- und Ausbau. Damit ist der grundlegende Wandel der bisherigen wohlfahrtsstaatlichen Armutsbekämpfungsstrategien und Armutspolitik insgesamt längst mitten in der Sozialen Arbeit angekommen. Die neuen Konstellationen zwischen Lebensmittelausgaben und ähnlichen Angeboten und den bestehenden sozialen Dienstleistungsangeboten werden das Angesicht der zukünftigen Sozialen Arbeit, wie des Wohlfahrtsstaats insgesamt entscheidend prägen (vgl. ausführlich dazu Groenemeyer/Kessl 2013/i.E.).

Umso überraschender ist es, dass eine deutlich-differenzierte und informierte Positionierung der Sozialen Arbeit bisher erst an wenigen einzelnen Stellen zu beobachten ist. Dabei ist die Frage, wie sich professionelle Träger aber auch Fachkräfte an jenen Initiativen beteiligen sollen, eine entscheidende Frage für die Gestalt(ung) der zukünftigen sozialen Dienstleistungslandschaft. Bisher verändern die Lebensmittelausgaben und ähnliche Initiativen die Soziale Arbeit eher schleichend und weitgehend unbeobachtet wie undiskutiert. Positionierungen, wie sie gegenwärtig in den Reihen der Wohlfahrtsverbände beobachtet werden können, sind daher überfällig.

In welche Richtung sich der Wandlungsprozess insgesamt vollziehen und mit welchen Konsequenzen er einhergehen wird, ist derzeit noch offen. Aus Sicht einer professionellen Sozialen Arbeit lassen sich allerdings notwendige Fragen an die „Tafeln" und ähnliche Initiativen formulieren: Inwiefern ist es ihnen möglich, nicht nur Überlebenshilfe, also Notversorgung zu leisten, sondern auch zu einer Befähigung ihrer NutzerInnen beizutragen, und inwiefern sind sie in der Lage, über die Linderung akuter Notlagen hinaus, Menschen bisher nicht verfügbare Handlungsperspektiven zu eröffnen? Diese Fragen deutlich hörbar zu stellen und auf ihre verbindliche Beantwortung zu drängen, ist u.E. für die professionelle Soziale Arbeit von dringlicher Wichtigkeit, zumindest solange sie als professionelle Instanz das Ziel einer Erweiterung oder zumindest Eröffnung von bisher nicht zugänglichen Handlungsmöglichkeiten ihrer AdressatInnen weiterhin anstrebt. Disziplinär sollte diese Arbeit durch eine Empirie der neuen Almosenökonomie unterstützt werden, in deren Mittelpunkt Fragen stehen müssen, wie diejenigen nach der Bedeutung der „Tafel"-Angebote für die AdressatInnen Sozialer Arbeit; nach möglichen Missachtungserfahrungen, die nach ersten Erkenntnissen mit der Nutzung von Lebensmittelausgaben einhergehen – bspw. in Form von Beschämung und sozialer Stigmatisierung; und nicht zuletzt nach den Auswirkungen auf das Selbstwertgefühl und Selbstverständnis der AdressatInnen. Liegt eine solche Empirie vor und mischen sich die VertreterInnen der professionellen Sozialen Arbeit in die Verhältnisbestimmung von „Tafeln" und Sozialer Arbeit aktiv und informiert ein, dann wäre eine gute Ausgangsbasis für die dringende Auseinandersetzung um die Gestalt(ung) einer angemessenen zukünftigen Armutsbekämpfung gelegt.

Die Perspektive einer wohlfahrtsstaatlichen Transformationsforschung in der Sozialen Arbeit – ein Ausblick

1. Zur Notwendigkeit einer wohlfahrtsstaatlichen Transformationsforschung in der Sozialen Arbeit

Die in diesem Band versammelten Beiträge können keine systematische Kartierung des gegenwärtigen wohlfahrtsstaatlichen Transformationsprozesses präsentieren. Darauf wurde in der Einleitung bereits hingewiesen. Für die dafür notwendigen empirischen und historisch-systematischen Studien bieten die vorliegenden Überlegungen aber Hinweise für ihre theorie-konzeptionelle Rahmung an und verweisen auf die neuralgischen Punkte, an denen die entsprechenden Analysen ansetzen sollten, um die Charakteristika des andauernden Transformationsprozesses zu erfassen.

Für eine historisch-systematische Analyse wurde mit dem einleitenden Systematisierungsvorschlag von vier Transformationsphasen darüber hinaus bereits ein erster methodologischer Ausgangspunkt markiert.

Im Folgenden wird ergänzend nun eine Analyse-Matrix aufgefächert, um den Untersuchungsfokus und den Untersuchungsgegenstand empirischer Studien zu einer wohlfahrtsstaatlichen Transformationsforschung methodologisch zu konkretisieren.

2. Skizze zu einer Analyse-Matrix wohlfahrtsstaatlicher Transformationsforschung: Die Inblicknahme von Rationalisierungs- und Formierungsweisen

Der Untersuchungsgegenstand empirischer Studien innerhalb einer wohlfahrtsstaatlichen Transformationsforschung ist ein zweifacher: Er umfasst die veränderten Denkweisen und die Prozesse der Neujustierung der institutionellen Ausprägungsformen (vgl. die Einleitung). Die zentrale Forschungsfrage einer wohlfahrtsstaatlichen Transformationsforschung lautet daher: In welcher Weise wird das wohlfahrtsstaatliche Arrangement in einer Transformationsphase neu gedacht und neu strukturiert?

Konkretisiert für die Dienstleistungsinstanz Sozialer Arbeit rückt damit – erstens – die grundlegende Veränderung der Rationalisierungsweisen auf Seiten der beteiligten AkteurInnen in den Blick, und zweitens die fundamentale Transformation der Formierungsweisen sozialarbeiterischer und sozialpädagogischer Leistungserbringung. Quer zu diesen beiden zentralen Untersuchungsgegenständen lassen sich vier empirische Untersuchungsebenen unterscheiden: die Ebene der *Governance*, der *Erbringungssettings*, der *professionellen Erbringung* und die Ebene der *Nutzung*. Während in der Mehrheit wohlfahrtsstaatstheoretischer und sozialpolitischer Analysen vor allem die ersten beiden Ebenen fokussiert werden, erweisen sich für eine wohlfahrtsstaatliche Transformationsforschung in Bezug auf die soziale Dienstleistungsinstanz Soziale Arbeit die beiden anderen Ebenen – der professionellen Erbringung und der Nutzung – als mindestens ebenso relevant. Daher ergibt sich als eine Heuristik wohlfahrtsstaatlicher Transformationsforschung in der Sozialen Arbeit die folgende Analysematrix (vgl. Abbildung 2).

Abbildung 2:   Analysematrix für empirische Studien zu einer wohlfahrtsstaatlichen Transformationsforschung

	Rationalisierungsweisen (Denkweisen)	**Formierungsweisen (Ausprägungsformen)**
Ebene der *Governance*	Politische Steuerungsrationalitäten (z.B. Durchsetzung aktivierungspolitischer und aktivierungspädagogischer Begründungsmuster)	Politische Steuerungsmuster (z.B. Etablierung einer kommunalen Sozialpolitik)
Ebene der *Erbringungssettings*	Organisational-institutionelle Rationalisierung fachlicher Handlungsvollzüge (z.B. managerialistische Legitimation von neuen Steuerungsmaßnahmen in den Allgemeinen Sozialen Diensten)	Organisational-institutionelle Regulierungsmuster (z.B. Auslagerung von Organisationseinheiten als Subunternehmen im Bereich offener Angebote)
Ebene der *professionellen Erbringung*	Fachliche Rationalisierung sozialpädagogischer und sozialarbeiterischer Leistungen (z.B. Legitimation von Sanktionierung als pädagogische Maßnahme in der Berufshilfe)	Fachliche Konzeptionsmuster (z.B. Etablierung des Modells eines Case-Managements in der Kinder- und Jugendhilfe)
Ebene der *Nutzung*	Rationalisierung der Angebotsnutzung oder -nichtnutzung (z.B. Selbstlegitimation von NutzerInnen als „Kunden" in der Behindertenhilfe)	(Nicht-)Nutzungsmuster (z.B. Privatisierung von lokalen Unterstützungsstrukturen in der Altenhilfe)

Die in dieser Analysematrix differenzierten Untersuchungsebenen sind in konkrete Forschungsfragen zu übersetzen. Beispiele hierfür sind u.a.

- auf der Ebene der professionellen Erbringung hinsichtlich der Rationalisierungsweisen: die Frage, wie die als notwendig erachteten Interventionsmaßnahmen auf Seiten der Fachkräfte im Einzelfall gedacht und begründet werden. Werden zum Beispiel die im Sozialgesetzbuch festgelegten Sanktionsmaßnahmen gegenüber Nutzer_innen als pädagogisch sinnvoll legitimiert, als unzulängliche öffentliche Erziehungsversuche erwachsener Menschen kritisiert oder als unausweichliche Konsequenz ökonomischer Entwicklungen beschrieben. Empirisch lässt sich daran weiterhin die Frage anschließen, inwieweit diese spezifischen Rationalisierungspraktiken der Fachkräfte auf der Ebene der konkreten Erbringung einer Leistung handlungsrelevante Konsequenzen zeitigen, inwieweit also institutionelle Vorgaben direkt transportiert, situativ übersetzt und ausgestaltet oder unterlaufen werden; und

- auf der Ebene der Nutzung in Bezug auf die Formierungsmuster: die Frage, wie die potenziellen oder realen NutzerInnen an der Veränderung oder Bestätigung der bestehenden Angebotsmuster beteiligt sind.

Methodologisch kann die wohlfahrtsstaatliche Transformationsforschung daher nicht nur in unterschiedlicher Form arrangiert werden, sondern muss dies auch je nach Untersuchungsfokus: Die mögliche Anlage einer Studie zur ersten Forschungsfrage wäre die einer *praxistheoretischen Diskursanalyse* zur Rekonstruktion und Interpretation von Denkweisen und Deutungsmustern der Fachkräfte in bestimmten Arbeitsfeldern der Sozialen Arbeit. Der Untersuchungsgegenstand wären dann die Muster der Rationalisierung, die den konkreten Rationalisierungspraktiken von professionellen AkteurInnen zugrunde gelegt werden – zum Beispiel in der kollektiven Abstimmung einer bestimmten Fallentscheidung; eine Möglichkeit, die zweite exemplarische Forschungsfrage umzusetzen, wäre die Anlage einer Studie in Form einer *machtanalytischen Ethnographie*. Mit der Analyse von konkreten Praxismustern, zum Beispiel der NutzerInnen in einem Arbeitsfeld der Kinder- und Jugendhilfe, könnten dann die gegenwärtig vorfindbaren Nutzungs- und Nichtnutzungsmuster sichtbar gemacht werden.

Diese beiden Beispiele verdeutlichen auch bereits, was für die hier vorgeschlagene Modellierung einer wohlfahrtsstaatlichen Transformationsforschung in der Sozialen Arbeit präskriptiv ist: Die Veränderungsprozesse, die eine Transformationsphase kennzeichnen, werden als politische, soziale und kulturelle Auseinandersetzungen konkreter AkteurInnen in einem historisch-spezifischen Arrangement verstanden. In Bezug auf die gegenwärtige Transformation des bisherigen wohlfahrtsstaatlichen Arrangements gesprochen, lässt sich dies dahingehend illustrieren, dass die grundlegende Veränderung der bisherigen Rationalisierungs- und Formierungsweisen nicht hinter dem Rücken der AkteurInnen stattfinden, sondern von diesen (re)produziert werden. Dieser Sachverhalt ist in Bezug auf die Soziale Arbeit, aber auch die Wohlfahrtsstaatsforschung insgesamt nicht zu unterschätzen, weil hier allzu oft Veränderungsprozesse unterstellt werden, die in einem „Jenseits" konkreter Praktiken verortet werden. Ein Beispiel dafür ist die relativ häufig formulierte Diagnose einer „Ökonomisierung der Sozialen Arbeit", die primär davon ausgeht, dass dieser Prozess als eine Form der Kolonialisierung vollzogen wird, und damit aber gerade ausblendet, dass die AkteurInnen in den Feldern Sozialer Arbeit diese auch mit herstellen – ja in vielen Fällen ihre (Re)Produktionsleistung erst die Voraussetzung für eine Etablierung zum Beispiel kommerzialisierter, kommodifizierter oder privatisierter Programme und Strukturen ist. Daher ist auch die Inblicknahme der Positionierung beteiligter AkteurInnen ein konstitutives Moment des hier präferierten Modells einer wohlfahrtsstaatlichen Transformationsforschung.

Mit dem Begriff der (Re)Produktion wird aber zugleich verdeutlicht, dass die AkteurInnen den Veränderungsprozess nicht im luftleeren Raum, sondern auf Basis historischer Entwicklungslinien vollziehen, und es daher keineswegs zufällig ist, welche Denkweisen oder Ausprägungsformen von ihnen gewählt werden und welche nicht. Insofern ist die Inblicknahme der konkreten Kräfteverhältnisse, das heißt der Macht- und Herrschaftsdimension (diskursiv-kulturelle wie politisch-ökonomische Aspekte) und der damit verbundenen politischen, sozialen und kulturellen Auseinandersetzungen für die hier vorgeschlagene Form einer wohlfahrtsstaatlichen Transformationsforschung ein weiteres konstitutives Moment.

3. Soziale Arbeit als Teil des wohlfahrtsstaatlichen Arrangements - zur Kritik der Wohlfahrtsstaatsforschung

Mit der Perspektive einer wohlfahrtsstaatlichen Transformationsforschung in Bezug auf die soziale Dienstleistungsinstanz Soziale Arbeit, für die mit dem vorliegenden Band plädiert wird, öffnet sich die Forschung zur Sozialen Arbeit auch einer wohlfahrtsstaatstheoretischen und sozialpolitischen Problematisierung. Auf die systematische Vernachlässigung dieser Dimension in der deutschsprachigen Debatte wurde immer wieder hingewiesen (vgl. Opielka 2007). Diese Kritik hat aber bis heute nur bedingt Wirkung gezeigt: Lehre und Forschung im Kontext öffentlicher Bildungs-, Erziehungs- und Sorgeleistungen sind zumeist insofern blindgestellt, dass sie eine Sensibilität für ihre konstitutive wohlfahrtsstaatliche Verfasstheit vermissen lassen. Doch nicht nur das. Quasi aus der umgekehrten Richtung weist die wohlfahrtsstaatstheoretische und sozialpolitische Diskussion mehrheitlich eine Blindstelle in Bezug auf die Dimension der geplanten Unterstützung und aktiven Beeinflussung subjektiver Lebensführung auf: Die wohlfahrtsstaatlich verfasste Dienstleistungserbringung hat in der dominierenden Wohlfahrtsstaats- und Sozialpolitikforschug immer nur ein Schattendasein geführt. Bis heute konzentriert sich diese primär auf die öffentlich verfassten Sozialversicherungs- und Versorgungssysteme, obwohl die sozialen Dienstleistungsinstanzen, wie die Soziale Arbeit, von Beginn an einen konstitutiven Bestandteil des wohlfahrtsstaatlichen Arrangements darstellen. Die professionelle Unterstützung subjektiver Aneignungsprozesse und zugleich deren Normalisierung, also die wohlfahrtsstaatlichen Bildungs-, Erziehungs- und Sorgeaufgaben, bleiben wohlfahrtsstaatstheoretisch und in der Sozialpolitikforschung zumeist unberücksichtigt bzw. werden – gegenwärtig zumeist als individual-pädagogische – Aufgaben nur parallel zur Wohlfahrtsstaats- und Sozialpolitikdebatte in anderen Forschungsfeldern entwicklungs- und lerntheoretisch thematisiert. Der Wohlfahrtsstaat wird damit auf die „Menge der politischen Mittel" reduziert, die „unter Eindämmung und Kanalisierung privatwirtschaftlicher Interessen – der materiellen Absicherung und der Beteiligung breiter Bevölkerungsteile an der Wohlstandsentwicklung dienen" (Ganßmann 2000, S. 12; vgl. Schmidt 1998, S. 17). Damit wird allerdings eine systematische Verkürzung innerhalb der Wohlfahrtsstaats- und Sozialpolitikforschung produziert. Dies zeigt sich letztlich auch in den Arbeiten derjenigen WohlfahrtsstaatsforscherInnen, die eine grundlegende Sensibilität für die „pädagogische" Dimension (Kaufmann 1982, S. 49ff.) aufweisen: Franz-Xaver Kaufmann (1997, S. 46) nimmt die wohlfahrtsstaatlichen Bildungs- und Erziehungsaufgaben zwar explizit zur Kenntnis, wie deutlich wurde. Aber auch er fasst sie im Laufe seiner Überlegungen wieder in funktionstheoretischer Verkürzung als Reproduktion bzw. Regeneration von „Humanvermögen".

Den bisherigen Debatten ist also eine doppelte Engführung inhärent: Die erziehungswissenschaftliche, bildungssoziologische und sozialpädagogische Forschung vernachlässigt häufig die wohlfahrtsstaatliche und somit sozialpolitische Konstituierung der öffentlichen Bildungs-, Erziehungs- und Sorgeleistungen; und die Wohlfahrtsstaats- und Sozialpolitikforschung reduziert ihren Fokus zumeist auf die öffentlichen Sozialversicherungs- und Versorgungsleistungen und vernachlässigt damit die Dimension der personenbezogenen Dienstleistungserbringung. Es lässt sich davon sprechen, dass die Forschung zu Bildungs-, Erziehungs- und Sorgeleistungen von einer *sozialpolitischen Blindstelle* und die deutschsprachige Wohlfahrtsstaats- und Soziapolitikforschung von einer *sozialpädagogischen Blindstelle* geprägt sind (vgl. als Ausnahmen einzelne Beiträge in Evers/Heinze/Olk 2011).

In beiden Fällen erfährt damit ein entscheidender Zusammenhang systematisch unzureichende Berücksichtigung: Die Gleichzeitigkeit von politischer *wie*

pädagogischer Dimension, die dem wohlfahrtsstaatlichen Arrangement einge-
schrieben ist.

Betrachtet man dagegen Sozialpolitik als Praxis der Regulation und Gestaltung sozialer Zusammenhänge in einer Weise, die darauf zielt, „Handlungsspielräume zu eröffnen, der ‚Eigensinnigkeit der Subjekte' Raum zu bieten und damit Zukunft praktisch (...) offenzuhalten" (Vobruba 1991, S. 34), dann lässt sich
Wohlfahrtsstaatstheorie und Sozialpolitikforschung ebenso (sozial)pädagogisch
sensibilisieren, wie eine konstitutive Inblicknahme der historisch-spezifischen
Auseinandersetzungen über die inhaltliche wie formale Ausgestaltung der So-
zialisations- und Integrationsleistungen von Bildungs- und Erziehungsinstanzen
(vgl. Fend 2006) – in der Sozialen Arbeit wie der Schule – die notwendige poli-
tisch-theoretische Sensibilisierung der Forschung zur Erziehungs- und Bildungs-
verhältnissen nahe legen kann.[46]

Mit diesen kurzen methodologischen Hinweisen wird meines Erachtens auch
deutlich, dass die im vorliegenden Band skizzierten Ausgangspunkte für die weitere Etablierung einer wohlfahrtstaatlichen Transformationsforschung in Bezug
auf die Soziale Arbeit nur einen Teil des umfassenderen Projekts einer wohlfahrtsstaatlichen Transformationsforschung markieren. Dieses kann aber nur in der in-
terdisziplinären Kooperation von Wohlfahrtsstaats- und Sozialpolitikforschung,
Erziehungswissenschaft und Erziehungs- und Bildungsforschung insgesamt weiter entwickelt werden. Ebenso notwendig ist dessen international-vergleichende
Ausrichtung, um die supra- wie internationalen Entwicklungen systematisch erfassen zu können. Auch hierfür werden weiterführende methodologische Überlegungen anzustellen sein, da die lange Zeit strukturbildende Wohlfahrtsregime-
Forschung (vgl. Esping-Andersen 1990) zwar entscheidende Aufklärungsarbeit
leisten konnte (vgl. für die Soziale Arbeit u.a. Lorenz 2006; Walther 2002), aber
in Bezug auf die Analyse von Konvergenzen und Divergenzen, die quer zu den
nationalstaatlich verfassten Wohlfahrtsstaatsregimen verlaufen, an ihre Grenzen
stößt (vgl. Evans/Kessl 2013/i.E.).

Das mit dem vorliegenden Band verfolgte Projekt ist sehr viel überschau-
barer als das einer wohlfahrtsstaatlichen Transformationsforschung insgesamt:
Sein Ziel ist die weitere Anregung der bereits laufenden Entwicklungen zur Etablierung entsprechender Forschungsperspektiven in Bezug auf die Soziale Arbeit.

---

46 Allerdings gelingt dies auch den hier zitierten wiederum nur sehr eingeschränkt, weil Vobruba
soziale Sicherung letztendlich doch wieder auf die entscheidende, aber eben nicht ausschließ-
liche Lohnarbeitszentrierung reduziert, und Fend zwar auf die umfassende Funktionalität von
Bildungs- und Erziehungsinstanzen hinweist, aber deren politische Rationalisierung wieder
latent unterbelichtet lässt.

Drucknachweise

1.1. Überarbeitete Teile aus: Kessl, Fabian/Otto, Hans Uwe; gemeinsam mit Udo Seelmeyer (2012): Soziale Arbeit. In: Günther Albrecht & Axel Groenemeyer (Hrsg.): Handbuch Soziale Probleme. Wiesbaden: VS, 1306-1331.

1.2 Überarbeitete Teile aus: Kessl, Fabian/Otto, Hans Uwe (2011): Soziale Arbeit und soziale Dienste. In: Adalbert Evers, Rolf Heinze & Thomas Olk (Hrsg.): Handbuch Soziale Dienste. Wiesbaden: VS, S. 389-403.

1.3 Überarbeitete Fassung von: Kessl, Fabian (2009): „Sozialmanagement oder Management des Sozialen" im Kontext post-wohlfahrtsstaatlicher Transformation. Eine Vergewisserung, zwei Problematisierungen und die Perspektive einer Positioning Analysis. In: Klaus Grunwald (Hrsg.): Vom Sozialmanagement zum Management des Sozialen, Baltmannsweiler: Hohengehren, S. 42-61.

1.4 Überarbeitete Teile aus Heite, Catrin/Kessl, Fabian (2009): Professionalisierung und Professionalität. In: Jürgen Oelkers, Sabine Andresen, Rita Casale, Thomas Gabriel, Rebekka Horlacher & Sabina Larcher (Hrsg.): Handwörterbuch der Pädagogik der Gegenwart. Weinheim: Beltz, S. 682-697.

2.1 Überarbeitete Fassung von: Kessl, Fabian (2011): Macht – (k)ein Thema der Sozialen Arbeit. In: Björn Kraus und Wolfgang Krieger (Hrsg.): Macht in der Sozialen Arbeit. Lage: Jacobs (2. Auflage), S. 29-41.

2.2 Überarbeitete Fassung von: Kessl, Fabian (2008): System und Subjekt. In: Josef Bakic, Marc Diebäcker & Elisabeth Hammer (Hrsg.): Aktuelle Leitbegriffe der Sozialen Arbeit. Ein kritisches Handbuch. Wien: Löcker, S. 250-270.

2.3   Kessl, Fabian (2013): Warum und wie Kritik und k/Kritische Soziale Arbeit? Eine Positionierung. In: Bettina Hünersdorf & Jutta Hartmann (Hrsg.): Was ist und wozu betreiben wir Kritik in der Sozialen Arbeit? Disziplinäre und interdisziplinäre Diskurse. Wiesbaden: VS.

3.1   Überarbeitete Fassung von: Kessl, Fabian (2012): Punitivität in der Sozialen Arbeit – von der Normalisierungs- zur Kontrollgesellschaft. In: Bernd Dollinger & Henning Schmidt-Semisch (Hrsg.): Gerechte Ausgrenzung? Wohlfahrtsproduktion und die neue Lust am Strafen, Wiesbaden: VS, S. 131-144.

3.2   Teile aus Kessl, Fabian (2009): Neo-soziale Körperpolitiken. Fortgeschritten-liberale Formate der Körperregierung. In: Michael Behnisch & Michael Winkler (Hrsg.): Soziale Arbeit und Naturwissenschaft - Einflüsse, Diskurse, Perspektiven. München/Basel: Reinhardt, S. 184-198.

3.3   Überarbeitete Fassung von: Kessl, Fabian (2012): Die Rede von einer „neuen Unterschicht". Hinweise zu einem einflussreichen Deutungsmuster. In: Alexandra Weiß (Hrsg.): Soziale Frage im Wandel. Probleme und Perspektiven des Sozialstaates und der Arbeitsgesellschaft. Wien: ÖGB, S. 79-86.

3.4   Kessl, Fabian/Schoneville, Holger (2010): Soziale Arbeit und Tafeln – von der Transformation wohlfahrtsstaatlicher Armutsbekämpfung. In: Stephan Lorenz (Hrsg.) Tafelgesellschaft: zum neuen Umgang mit Überfluss und Ausgrenzung. Bielefeld: Transcript, S. 35-48.

Literatur

Abbott, Andrew (1998): The System of Professions. An Essay on the Division of Expert Labor. Chicago/London: University of Chicago Press.

Allmendinger, Jutta (1999): Bildungsarmut: Zur Verschränkung von Bildungs- und Sozialpolitik. In: Soziale Welt 50, Heft 1, S. 35-50.

Althusser, Louis (1977): Ideologie und ideologische Staatsapparate. Hamburg/Westberlin: VSA.

Angermüller, Johannes/Buckel, Sonja/Rodrian-Pfennig, Margit (Hrsg.) (2012): Solidarische Bildung: Crossover: Experimente selbstorganisierter Wissensproduktion. Hamburg: VSA.

Anhorn, Roland (2000): Die Ordnung des Wissens, Johann Hinrich Wicherns Beitrag zur Professionalisierung der Sozialen Arbeit. In: Barth, Ferdinand/Buttler, Gottfried (Hrsg.): Bildung und Diakonie. Darmstadt: Bogen, S. 153-163.

Anhorn, Roland/Bettinger, Frank/Stehr, Johannes (Hrsg.) (2007): Foucaults Machtanalytik und Soziale Arbeit. Eine kritische Einführung und Bestandsaufnahme. Wiesbaden: VS.

Anhorn, Roland/Bettinger, Frank (2005): Sozialer Ausschluss und Soziale Arbeit. Positionsbestimmungen einer kritischen Theorie und Praxis Sozialer Arbeit. Wiesbaden: VS.

Anhorn, Roland/ Bettinger, Frank/ Horlacher, Cornelis/ Rathgeb, Kerstin (Hrsg.) (2012): Kritik der Sozialen Arbeit – kritische Soziale Arbeit. Wiesbaden: VS.

Appadurai, Arjun (1996): Modernity at Large: Cultural Dimensions of Globalization. Minneapolis: University of Minnesota Press.

Arendt, Hannah (1986): Elemente und Ursprünge totaler Herrschaft. München/Zürich: Piper.

Arendt, Hannah (1970/1998): Macht und Gewalt. München/Zürich: Piper (13. Auflage).

Bader, Cornelia (1999): Sozialmanagement: Anspruch eines Konzepts und seine Wirklichkeit in Non-Profit-Organisationen. Freiburg i. Brsg.: Lambertus.

Badura, Bernhard/Gross, Peter (1976): Soziopolitische Perspektiven: eine Einführung in Grundlagen und Probleme sozialer Dienstleistungen. München: Piper.

Baecker, Dirk (1994): Soziale Hilfe als Funktionssystem der Gesellschaft. In: Zeitschrift für. Soziologie, Heft 2, S. 93-110.

Balibar, Etienne (1990): Gibt es einen „Neo-Rassismus"? In: Balibar, Etienne/Wallerstein, Immanuel (Hrsg.): Rasse Klasse Nation. Ambivalente Identitäten. Berlin: Argument: S. 23-38.

Barlösius, Eva (2001): Die Macht der Repräsentation: In: Barlösius, Eva/Müller, Hans-Peter/Sigmund, Steffi (Hrsg.): Gesellschaftsbilder im Umbruch. Soziologische Perspektiven in Deutschland, Opladen: Leske und Budrich, S. 181-203.

Bauer, Rudolph (2001): Personenbezogene soziale Dienstleistungen: Begriff, Qualität und Zukunft. Wiesbaden: VS.

Bäumer, Gertrud (1929): Die historischen und sozialen Voraussetzungen der Sozialpädagogik und die Entwicklung ihrer Theorie. In: Nohl, Hermann/Pallat, Ludwig (Hrsg.): Handbuch der Pädagogik, Fünfter Band. Langensalza: Beltz: S. 3-17.

Baudrillard, Jean (1988): America. London: Verso.

Bauman, Zygmunt (1992/1989): Dialektik der Ordnung. Die Moderne und der Holocaust. Hamburg: Europäische Verlagsanstalt.

Bauman, Zygmunt (2007): Leben in der flüchtigen Moderne. Frankfurt a.M.: Suhrkamp.

Beck Ulrich (1986): Risikogesellschaft: auf dem Weg in eine andere Moderne. Frankfurt a.M.: Suhrkamp.

Beck, Ulrich/Lau, Christoph (Hrsg.) (2004): Entgrenzung und Entscheidung. Frankfurt a.M.: Suhrkamp.

Beckmann, Christof/Otto, Hans-Uwe/Schaarschuch, Andreas/Schrödter, Mark (2006): Qualität und Wirkung in der Sozialpädagogischen Familienhilfe. Vorläufige Ergebnisse des DFG-Projektes „Dienstleistungsqualität", Universitäten Bielefeld und Wuppertal. [www.dlq-online.de/document/Ergebnisbericht_DFG-Projekt_DLQ.pdf; 12. Juli 2007]

Beisenherz, H. Gerhard/Feil, Christine (1982): Die Probleme der Lehrer: Rückzug der Person des Lehrers als Kritik an der Schule. In: dies. et al.: Schule in der Kritik der Betroffenen. München: Juventa.

Benner, Dietrich/Kemper, Herwart (2003): Theorie und Geschichte der Reformpädagogik, Teil 2: Die Pädagogische Bewegung von der Jahrhundertwende bis zum Ende der Weimarer Republik. Weinheim/Basel: Beltz.

Beresford, Peter/Croft, Suzy (2004): Die Demokratisierung Sozialer Arbeit: Vom Klienten als Objekt zum Nutzer als Produzent. In: Widersprüche 14, Heft 91, S. 17- 45.

Bereswill, Mechthild/Stecklina, Gerd (Hrsg.) (2010): Geschlechterperspektiven für die Soziale Arbeit. Zum Spannungsverhältnis von Frauenbewegungen und Professionalisierungsprozessen. Weinheim/München: Juventa.

Berger, Wilhelm (2009): Macht. Stuttgart: facultas wuv.

Berger, Jörg/Offe, Claus (1984): Die Entwicklungsdynamik des Dienstleistungssektors. In: Berger, Jörg/Offe, Claus: „Arbeitsgesellschaft": Strukturprobleme und Zukunftsperspektiven. Frankfurt a.M./New York: Campus, S. 229-270.

Bernhard, Armin (2010): Biopiraterie in der Bildung. Einsprüche gegen die vorherrschende Bildungspolitik. Hannover: Offizin.

Bitzan, Maria (2005): Geschlechterverhältnis und Soziale Arbeit. In: Engelfried, Constance (Hrsg.): Soziale Organisationen im Wandel. Fachlicher Anspruch, Genderperspektive und ökonomische Realität. Frankfurt a.M./New York: Campus, S.82-87.

Bitzan, Maria/Bolay, Eberhard (2013): Konturen eines kritischen Adressatenbegriffs. In: Graßhoff, Günther (Hrsg.): Adressaten, Nutzer, Agency: Akteursbezogene Forschungsperspektiven in der Sozialen Arbeit. Wiesbaden: SpringerVS, S. 35-52.

Bitzan, Maria/Bolay, Eberhard/Thiersch, Hans (Hrsg.) (2006): Die Stimme der Adressaten: empirische Forschung über Erfahrungen von Mädchen und Jungen mit der Jugendhilfe. Weinheim/München: Juventa.

Boetticher, Arne/Münder, Johannes (2011): Rechtliche Fragen sozialer Dienste – zentrale Entwicklungen und Eckpunkte der Diskussion. In: Evers, Adalbert/Heinze, Rolf G./Olk, Thomas (Hrsg.): Handbuch Soziale Dienste. Wiesbaden: VS, S. 206-228.

Bohlender, Matthias (2007): Metamorphosen des liberalen Regierungsdenkens. Politische Ökonomie, Polizei und Pauperismus. Weilerswist: Velbrück.

Böhme, Jeanette/Kramer, Rolf-Torsten (2001) (Hrsg.): Partizipation in der Schule. Theoretische Perspektiven und empirische Analysen. Opladen: Leske und Budrich.

Böhnisch, Lothar/Lösch, Hans (1973): Das Handlungsverständnis des Sozialarbeiters und seine institutionelle Determination. In: Otto, Hans-Uwe/Schneider, Siegfried (Hrsg.) (1973): Gesellschaftliche Perspektiven der Sozialarbeit, Band 2. Neuwied: Luchterhand, S. 21-40.

Bolay, Eberhard/Trieb, Bernhard (1988): Verkehrte Subjektivität: Kritik der individuellen Ich-Identität. Frankfurt a.m./New York: Campus.Boltanski, Luc (2010): Soziologie und Sozialkritik. Frankfurter Adorno-Vorlesungen 2008. Frankfurt a.M.

Bommes, Michael/Scherr, Albert (2000): Soziologie der Sozialen Arbeit: eine Einführung in Formen und Funktionen organisierter Hilfe. Weinheim/München: Juventa.

Bommes, Michael/Scherr, Albert (1996): Soziale Arbeit als Exklusionsvermeidung, Inklusionsvermittlung und/oder Exklusionsverwaltung. In: Merten, Roland/Sommerfeld, Peter/Koditek, Thomas (Hrsg.): Sozialarbeitswissenschaft – Kontroverse und Perspektiven. Neuwied: Luchterhand, S. 93-119.

Bossong, Horst (2011): Wohl-Wollen, Staatsauftrag und professionelles Eigeninteresse. Eine Kritik aktueller fachdisziplinärer Maßstäbe in der Sozialen Arbeit. In: Neue Praxis, 41. Jg., Heft 6, S. 591-617.

Bourdieu, Pierre (1985): Sozialer Raum und Klassen. Lecon sur la lecon. Frankfurt a. M.: Suhrkamp.

Bröckling, Ulrich (2007): Das unternehmerische Selbst: Soziologie einer Subjektivierungsform. Frankfurt a.M.: Suhrkamp.

Brückner, Margit (2002): Liebe und Arbeit. Zur (Neu)Ordnung der Geschlechterverhältnisse in europäischen Wohlfahrtsregimen. In: Hamburger, Franz et al. (Hrsg.): Gestaltung des Sozialen: eine Herausforderung für Europa. Bundeskongress Soziale Arbeit 2001. Opladen: Leske und Budrich.

Brumlik, Micha (2000): Soziale Arbeit: funktionale Erfordernisse, ideologische Selbstmißverständnisse und vergessene Traditionen. In: Benner, Dietrich/Tenorth, Heinz-Elmar (Hrsg.): Bildungsprozesse und Erziehungsverhältnisse im 20. Jahrhundert. Praktische Entwicklungen und Formen der Reflexion im historischen Kontext. Zeitschrift für Pädagogik, 42. Beiheft. Weinheim/Basel: Beltz, S. 186-211.

Brunkhorst, Hauke (1996): Solidarität unter Fremden. In: Combe, Arno/Helsper, Werner (Hrsg.): Pädagogische Professionalität: Untersuchungen zum Typus pädagogischen Handelns. Frankfurt a.m.: Suhrkamp.

Buer, Ferdinand (2006): Gefährdet Organisation Profession?. In: Organisationsberatung – Supervision – Coaching, 13. Jg., Heft 1, S. 65-85.

Bundesverband Deutsche Tafel e. V. (2007): Die deutschen Tafeln in Zahlen. Ergebnisse der Tafel-Umfrage 2007. Berlin: Bundesverband Deutsche Tafel e.V.

Bühlmann, Felix/Krattinger, Barbara/Nadai, Eva/Sommerfeld, Peter (2005): Fürsorgliche Verstrikkung – Soziale Arbeit zwischen Profession und Freiwilligenarbeit. Wiesbaden: VS.

Bütow, Birgit/Chassé, Karl August/Hirt, Rainer (2008) (Hrsg.): Soziale Arbeit nach dem sozialpädagogischen Jahrhundert. Entwicklungen im Post-Wohlfahrtsstaat. Opladen/Farmington Hill: Barbara Budrich.

Butler, Judith (2003): Noch einmal: Körper und Macht. In: Honneth Axel/Saar, Martin (Hrsg.): Michel Foucault: Zwischenbilanz einer Rezeption. Frankfurter Foucault-Konferenz 2001. Frankfurt a.M.: Suhrkamp: S. 52-67.

Butler, Judith (2002): Was ist Kritik? Ein Essay über Foucaults Tugend. In: Deutsche Zeitschrift für Philosophie, 50. Jg., Heft 2, S. 249-265.

Butler, Judith (1997): Körper von Gewicht: die diskursiven Grenzen des Geschlechts. Frankfurt a.M.: Suhrkamp.

BT-Drucksache 15/6014 (2005): Bericht über die Lebenssituation junger Menschen und die Leistungen der Kinder- und Jugendhilfe in Deutschland. Zwölfter Kinder- und Jugendbericht. Ber-

lin: Bundesministeriums für Familie, Senioren, Frauen und Jugend. [http://dip21.bundestag.
de/dip21/btd/15/060/1506014.pdf; 21. Mai 2012]

BT-Drucksache 13/70 (1994): Bericht über die Situation der Kinder und Jugendlichen und die Entwicklung der Jugendhilfe in den neuen Bundesländern. Neunter Jugendbericht. Bonn: Bundesministeriums für Familie, Senioren, Frauen und Jugend. [www.bmfsfj.de/doku/Publika-
tionen/kjb/data/download/9_Jugendbericht_gesamt.pdf; 22. Mai 2012]

BT-Drucksache 11/6576 (1990): Bericht über Bestrebungen und Leistungen der Jugendhilfe. Achter
Jugendbericht. Bonn: Bundesministeriums für Jugend, Frauen, Familie und Gesundheit. [www.
bmfsfj.de/doku/Publikationen/kjb/data/download/8_Jugendbericht_gesamt.pdf; 13. Mai 2012]

Candeias, Mario (2004): Neoliberalismus, Hochtechnologie, Hegemonie: Grundrisse eine transna-
tionalen kapitalistischen Produktions- und Lebensweise. Eine Kritik. Hamburg: Argument.

Casale, Rita (2012): Die Krise des Sozialstaates und die neue Bestimmung der Sozialpädagogik: In:
Angermüller, Johannes/ Buckel, Sonja/ Rodrian-Pfennig, Margit (Hrsg.): Solidarische Bildung:
Crossover: Experimente selbstorganisierter Wissensproduktion. Hamburg: VSA, S. 236-240.

Casale, Rita/Röhner, Charlotte/Schaarschuch, Andreas/Sünker, Heinz (2010): Entkopplung von Leh-
rerbildung und Erziehungswissenschaft: Von der Erziehungswissenschaft zur Bildungswis-
senschaft. In: Erziehungswissenschaft, Heft 41, 21. Jg., S. 43-66.

Castel, Robert (2005): Die Stärkung des Sozialen: Leben im neuen Wohlfahrtsstaat. Hamburg:
Hamburger Edition.

Castel, Robert (2000): Die Metamorphosen der sozialen Frage: eine Chronik der Lohnarbeit. Konstanz : UVK.

Celikates, Robin (2009): Kritik als Soziale Praxis: Gesellschaftliche Selbstverständigung und Kritische Theorie. Frankfurt a.M./New York: Campus.

Clarke, John (2004): Changing Welfare, Changing States. New Directions in Social Policy. London: Sage.

Clarke, John/Newman, Janet (1997): The Managerial State: Power, Politics and Ideology in the Re-
maining of Social Welfare. London: Sage.

Cleppien, Georg/Kessl, Fabian (2011): Orientierung durch Wissenschaft. Eine exemplarische Vergewisserung zu gegenwärtigen Orientierungsangeboten in der Sozialen Arbeit. In: Arbeits-
kreis „Jugendhilfe im Wandel" (Hrsg.): Kontroversen - Transformationen – Adressierungen.
Wiesbaden: VS, S. 21-45.

Coelen, Thomas/Otto, Hans-Uwe (Hrsg.) (2008): Grundbegriffe Ganztagsbildung. Ein Handbuch.
Wiesbaden: VS.

Combe, Arno (1971): Kritik der Lehrerrolle: gesellschaftliche Voraussetzungen und soziale Folgen
des Lehrerbewußtseins. München: Paul List.

Dammer, Karl-Heinz (2008): Brauchen wir noch eine „kritische Erziehungswissenschaft"? In: Pädagogische Korrespondenz. 38. Jg., Heft 22, S. 5-27.

Daheim, Hans Jürgen (1992): Zum Stand der Professionssoziologie. In: Dewe, Bernd/Ferchhoff, Wolf-
gang/Radtke, Frank-Olaf (Hrsg.): Erziehen als Profession. Opladen: Leske und Budrich, S. 21-35.

Dahme, Heinz-Jürgen/ Wohlfahrt, Norbert (2011): Gerechtigkeit im Kapitalismus: Anmerkungen
zur affirmativen Normativität moderner Gerechtigkeitstheorie. In: Neue Praxis, 41. Jg., Heft
4, S. 385-408.

Dahme, Heinz-Jürgen/Wohlfahrt, Norbert (2010): Evidenzbasierte Soziale Arbeit und wettbewerb-
lich gesteuerte Sozialwirtschaft. In: Otto, Hans-Uwe/Polutta, Andreas/Ziegler, Holger (Hrsg.):
What Works – Welches Wissen braucht die Soziale Arbeit? Zum Konzept evidenzbasierter
Praxis. Opladen/Farmington Hills: Barbara Budrich, S. 203-216.

Dahme, Heinz-Jürgen/Wohlfahrt, Norbert (2009): Zivilgesellschaft und „managerieller" Staat. Bürgerschaftliche Sozialpolitik als Teil instrumenteller Governance. In: Bode, Ingo/Evers, Adalbert/ Klein, Ansgar (Hrsg.): Bürgergesellschaft als Projekt. Eine Bestandsaufnahme zu Entwicklung und Förderung zivilgesellschaftlicher Potenziale in Deutschland. Wiesbaden: VS, S. 240-264.

Dahme, Heinz-Jürgen/ Wohlfahrt, Norbert (2003): Soziale Dienste auf dem Weg in die Sozialwirtschaft. Auswirkungen der „Neuen Steuerung" auf die freien Träger und Konsequenzen für die Soziale Arbeit. In: Widersprüche, 23. Jg., Heft 90, S. 41-56.

Dederich, Markus/Schnell, Martin W. (Hrsg.) (2010): Anerkennung und Gerechtigkeit in Heilpädagogik, Pflegewissenschaft und Medizin: Auf dem Weg zu einer nichtexklusiven Ethik. Bielefeld: Transcript.

Deleuze, Gilles (1990): Postskriptum über die Kontrollgesellschaften. In: L'autre journal, Nr. 1, Mai 1990.

Demirovic, Alex (Hrsg.) (2008): Kritik und Materialität. Münster: Westfälisches Dampfboot.

Demirovic, Alex (2001): Komplexität und Emanzipation. In: ders.: (Hrsg.): Komplexität und Emanzipation: kritische Gesellschaftstheorie und die Herrausforderung der Systemtheorie. Münster: Westfälisches Dampfboot, S. 13-52.

Derrida, Jacques (1976): Die Schrift und die Differenz. Frankfurt a. M.: Suhrkamp .

Dewe, Bernd/Ferchhoff, Wilfried/Scherr, Albert/Stüwe, Gerd (2001): Professionelles soziales Handeln. Soziale Arbeit im Spannungsfeld zwischen Theorie und Praxis. Weinheim: Juventa.

Dewe, Bernd/Otto, Hans-Uwe (2002): Reflexive Sozialpädagogik: Grundstrukturen eines neuen Typs dienstleistungsorientierten Professionshandelns. In: Thole, Werner (Hrsg.): Grundriss Soziale Arbeit: ein einführendes Handbuch. Opladen: Leske und Budrich, S. 179-198.

Dewe, Bernd/Otto, Hans-Uwe (2001): Profession. In: Otto, Hans-Uwe/Thiersch, Hans (Hrsg.): Handbuch Sozialarbeit/Sozialpädagogik. Neuwied/Kriftel: Luchterhand (2. Auflage), S. 1399-1423.

Dewe, Bernd/Otto, Hans-Uwe (1992): Vom Nutzen und Nachteil des sozialwissenschaftlichen Blicks auf die Sozialarbeit/Sozialpädagogik. In: Otto, Hans-Uwe et al. (Hrsg.): Zeit-Zeichen sozialer Arbeit. Neuwied: Luchterhand.

Dewe, Bernd/Radtke, Frank-Olaf (1991): Was wissen Pädagogen über ihr Können? Professionstheoretische Überlegungen zum Theorie-Praxis-Problem in der Pädagogik. In: Oelkers, Jürgen/ Tenorth, Heinz-Elmar (Hrsg.): Pädagogisches Wissen. Zeitschrift für Pädagogik, 27. Beiheft. Weinheim/Basel: Beltz, S.143-162.

Dollinger, Bernd (2006): Die Pädagogik der sozialen Frage. (Sozial-)Pädagogische Theorie vom Beginn des 19. Jahrhunderts bis zum Ende der Weimarer Republik. Wiesbaden: VS.

Dollinger, Bernd/Raithel, Jürgen (Hrsg.) (2006): Aktivierende Sozialpädagogik – ein kritisches Glossar. Wiesbaden: VS.

Dollinger, Bernd/Schmidt-Semisch, Henning (2011) (Hrsg.): Gerechte Ausgrenzung? Wohlfahrtsproduktion und die neue Lust am Strafen. Wiesbaden: VS.

Dörner, Klaus (2007): Leben und sterben, wo ich hingehöre: Dritter Sozialraum und neues Hilfesystem. Neumünster: Paranus.

Dörre, Klaus/Lessenich, Stephan/ Rosa, Hartmut (2009): Soziologie – Kapitalismus – Kritik. Eine. Debatte. Frankfurt a.M.: Suhrkamp.

Durkheim, Emile (1977) [1893]: Über die Teilung der sozialen Arbeit. Frankfurt a.M.: Suhrkamp.

Duyvendak, Jan Willem/Knijn, Trudie/Kremer, Monique (2006): Policy, People, and the New Professional. An Introduction. In: dies. (Hrsg.): Policy, People, and the New Professional. Amsterdam: Amsterdam University Press.

Eichinger, Ulrike (2009): Zwischen Anpassung und Ausstieg. Perspektiven von Beschäftigten im Kontext der Neuordnung sozialer Arbeit. Wiesbaden: VS.

Elias, Norbert (1939/1990): Über den Prozeß der Zivilisation, 2 Bände. Frankfurt a.M.: Suhrkamp.

Ellger, Hans (1922): Der Erziehungszweck im Strafvollzug. Halle: Marhold.

Erath, Peter/Göppner, Hans-Jürgen (1996): Einige Thesen zur Begründung und Anlage einer Sozialarbeitswissenschaft. In: Sozialmagazin 21, S. 30-41.

Esch, Karin/Hilbert, Josef/Stöbe-Blossey, Sybille (2001): Der aktivierende Staat - Konzept, Potentiale und Entwicklungstrends am Beispiel der Jugendhilfe. In: Heinze, Rolf G./Olk, Thomas (Hrsg.): Bürgerengagement in Deutschland – Bestandsaufnahme und Perspektiven. Opladen: Leske und Budrich, S. 519-547.

Esping-Andersen, Gøsta (1990) (ed.): Welfare States in Transition. London: Sage.

Evans, Tony/Kessl, Fabian (2013/i.E.): International social work: understanding social work within social policy systems. In: Evans, Tony/Keating, Frank (Eds.): Social Policy and Social Work. London: Sage.

Evers, Adalbert/Nowotny, Helga (1987): Über den Umgang mit Unsicherheit: die Entdeckung der Gestaltbarkeit von Gesellschaft. Frankfurt a.M.: Suhrkamp.

Evers, Adalbert/Olk, Thomas (Hrsg.) (1996): Wohlfahrtspluralismus. Vom Wohlfahrtsstaat zur Wohlfahrtsgesellschaft. Opladen: Westdeutscher Verlag.

Evers, Adalbert/Heinze, Rolf/Olk, Thomas (Hrsg) (2011): Handbuch Soziale Dienste. Wiesbaden: VS.

Ewald, François (1993): Der Vorsorgestaat. Frankfurt a.M.: Suhrkamp.

Fend, Helmut (2006): Neue Theorie der Schule. Einführung in das Verstehen von Bildungssystemen. Wiesbaden: VS.

Fend, Helmut (1980): Theorie der Schule. München et al.: Urban und Schwarzenberg.

Ferguson, Iain/Woodward, Rona (2009): Radical Social Work in Practice. Bristol: The Policy Press.

Flößer, Gaby (1994): Soziale Arbeit jenseits der Bürokratie: über das Management des Sozialen. Neuwied/Kriftel/Berlin: Luchterhand .

Flößer, Gaby/Oechler, Melanie (2010): Einführung in die Theorie der Sozialpädagogischen Dienste. Darmstadt: Wissenschaftliche Buchgesellschaft.

Flößer Gaby/Otto, Hans-Uwe (1992): Sozialmanagement oder Management des Sozialen?. In: dies. (Hrsg.): Sozialmanagement oder Management des Sozialen. Bielefeld: KT-Verlag, S. 7-18.

Flößer, Gaby/Schmidt, Mathias (2000): Professionelles Dienstleistungsmanagement durch Personalentwicklung. In: Müller, Siegfried/Sünker, Heinz/Olk, Thomas/Böllert, Karin (Hrsg.): Soziale Arbeit. Gesellschaftliche Bindungen und professionelle Perspektiven. Neuwied/Kriftel: Luchterhand, S. 303-314.

Foucault, Michel (1999): In Verteidigung der Gesellschaft: Vorlesungen am Collège de France (1975-1976). Frankfurt a.M.: Suhrkamp.

Foucault, Michel (1984/2000): Der Gebrauch der Lüste. Sexualität und Wahrheit, Band 2. Frankfurt a.M.: Suhrkamp.

Foucault, Michel (1978/1992): Was ist Kritik? Berlin: Merve.

Foucault, Michel (1977): Der Wille zum Wissen: Sexualität und Wahrheit, Band 1. Frankfurt a.M.: Suhrkamp.

Foucault, Michel (1975/1994): Überwachen und Strafen. Die Geburt des Gefängnisses. Frankfurt a.M.: Suhrkamp.

Foucault, Michel (1974/2003): Die Geburt der Sozialmedizin. In: Schriften III. Frankfurt a.M.: Suhrkamp, S. 272-298.

Freidson, Eliot (2001): Professionalism. The Third Logic. Cambridge: Polity Press.

Freidson, Eliot (1975): Dominanz der Experten. Zur sozialen Struktur medizinischer Versorgung. München: Urban und Schwarzenberg.

Fretschner, Rainer/Hilbert, Josef/Stöbe-Blossey, Sybille (2003): Der aktivierende Staat und seine Implikationen für die Soziale Arbeit. In: Dahme, Heinz-Günther/Otto, Hans-Uwe/Trube, Achim/Wohlfahrt, Norbert (Hrsg.): Soziale Arbeit für den aktivierenden Staat? Opladen: Leske und Budrich, S. 36-65.

Frick, Joachim R./Grabka, Markus M. (2009): Gestiegene Vermögensungleichheit in Deutschland. Wochenbericht des DIW, 76. Jg., Nr. 4 (www.diw.de/documents/publikationen/73/93785/09-4-1.pdf; 2.August 2009).

Galuske, Michael (2004): Der aktivierende Sozialstaat. Konsequenzen für die Soziale Arbeit. Studientexte aus der Evangelischen Hochschule für Soziale Arbeit Dresden (FH). (www.ehs-dresden.de/fileadmin/uploads_hochschule/Forschung/Publikationen/Studientexte/Studientext_2004-04_Galuske.pdf; 30. März 2009)

Galuske, Michael (2002): Dienstleistungsorientierung - ein neues Leitkonzept Sozialer Arbeit? In: Neue Praxis, 30. Jg. H.3, S. 240-258.

Ganßmann, Heiner (2000): Politische Ökonomie des Sozialstaats. Münster: Westfälisches Dampfboot.

Garland, David (2001): The Culture of Control. Crime and Social Order in Contemporary Society. Chicago: University Of Chicago Press.

Gedrath, Volker (2003): Vergessene Traditionen der Sozialpädagogik. Weinheim/Basel/Berlin: Beltz.

Gilbert, Neil (2002): Transformation of the Welfare State: The Silent Surrender of Public Responsibility. Oxford: Oxford University Press.

Gildemeister, Regine/Robert, Günther (2000): Teilung der Arbeit und Teilung der Geschlechter. Professionalisierung und Substitution in der Sozialen Arbeit und Pädagogik. In: Müller, Siegfried/Sünker, Heinz/Olk, Thomas/Böllert, Karin (Hrsg.): Soziale Arbeit. Gesellschaftliche Bedingungen und professionelle Perspektiven. Neuwied: Luchterhand.

Groenemeyer, Axel/Kessl, Fabian (2013/i.E.): Die „neue Mitleidsökonomie" – ein neues System der Armutshilfe? In: Böllert, Karin/Alfert, Nicole/Humme, Mark (Hrsg.): Soziale Arbeit in der Krise. Wiesbaden: SpringerVS.

Grunow, Dieter (2011): Soziale Dienste als öffentliches Gut. In: Evers, Adalbert/Heinze, Rolf G./Olk, Thomas (Hrsg): Handbuch Soziale Dienste. Wiesbaden: VS, S. 229-244.

Grunwald Klaus (2001): Organisationsentwicklung/-beratung. In: Otto, Hans-Uwe/Thiersch, Hans (Hrsg.): Handbuch Sozialarbeit/Sozialpädagogik. Neuwied/Kriftel: Luchterhand (2. Auflage), S. 1312-1329.

Gur-Ze'ev, Ilan (2005): Critical Theory and Critical Pedagogy Today - Toward a New Critical language in Education. University of Haifa. [http://construct.haifa.ac.il/~ilangz/critical-pedagogy-critical-theory-today.pdf; 29.12.2011]

Habermas, Jürgen (1985/1998): Der Philosophische Diskurs der Moderne. Zwölf Vorlesungen. Frankfurt a.M.: Suhrkamp.

Hamburger, Franz (2011): Öffentlichkeit(en). In: Otto, Hans-Uwe/Thiersch, Hans (2011): Handbuch Soziale Arbeit. München: Reinhardt (4. Auflage), S. 1030-1036.

Hamburger, Franz (2003): Einführung in die Sozialpädagogik. Stuttgart: Kohlhammer.

Hamburger, Franz (1997): Sozialpädagogik. In: Bernhard, Armin/Rothermel, Lutz (Hrsg.): Handbuch Kritische Pädagogik. Weinheim/Basel: Beltz.

Harris, John (2003): The Social Work Business: the State of Welfare. London: Routledge.

Harvey, David (2005): A Brief History of Neoliberalism. Oxford: Oxford University Press.

Heiner, Maja (2004): Professionalität in der Sozialen Arbeit. Theoretische Konzepte, Modelle und empirische Perspektiven. Stuttgart: Kohlhammer.

Heinz, Wolfgang (2011): Neue Straflust der Strafjustiz. In: Neue Kriminalpolitik, 23. Jg., Heft 1, S. 14-27.

Heite, Catrin (2008): Soziale Arbeit im Kampf um Anerkennung. Professionstheoretische Perspektiven. Weinheim/München: Juventa.

Heite, Catrin/Klein, Alexandra/Landhäußer, Sandra/Ziegler, Holger (2007): Das Elend der Sozialen Arbeit – Die „neue Unterschicht" und die Schwächung des Sozialen. In: Kessl, Fabian/Reutlinger Christian/Holger Ziegler: Erziehung zur Armut? Soziale Arbeit und die „neue Unterschicht. Wiesbaden: VS, S. 55-79.

Helsper, Werner/Lingkost, Angelika (2002): Schülerpartizipation in den Antinomien von Autonomie und Zwang sowie Organisation und Interaktion – exemplarische Rekonstruktionen im Horizont einer Theorie schulischer Anerkennung. In: Hafeneger, Benno/Henkenborg, Peter/Scherr, Albert (Hrsg.): Pädagogik der Anerkennung. Grundlagen, Konzepte, Praxisfelder. Schwalbach i.Ts.: Wochenschau.

Hering, Sabine/Kramer, Edith (Hrsg.) (1984):Aus der Pionierzeit der Sozialarbeit: elf Frauen berichten. Weinheim/Basel: Juventa.

Herrmann, Cora (2010): Dispositive Effekte der „Unternehmensform" und des „Unternehmers seiner selbst" in der stationären Kinder- und Jugendhilfe. In: Zeitschrift für Sozialpädagogik, 8. Jg., Heft 3, S. 278-299.

Herrnstein, Richard J. /Charles Murray (1994): The Bell Curve. Intelligence and Class Structure in American Life. New York: Free Press.

Hillebrandt, Frank (2004): Soziale Ungleichheit oder Exklusion? Zur funktionalistischen Verkennung eines soziologischen Grundproblems. In: Merten, Roland/Scherr, Albert (Hrsg.): Inklusion und Exklusion in der Sozialen Arbeit. Wiesbaden: VS, S. 117-142.

Hirschler, Sandra/Homfeld, Hans Günter (2006): Agency und Soziale Arbeit. In: Schweppe, Cornelia/Sting, Stephan (Hrsg.): Sozialpädagogik im Übergang. Weinheim/München: Juventa, S. 41–54.

Hofemann, Klaus (2005): Handlungsspielräume des Neuen Steuerungsmodells. In: Schubert, Herbert (Hrsg.): Sozialmanagement; zwischen Wirtschaftlichkeit und fachlichen Zielen. Wiesbaden: VS (2. Auflage), S. 27-47.

Hollstein, Walter/Meinhold, Marianne (Hrsg.) (1973): Sozialarbeit unter kapitalistischen Produktionsbedingungen. Frankfurt a.M.: Suhrkamp.

Homfeldt, Hans Günther/Schröer, Wolfgang/Schweppe, Cornelia (2008): Vom Adressaten zum Akteur – eine Einführung. In: dies. (Hrsg.): Vom Adressaten zum Akteur: Soziale Arbeit und Agency. Opladen/Farmington Hills: Barbara Budrich, S.7-16.Honneth Axel (1985): Kritik der Macht. Reflexionsstufen einer kritischen Gesellschaftstheorie. Frankfurt a.M.: Suhrkamp.

Honneth, Axel/Saar, Martin (Hrsg.) (2003): Michel Foucault – Zwischenbilanz einer Rezeption. Frankfurter Foucault-Konferenz 2001. Frankfurt a.M.: Suhrkamp.

Horlacher, Cornelis (2007): Wessen Kunst, nicht regiert zu werden? Zur Rezeption Foucaults und insbesondere des Begriffs „Regieren" im Kontext kritischer Reflexion Sozialer Arbeit. In: Anhorn, Roland/Bettinger, Frank/Stehr, Johannes (Hrsg.): Foucaults Machtanalytik und Soziale Arbeit: eine kritische Einführung und Bestandsaufnahme. Wiesbaden: VS, S. 245-260.

Hurrelmann, Klaus (2006): „Eine empfindsame Generation". Interview mit Christina Sticht für das Goethe Institut. [www.goethe.de/ges/soz/thm/de91442.htm; 23. April 2008]

Illich, Ivan (1979): Entmündigung durch Experten. Zur Kritik der Dienstleistungsberufe. Reinbek bei Hamburg: Rowohlt.

Imbusch, Peter (Hrsg.) (1998): Macht und Herrschaft. Sozialwissenschaftliche Konzeptionen und Theorien. Opladen: Leske und Budrich.

Jaeggi, Rahel/Wesche, Thilo (2009) (Hrsg.): Was ist Kritik? Frankfurt a.M.: Suhrkamp.

Kalina, Thorsten/Weinkopf, Claudia (2009): Niedriglohnbeschäftigung 2007 weiter gestiegen – zunehmende Bedeutung von Niedrigstlöhnen, IAQ-Report 2009-05. (www.iaq.uni-due.de/iaqreport/2009/report2009-05.pdf; 3.August 2009).

Kappeler, Manfred (2011): Anvertraut und ausgeliefert. Sexuelle Gewalt in pädagogischen Einrichtungen. Berlin: Nicolaische Verlagsbuchhandlung.

Karl, Ute (2011): Effective Citizenship – sozialpädagogische Betrachtungen zu einem ambivalenten Konzept. In: DGfE-Kommission Sozialpädagogik (Hrsg.): Bildung des Effective Citizen – Sozialpädagogik auf dem Weg zu einem neuen Sozialentwurf? Weinheim/München: Juventa, S. 53-66.

Karsten, Marie-Eleonora (1992): Sozialmanagement – Fluchtpunkt, Modernisierungsprojekt personenbezogener sozialer Dienstleistungen oder ein Kompetenzmodell für Führungskräfte? In: Flößer, Gaby/Otto, Hans-Uwe (Hrsg.): Sozialmanagement oder Management des Sozialen. Bielefeld: KT-Verlag, S. 103- 122.

Kaufmann, Franz-Xaver (1997): Herausforderungen des Sozialstaats. Frankfurt a.M.: Suhrkamp.

Kaufmann, Franz-Xaver (1982): Elemente einer soziologischen Theorie sozialpolitischer Intervention. In: ders. (Hrsg.): Staatliche Sozialpolitik und Familie. München: Oldenbourg, S. 49-86.

Kessl, Fabian (2012): Warum eigentlich „kritisch"? Eine Kontextualisierung gegenwärtiger Projekte der Kritik in der Sozialen Arbeit. In: Anhorn, Roland et al. (Hrsg.): Kritik der Sozialen Arbeit – kritische Soziale Arbeit. Wiesbaden: SpringerVS.

Kessl, Fabian (2008): Wozu Studien zur Gouvernementalität in der Sozialen Arbeit? Von der Etablierung einer Forschungsperspektive, in: Anhorn, Roland/Bettinger, Frank/Stehr, Johannes (Hg.): Foucaults Machtanalytik und Soziale Arbeit: eine kritische Einführung und Bestandsaufnahme. Wiesbaden: VS, S. 203-225.

Kessl, Fabian (2006): Aktivierungspädagogik statt wohlfahrtsstaatlicher Dienstleistung? Das aktivierungspolitische Re-Arrangement der bundesdeutschen Kinder- und Jugendhilfe. In: Zeitschrift für Sozialreform, 52. Jg., Heft 1, S. 217-233.

Kessl, Fabian (2005): Der Gebrauch der eigenen Kräfte: eine Gouvernementalität Sozialer Arbeit. Wiesbaden: Juventa.

Kessl, Fabian (2001): Ökonomisierung. In: Schröer, Wolfgang/Struck, Norbert/Wolff, Mechthild (Hrsg.): Handbuch der Kinder- und Jugendhilfe. Weinheim/München: Juventa, S. 1113-1128.

Kessl, Fabian/Krasmann, Susanne (2005): Sozialpolitische Programmierungen. In: Kessl, Fabian/Reutlinger, Christian/Maurer, Susanne/Frey, Oliver (Hrsg.): Handbuch Sozialraum. Wiesbaden: VS, S. 227–245.

Kessl, Fabian/Maurer, Susanne (2012): Radikale Reflexivität als zentrale Dimension eines kritischen Wissenschaftsverständnisses Sozialer Arbeit. In: Schimpf, Elke/Stehr, Johannes (Hrsg.): Kritisches Forschen in der Sozialen Arbeit: Gegenstandsbereiche – Kontextbedingungen – Positionierungen – Perspektiven. Wiesbaden: SpringerVS, S. 43-56.

Kessl, Fabian/Maurer, Susanne (2010): Praktiken der Differenzierung als Praktiken der Grenzbearbeitung. In:

Kessl, Fabian/Otto, Hans-Uwe (2009a): Soziale Arbeit ohne Wohlfahrtsstaat? Zeitdiagnosen, Problematisierungen und Perspektiven, Weinheim/München: Juventa.

Kessl, Fabian/Otto, Hans-Uwe (2009b): Soziale Arbeit ohne Wohlfahrtsstaat? In: dies. (Hrsg.): Soziale Arbeit ohne Wohlfahrtsstaat? Zeitdiagnosen, Problematisierung, Perspektiven. Weinheim/München: Juventa, S. 7-21.

Kessl, Fabian/Otto, Hans-Uwe (2003): Aktivierende Soziale Arbeit – Anmerkungen zur neosozialen Programmierung Sozialer Arbeit. In: Dahme, Heinz-Jürgen et al. (Hrsg.): Soziale Arbeit für den aktivierenden Staat. Opladen: Leske und Budrich, S. 57-73.

Kessl, Fabian/Plößer, Melanie (Hrsg.) (2010): Differenzierung, Normalisierung, Andersheit. Soziale Arbeit als Umgang mit den Anderen. Wiesbaden: VS.

Kessl, Fabian/Reutlinger, Christian (2012/i.E.): Sozialraumarbeit. In: Stoik, Christoph/Stövesand, Sabine/Troxler, Ueli (Hrsg.): Handbuch Gemeinwesenarbeit: Traditionen und Positionen, Konzepte und Methoden. Opladen/Farmington Hills: Barbara Budrich.

Kessl, Fabian/Reutlinger, Christian/Ziegler, Holger (Hrsg.) (2007): Erziehung zur Armut? Soziale Arbeit und die 'neue Unterschicht'. Wiesbaden: VS.

Kessl, Fabian/Richter, Martina (2006): Lebenslanges Lernen oder ununterbrochene Bildung? Eine symptomale Lektüre aktueller Bildungsprogrammatiken. In: Neue Praxis, 36. Jg, Heft 3, S. 308-323.

Kessl, Fabian/Wagner, Thomas (2010): „Was vom Tisch der Reichen fällt…". Zur neuen politischen Ökonomie des Mitleids. In: Widersprüche, 31. Jg., Heft 119/120, S. 55-76.

Kessl, Fabian/Ziegler, Holger (2008): Gesellschaft/"das Soziale". In: Hanses, Andreas/Homfeld, Hans Günther (Hrsg.): Lebensalter und Soziale Arbeit: Eine Einführung. Baltmannsweiler: Schneider Hohengehren, S. 93-113.

Kilb, Rainer/Weidner, Jens/Gall, Reiner (Hrsg.): Konfrontative Pädagogik in der Schule. Anti-Aggressivitäts- und Coolnesstraining. Weinheim/München: Juventa, S. 3-15.

Klatetzki, Thomas (2005): Professionelle Arbeit und kollegiale Organisation. In: ders./Tacke, Veronika (Hrsg.): Organisation und Profession. Wiesbaden: VS, S. 253-284.

Klatetzki, Thomas (1993): Wissen, was man tut. Professionalität als organisationskulturelles System. Eine ethnographische Interpretation. Bielefeld: KT-Verlag.

Kleve, Heiko (2004): Die intime Grenze funktionaler Partizipation. Ein Revisionsvorschlag zum systemtheoretischen Inklusion/Exklusion-Konzept. In: Merten, Roland/Scherr, Albert (Hrsg.): Inklusion und Exklusion in der Sozialen Arbeit. Wiesbaden: VS, S. 163-187.

Koch-Laugwitz, Ursula/Büchner, Roland (Hrsg) (2005): Konfrontative Pädagogik. Dokumentation zur Fachtagung der Friedrich-Ebert-Stiftung. Berlin: Friedrich-Ebert-Stiftung.

Köhn, Beate/Seithe, Mechthild (2012): Zukunftswerkstatt Soziale Arbeit. Berlin: RabenStück.

Koselleck, Reinhart (1973): Kritik und Krise. Eine Studie zur Pathogenese der bürgerlichen Welt. Frankfurt a.M.: Suhrkamp.

Kosik, Karel (1986): Die Dialektik des Konkreten. Eine Studie zur Problematik des Menschen und der Welt. Frankfurt a.M.: Suhrkamp.

Kottmann, Brigitte (2006): Selektion in die Sonderschule: Das Verfahren zur Feststellung von sonderpädagogischem Förderbedarf als Gegenstand empirischer Forschung. Bad Heilbrunn: Klinkhardt.

Krasmann, Susanne (2003): Die Kriminalität der Gesellschaft: zur Gouvernementalität der Gegenwart. Konstanz: UVK.

Krasmann, Susanne (2000): Gouvernementalität der Oberfläche. Aggressivität (ab-)trainieren beispielsweise. In: Bröckling, Ulrich/Krasmann, Susanne/Lemke, Thomas (Hrsg.) (2000): Gouvernementalität der Gegenwart. Frankfurt a.M.: Suhrkamp, S. 194-226.

Kraus, Björn/Krieger, Wolfgang (Hrsg.) (2007): Macht in der Sozialen Arbeit: Interaktionsverhältnisse zwischen Kontrolle, Partizipation und Freisetzung. Düsseldorf: Jacobs.

Krause, Ralf/Rölli, Marc (2008): Einleitung. In: dies. (Hrsg.): Macht: Begriff und Wirkung in der politischen Philosophie der Gegenwart. Bielefeld: Transcript, S. 7-18.

Kronauer, Martin (2002): Exklusion: die Gefährdung des Sozialen im hoch entwickelten Kapitalismus. Frankfurt a.M./New York: Campus.

Kronen, Heinrich (1980): Sozialpädagogik - Geschichte und Bedeutung des Begriffes. Frankfurt a.M.: Haag und Herchen.

Kruse, Elke (2004): Stufen zur Akademisierung: Wege der Ausbildung für Soziale Arbeit von der Wohlfahrtsschule zum Bachelor-/Mastermodell. Wiesbaden: VS.

Kruse, Jan (2004): Arbeit und Ambivalenz. Die Professionalisierung sozialer und informatisierter Arbeit. Bielefeld: Transcript.

Kuhlmann, Carola (2008): „So erzieht man keinen Menschen!". Lebens- und Berufserinnerungen aus der Heimerziehung der 50er und 60er Jahre. Wiesbaden: VS.

Kunstreich, Timm (1998): Grundkurs Soziale Arbeit. Sieben Blicke auf Geschichte und Gegenwart Sozialer Arbeit. Band II. Hamburg: Agentur des Rauhen Hauses.

Kunstreich, Timm (1975): Der institutionalisierte Konflikt. Offenbach: Verlag 2000.

Kutscher, Nadia (2002): Moralische Begründungsstrukturen professionellen Handelns in der Sozialen Arbeit: eine empirische Untersuchung zu normativen Deutungs- und Orientierungsmustern in der Jugendhilfe. Universität Bielefeld. [urn:nbn:de:hbz:361-4065; 24. Mai 2008]

Kutscher, Nadia/Richter, Martina (2011): Soziale Arbeit im „Kreise der Familie". Zur Wirkmächtigkeit von De- und Re-Familialisierungspolitiken, Aktivierungspraxen und Risikokontrolle. In: Kommission Sozialpädagogik (Hrsg.): Bildung des Effective Citizen. Sozialpädagogik auf dem Weg zu einem neuen Sozialentwurf. Weinheim/München: Juventa, S. 191-202.

Laclau, Ernesto/Mouffe, Chantal (2000): Hegemonie und radikale Demokratie. Zur Dekonstruktion des Marxismus. Wien: Passagen.

Landhäußer, Sandra (2009): Communityorientierung in der Sozialen Arbeit - Die Aktivierung von sozialem Kapital. Wiesbaden: VS.

Landhäußer, Sandra/Kessl, Fabian/Klein. Alexandra (2010): Armut und Prekarisierung von AdressatInnen Sozialer Arbeit. In: Thole, W. (Hrsg.): Grundriss Soziale Arbeit. Wiesbaden: VS, S. 541-548

Langer, Andreas (2010): Auswirkungen und Wechselwirkungen der Verwaltungsreform in der Jugendhilfe. In: Zeitschrift für Sozialpädagogik, 8. Jg., Heft 3, S. 232–260.

Langer, Antje (2008): Disziplinieren und entspannen. Körper in der Schule – eine diskursanalytische Ethnographie. Bielefeld: Transript.

Lemke, Thomas (2007): Die Regierung der Risiken – Von der Eugenik zur genetischen Gouvernementalität. In: ders.: Gouvernementalität und Biopolitik. Wiesbaden: VS, S. 129-148.

Lemke, Thomas (1997): Eine Kritik der politischen Vernunft. Foucaults Analyse der modernen Gouvernementalität. Berlin/Hamburg: Argument.

Leontjew, Alexej N. (1971): Probleme der Entwicklung des Psychischen. Berlin: Volk und Wissen Volkseigener Verlag.

Lessenich, Stephan (2009): Mobilität und Kontrolle. Zur Dialektik der Aktivgesellschaft. In: Dörre, Klaus/Lessenich, Stephan/Rosa, Hartmut (Hrsg.): Soziologie – Kapitalismus – Kritik. Frankfurt a.M.: Suhrkamp, S.126-180

Lessenich, Stephan (2008): Die Neuerfindung des Sozialen, Sozialstaat, Kapitalismus, sozialer Wandel. Bielefeld: Transcript.

Lessenich, Stephan (2003): Schluss: Wohlfahrtsstaatliche Semantiken – Politik im Wohlfahrtsstaat. In: ders. (Hrsg.): Wohlfahrtsstaatliche Grundbegriffe: historische und aktuelle Diskurse. Frankfurt a.M./New York: Campus, S. 419-426.

Lessenich, Stefan/Möring-Hesse, Matthias (2005): Ein neues Leitbild für den Sozialstaat. Eine Expertise im Auftrag der Otto Brenner Stiftung. In: Lessenich, Stefan/Nahles, Andrea/Peters, Jürgen/Stolterfoht, Barbara et al.: Den Sozialstaat neu denken. Hamburg: VSA, S. 87-156.

Lessenich, Stephan/Nullmeier, Frank (Hrsg.) (2006): Deutschland eine gespaltene Gesellschaft. Frankfurt a.M./New York: Campus.

Lindner, Werner (2008): Kinder- und Jugendarbeit wirkt: Aktuelle und ausgewählte Evaluationsergebnisse der Kinder- und Jugendarbeit, Wiesbaden: VS.

Lindner, Werner/Thole, Werner/Weber, Jochen (Hrsg.) (2003): Kinder- und Jugendarbeit als Bildungsprojekt. Wiesbaden: VS.

Link, Jürgen (1997): Versuch über den Normalismus. Wie Normalität produziert wird. Opladen: Westdeutscher Verlag.

Lister, Ruth (1996). Charles Murray and the Underclass: The Developing Debate, Choice in Welfare No.33. London: The IEA Health and Welfare Unit.

Lorenz, Walter (2006): Perspectives on European Social Work. From the Birth of the Nation State to the impact of Globalisation. Opladen: Barbara Budrich.

Lorey, Isabell (2008): Kritik und Kategorie: Zur Begrenzung politischer Praxis durch neuere Theoreme der Intersektionalität, Interdependenz und Kritischen Weißseinsforschung. In: Demirovic, Alex (Hrsg.): Kritik und Materialität. Münster: Westfälisches Dampfboot, S. 132-148.

Lohmann, Ingrid (2002): After Neoliberalismus – Können nationale Bildungssysteme den „freien Markt" überleben? In: Lohmann, Ingrid/Rilling, Rainer (Hrsg.): Die verkaufte Bildung. Kritik und Kontroversen zur Kommerzialisierung von Schule, Weiterbildung, Erziehung und Wissenschaft. Opladen: Leske und Budrich, S. S. 89-108.

Luhmann, Niklas (2005): Identität – was oder wie? In: ders.: Soziologische Aufklärung 5. Konstruktivistische Perspektiven. Wiesbaden: VS, S. 15-30.

Luhmann, Niklas (1995): Gesellschaftsstruktur und Semantik, Band 4. Frankfurt a.M.: Suhrkamp.

Luhmann, Niklas (1987): Soziale Systeme. Grundriß einer allgemeinen Theorie. Frankfurt a.M.: Suhrkamp.

Luhmann, Niklas (1975/2003): Macht. Stuttgart: Lucius und Lucius.

Lutz, Tilman (2010): Soziale Arbeit im Kontrolldiskurs. Jugendhilfe und ihre Akteure in postwohlfahrtstaatlichen Gesellschaften. Wiesbaden: VS.

Lutz, Ronald (2008): Perspektiven der Sozialen Arbeit. In: Aus Politik und Zeitgeschichte 12- 13, S. 3-10.

Maaser, Wolfgang (2003): Normative Diskurse der neuen Wohlfahrtspolitik. In: Dahme, Heinz-Jürgen/Otto, Hans-Uwe/Wohlfahrt, Norbert (Hrsg.): Soziale Arbeit für den aktivierenden Sozialstaat. Opladen: Leske und Budrich, S. 17-37.

Mager, Karl (1844/1989): Schule und Leben. Glossen zu Dr. Curtmanns Preisschrift. In: ders.: Gesammelte Werke. Baltmannsweiler: Schneider Hohengehren, S. 170-184.

Magiros Angelika (2004): Kritik der Identität. „Bio-Macht" und „Dialektik der Aufklärung" – Werkzeuge gegen Fremdenabwehr und (Neo-)Rassismus. Münster: Unrast.

Magiros, Angelika (1995): Foucaults Beitrag zur Rassismustheorie, Mit einem Essay von James W. Bernauer. Hamburg: Argument.

Mann, Kirk (1992). The Making of an English 'Underclass'? The Social Divisions of Welfare and Labour. Milton Keynes: Open University Press.

Mannoni, Maud (1976): „Scheißerziehung": von der Antipsychiatrie zur Antipädagogik. Frankfurt a.M.: Syndikat.

Markert, Andreas (2003): Jugendämter als lernende Organisationen. In: Neue Praxis, 33. Jg., Heft 2, S. 209-220.

Maurer, Susanne (2006): Soziale Bewegung. In: Gouvernementalität „von unten her" denken. Soziale Arbeit und soziale Bewegungen als (kollektive) Akteure „beweglicher Ordnungen" In: Weber, Susanne/Maurer, Susanne (Hrsg.): Gouvernementalität und Erziehungswissenschaft: Wissen –Macht – Tranformation. Wiesbaden: VS, S. 233-252.

Mecheril, Paul/Kalpaka, Annita/Castro Varela, Maria do Mar/Dirim, Inci/Melter, Claus (2010): Migrationspädagogik. Weinheim/Basel: Beltz.

Mehl, Christoph (1996): Innere Mission und Nationalsozialismus am Beispiel des Stephansstiftes Hannover. In: Grosse, Heinrich/Otte, Hans/Perels, Joachim (Hrsg.): Bewahren ohne Bekennen? Die hannoversche Landeskirche im Nationalsozialismus. Hannover: Lutherisches Verlagshaus, S. 301-328.

Mennicke, Carl [1937] (2001): Sozialpädagogik: Grundlagen, Formen und Mittel der Gemeinschaftserziehung, Weinheim: Beltz.

Merten, Roland (2008): Sozialarbeitswissenschaft – Vom Entschwinden eines Phantoms. In: Bielefelder Arbeitsgruppe 8 (Hrsg.): Soziale Arbeit in Gesellschaft. Wiesbaden: VS, S. 128-135.

Merten, Roland (2004): Inklusion/Exklusion und Soziale Arbeit. Überlegungen zur aktuellen Theoriedebatte zwischen Bestimmung und Destruktion. In: ders./Scherr, Albert (Hrsg.): Inklusion und Exklusion in der Sozialen Arbeit. Wiesbaden: VS, S. 99-118.

Merten, Roland (1997): Autonomie der Sozialen Arbeit: zur Funktionsbestimmung als Disziplin und Profession. Weinheim/München: Juventa.

Merten, Roland/Olk, Thomas (1996): Sozialpädagogik als Profession. Historische Entwicklung und künftige Perspektiven. In: Combe, Arno/Helsper, Werner (Hrsg.): Pädagogische Professionalität: Untersuchungen zum Typus pädagogischen Handelns. Frankfurt a.M.: Suhrkamp.

Merten, Roland/Scherr, Albert (Hrsg.) (2004): Inklusion und Exklusion in der Sozialen Arbeit. Wiesbaden: VS

Messmer, Heinz (2007): Jugendhilfe zwischen Qualität und Kosteneffizienz. Wiesbaden: VS.

Meuser, Michael (2005): Professionell Handeln ohne Profession? Eine Begriffsrekonstruktion. In: Pfadenhauer, Michaela (Hrsg.): Professionelles Handeln. Wiesbaden: VS, S.253–264.

Meyer-Drawe, Käthe (1991): Das „Ich als Differenz der Masken". Zur Problematik autonomer Subjektivität. In: Vierteljahresschrift für wissenschaftliche Subjektivität, 67. Jg., Heft 4, S. 390-400.

Mierendorff, Johanna (2010): Kindheit und Wohlfahrtsstaat: Entstehung, Wandel und Kontinuität des Musters moderner Kindheiten. Weinheim/München: Juventa.

Möhring-Hesse, Matthias (2007): Die Zukunft der Sozialen Arbeit im Sozialstaat, Vortrag auf Caritas-Tagung 2007. [www.caritas-suchthilfe.de/aspe_shared/form/download.asp?nr=180051&form_typ=115&acid=&ag_id=5505; 12. Januar 2012]

Mollenhauer, Klaus (1964/1993): Einführung in die Sozialpädagogik: Probleme und Begriffe der Jugendhilfe. Weinheim/Basel: Beltz.

Mollenhauer, Klaus (1959): Die Ursprünge der Sozialpädagogik in der Industriellen Gesellschaft: eine Untersuchung zur Struktur sozialpädagogischen Denkens und Handelns. Weinheim/Berlin: Beltz.

Mühlum, Albert (1981): Sozialpädagogik und Sozialarbeit: eine vergleichende Darstellung zur Bestimmung ihres Verhältnisses in historischer, berufspraktischer und theoretischer Perspektive. Frankfurt a.M.: Deutscher Verein für öffentliche und private Fürsorge.

Mührel, Eric/Birgmeier, Bernd (Hrsg.) (2009): Theorien der Sozialpädagogik – ein Theorie-Dilemma?. Wiesbaden: VS.

Müller, Carsten (2005): Sozialpädagogik als Erziehung zur Demokratie: ein problemgeschichtlicher Theorieentwurf. Bad Heilbrunn: Klinkhardt.

Müller, Burkhard (2002a): Professionalisierung. In: Thole, Werner (Hrsg.): Grundriss Soziale Arbeit: ein einführendes Handbuch. Opladen: Leske und Budrich, S. 725-744.

Müller, Burkhard (2002b): Beziehungsarbeit und Organisation. Erinnerung an eine Theorie der Professionalisierung sozialer Arbeit. In: Finger-Trescher, Urte/Krebs, Heinz/Müller, Burkhard/ Gstach, Johannes (Hrsg.): Professionalisierung in sozialen und pädagogischen Feldern. Jahrbuch für Psychoanalytische Pädagogik 13. Gießen: Psychosozial, S. 27-46.

Müller-Hilmer, Rita (2006): Gesellschaft im Reformprozess. Bonn: Friedrich-Ebert-Stiftung. [www. fes.de/inhalt/Dokumente/061017_Gesellschaft_im_Reformprozess_komplett.pdf; 24. Juni 2008]

Müller, Siegfried (2001): Erziehen, Helfen, Strafen: Das Spannungsverhältnis von Hilfe und Kontrolle in der Sozialen Arbeit. Weinheim/München: Juventa.

Müller, Siegfried/Otto, Hans-Uwe (1986): Damit Erziehung nicht zur Strafe wird. Sozialarbeit als Konfliktschlichtung. Bielefeld: KT-Verlag.

Müller, Siegfried/Otto, Hans-Uwe (1980),: Gesellschaftliche Bedingungen und Funktionsprobleme der Organisation sozialer Arbeit im Kontext staatlichen Handelns. In: dies. (Hrsg.): Sozialarbeit als Sozialbürokratie? Zur Neuorganisation Sozialer Dienste. Neue Praxis, Sonderheft 5, S. 5-29.

Münchmeier, Richard/Otto, Hans-Uwe/Rabe-Kleberg, Ursula (Hrsg.) (2002): Bildung und Lebenskompetenz. Kinder- und Jugendhilfe vor neuen Aufgaben. Opladen: Leske und Budrich.

Murray, Charles (1984). Losing Ground. American Social Policy, 1950-1980. New York: Basic Books.

Nadai, Eva/Sommerfeld, Peter/Bühlmann, Felix (2005): Fürsorgliche Verstrickung. Soziale Arbeit zwischen Profession und Freiwilligenarbeit. Wiesbaden: VS.

Nagel, Ulrike (1997): Engagierte Rollendistanz. Professionalität in biographischer Perspektive. Opladen: Leske und Budrich.

Natorp, Paul (1894/1907): Pestalozzis Ideen über Arbeiterbildung und soziale Frage. Eine Rede. In: ders.: Gesammelte Abhandlungen zur Sozialpädagogik. Stuttgart: Frommann, S. 69-97.

Neugebauer, Gero (2007). Politische Milieus in Deutschland. Die Studie der Friedrich-Ebert-Stiftung, Bonn.

Neumann, Sascha (2008): Kritik der sozialpädagogischen Vernunft. Weilerswist: Velbrück.

Neumann, Sascha/Sandermann, Philipp (2008a): Hellsichtige Blindheit. Zur vermeindlichen sozialwissenschaftlichen Wende der sozialpädagogischen Theorie. In: Widersprüche, 29. Jg., Heft 108, S. 11-30.

Neumann, Sascha/Sandermann, Philipp (2008b): Uneinheitlich einheitlich. Über die Sozialpädagogik der sozialpädagogischen Theorie. In: Schweizerische Zeitschrift für Soziale Arbeit, 3. Jg. Heft 7, S. 9-26.

Newman, Janet/Nutley, Sandra (2003): Transforming the probation service. In: Policy and Politics, 31 Jg., Heft 4, S. 547-563.

Niemeyer, Christian (2002): Sozialpädagogik – ein Weckruf. In: Neue Praxis, 32. Jg., Heft 4: Luchterhand: S. 321-345.

Nolte, Paul (2004): Generation Reform. Jenseits der blockierten Republik. München: C.H. Beck.

Nüchter, Oliver /Bieräugel, Roland/Glatzer, Wolfgang /Schmidt, Alfons (2010). Der Sozialstaat im Urteil der Bevölkerung. Opladen/Farmington Hills: Barbara Budrich.

Oberwittler, Dietrich (2000): Von der Strafe zur Erziehung? Jugendkriminalpolitik in England und Deutschland (1850-1920). Frankfurt a.M./New York: Campus.

Oelerich, Gertrud/Schaarschuch, Andreas (Hrsg.) (2005): Soziale Dienstleistungen aus Nutzersicht: zum Gebrauchswert Sozialer Arbeit. München: Reinhardt.

Oelkers, Nina/Steckmann, Ulrich/Ziegler, Holger (2007): Normativität in der Sozialen Arbeit. In: Ahrens, Johannes/Beer, Raphael/Bittlingmayer, Uwe H./Gerdes, Jürgen (Hrsg.): Beschreiben und/oder Bewerten? Beiträge zu den normativen Grundlagen der Sozialwissenschaften, Band 1. Münster: LIT, S. 231-256.

Oelkers, Jürgen/Otto, Hans-Uwe (Hrsg.) (2006): Zeitgemäße Bildung: Herausforderung für Erziehungswissenschaft und Bildungspolitik. München: Reinhardt.

Olk, Thomas (1994): Jugendhilfe als Dienstleistung. Vom öffentlichen Gewährleistungsauftrag zur Marktorientierung? In: Widersprüche, 14. Jg., Heft 53, S. 11-33.

Olk, Thomas (1986): Abschied vom Experten. Sozialarbeit auf dem Weg zu einer alternativen Professionalität. Weinheim/München: Juventa.

Olk, Thomas/Otto, Hans-Uwe (Hrsg.) (2003): Soziale Arbeit als Dienstleistung: Grundlegungen, Entwürfe und Modelle. Neuwied/Kriftel: Luchterhand.

Olk, Thomas/Otto, Hans-Uwe/Backhaus-Maul, Holger (Hrsg.) (2003): Soziale Arbeit als Dienstleistung: Zur analytischen und empirischen Leistungsfähigkeit eines theoretischen Konzepts. In: Olk, Thomas/Otto, Hans-Uwe (Hrsg.): Soziale Arbeit als Dienstleistung: Zur analytischen und empirischen Leistungsfähigkeit eines theoretischen Konzepts. München/Unterschleißheim: Luchterhand, S. I-IX.

Opielka, Michael (2007): Soziale Arbeit und Sozialpolitik. Neue Anforderungen an Professionalität in einer Bürgergesellschaft. In: Lallinger, Manfred/Rieger, Günter (Hrsg.): Repolitisierung Sozialer Arbeit. Engagiert und professionell. Hohenheimer Protokolle, Band 64. Stuttgart: Akademie der Diözese Rottenburg-Stuttgart, S. 31-52.

Ortmann, Friedrich (2002): Organisation und Verwaltung des ‚Sozialen'. In: Thole, Werner (Hg.): Grundriss Soziale Arbeit: eine einführendes Handbuch. Opladen: Leske und Budrich, S. 403-414.

Ortmann, Günther (2005): Organisation, Profession, bootstrapping. In: Klatetzki, Thomas/Tacke, Veronika (Hrs.): Organisation und Profession. Wiesbaden: VS, S. 285-298.

Otto, Hans-Uwe (1991): Sozialarbeit zwischen Routine und Innovation – professionelles Handeln in Sozialadministrationen. Berlin et al.: de Gruyter.

Otto, Hans-Uwe (1971): Zum Verhältnis von systematisiertem Wissen und praktischem Handeln in der Sozialarbeit. In: ders./Utermann, Kurt (Hrsg.): Sozialarbeit als Beruf. Auf dem Weg zur Professionalisierung? München: Juventa, S. 87-98.

Otto, Hans-Uwe/Scherr, Albert/Ziegler, Holger (2010): Wieviel und welche Normativität benötigt die Soziale Arbeit? Befähigungsgerechtigkeit als Maßstab sozialarbeiterischer Kritik. In: Neue Praxis, 40. Jg., Heft 2, S. 137-163.

Otto, Hans-Uwe/Thiersch, Hans (Hrsg.) (2001): Handbuch Sozialarbeit/Sozialpädagogik. Neuwied/Kriftel: Luchterhand (2. Auflage).

Otto, Hans-Uwe/Ziegler, Holger (2004): Sozialraum und sozialer Ausschluss I. Die analytische Ordnung neo-sozialer Integrationsrationalitäten in der Sozialen Arbeit. In: Neue Praxis, 34. Jg., Heft 2, S. 117-135.

Peck, Jamie (2001): Workfare States. New York: Guilford Press.

Peukert, Detlev (1986): Grenzen der Sozialdisziplinierung: Aufstieg und Krise der deutschen Jugendfürsorge von 1878-1932. Köln: Bund.

Pieper, Marianne/Rodriguez Gutierrez, E. (Hrsg.) (2005): Gouvernementalität. Ein sozialwissenschaftliches Konzept im Anschluss an Foucault. Frankfurt a. M./New York: Campus.

Popitz, Heinrich (1976/1986): Prozesse der Machtbildung. Tübingen: Mohr (3. Auflage).

Poulantzas, Nicos (2002): Staatstheorie: politischer Überbau, Ideologie, autoritärer Etatismus. Hamburg: Argument.

Rabe-Kleberg, Ursula (1999): Frauen in pädagogischen und sozialen Berufen. In: Rendtorff, Barbara/Moder, Vera (Hrsg.): Geschlecht und Geschlechterverhältnisse in der Erziehungswissenschaft. Opladen: Leske und Budrich.

Rabinow, Paul (2004): Anthropologie der Vernunft: Studien zu Wissenschaft und Lebensführung. Frankfurt a.m.: Suhrkamp.

Reckwitz, Andreas (2006): Das hybride Subjekt: eine Theorie der Subjektkulturen von der bürgerlichen Moderne zur Postmoderne. Weilerswist: Velbrück.

Reckwitz, Andreas (2003): Grundelemente einer Theorie sozialer Praktiken. Eine sozialtheoretische Perspektive. in: Zeitschrift für Soziologie 32, S. 282-301.

Reyer, Jürgen (2002): Kleine Geschichte der Sozialpädagogik: Individuum und Gesellschaft in der Pädagogik der Moderne. Baltmannsweiler: Schneider Hohengehren.

Richter, Martina (2004): Zur (Neu)Ordnung des Familialen. In: Widersprüche, 24. Jg., Heft 92, S. 7-16.

Richter, Helmut (1998): Sozialpädagogik - Pädagogik des Sozialen: Grundlegungen - Institutionen - Perspektiven der Jugendbildung. Frankfurt a.M.: Peter Lang.

Ritsert, Jürgen (1996): Einführung in die Logik der Sozialwissenschaften. Münster: Westfälisches Dampfboot.

Rose, Nikolas (2000): Das Regieren unternehmerischer Individuen. In: Kurswechsel, Heft 2, S. 8-27.

Rose, Nikolas (1999): Powers of Freedom: reframing political thought. Cambridge: Cambridge University Press.

Rose, Nikolas (1996): The Death of the Social? Refiguring the Territory of Government. In: Economy and Society, Heft 3, 25. Jg., S. 327-356.

Russel, Bertrand (1973): Macht. Wien: Europa.

Sachße, Christoph (1994): Mütterlichkeit als Beruf. Sozialarbeit, Sozialreform und Frauenbewegung 1871-1929. Frankfurt a.M.: Suhrkamp.

Sachße, Christoph/Tennstedt, Florian (1980): Geschichte der Armenfürsorge in Deutschland: vom Spätmittelalter bis zum Ersten Weltkrieg. Stuttgart et al.: Kohlhammer.

Salomon, Alice (1928/1998): Grundlegung für das Gesamtgebiet der Wohlfahrtspflege. In: Thole, Werner/Galuske, Michael/Gängler, Hans (Hrsg.): KlassikerInnen der Sozialen Arbeit: sozialpädagogische Texte aus zwei Jahrhunderten -ein Lesebuch. Neuwied/Kriftel: Luchterhand, S. 131-147.

Salzmann, Christian Gotthilf (1806/1964): Ameisenbüchlein oder Anweisung zu einer vernünftigen Erziehung der Erzieher. Bad Heilbrunn: Julius Klinkhardt.

Sandermann, Philipp (2010): Die Kontinuität im Wandlungsprozess des bundesrepublikanischen Wohlfahrtssystems. In: Neue Praxis, 40. Jg., Heft 5, S. 447-464.

Sandermann, Philipp (2009): Die neue Diskussion um Gemeinschaft. Ein Erklärungsansatz mit Blick auf die Reform des Wohlfahrtssystems. Bielefeld: Transcript.

Sarrazin, Thilo (2010). Deutschland schafft sich ab. Wie wir unser Land aufs Spiel setzen. München: DVA.

Sauer, Birgit (2008): Formwandel politischer Institutionen im Kontext neoliberaler Globalisierung und die Relevanz der Kategorie Geschlecht. In: Casale, Rita/ Rendtorff, Barbara (Hrsg.): Was kommt nach der Genderforschung? Zur Zukunft der feministischen Theoriebildung. Bielefeld: Transcript, S. 237-254.

Schaarschuch, Andreas (1998): Theoretische Grundelemente Sozialer Arbeit als Dienstleistung – Perspektiven eines sozialpädagogischen Handlungsmodus. Bielefeld 1998 (unveröffentl. Habilitationsschrift).

Schaarschuch, Andreas (1996): Soziale Arbeit in guter Gesellschaft? Gesellschaftliche Modernisierung und die „Normalisierung" der Sozialpädagogik. In: Zeitschrift für Pädagogik, 42. Jg., Heft 6, S. 853-868.

Schaarschuch, Andreas (1990): Zwischen Regulation und Reproduktion. Gesellschaftliche Modernisierung und die Perspektiven Sozialer Arbeit. Bielefeld: KT-Verlag.

Schaarschuch, Andreas/Oelerich, Gertrud (2005): Theoretische Grundlagen und Perspektiven sozialpädagogischer Nutzerforschung. In: Oelerich, Gertrud/Schaarschuch, Andreas (Hrsg.): Soziale Dienstleistungen aus Nutzersicht: Zum Gebrauchswert Sozialer Arbeit. München: Reinhardt, S. 9-25.

Schaarschuch, Andreas/Flößer, Gaby/Otto, Hans-Uwe (2001): Dienstleistung. In: Otto, Hans-Uwe/Thiersch, Hans (Hrsg.) Handbuch Sozialarbeit/Sozialpädagogik. Neuwied/Kriftel (2. Auflage), S. 266-274.

Scherpner, Hans (1962): Theorie der Fürsorge. Göttingen: Vandenhoeck und Ruprecht.

Scherr, Albert (2004): Exklusionsindividualität, Lebensführung und Soziale Arbeit. In: Merten, Roland/Scherr, Albert (Hrsg.): Inklusion und Exklusion in der Sozialen Arbeit, Wiesbaden: VS, S. 55-74.

Scherr, Albert (2002a): Sozialarbeitswissenschaft. Anmerkungen zu den Grundzügen eines theoretischen Programms. In: Thole, Werner (Hrsg.): Grundriss Soziale Arbeit – eine Einführung, Wiesbaden: VS, S. 259-272.

Scherr, Albert (2002b): Mit Härte gegen Gewalt? Kritische Anmerkungen zum Anti-Aggressivitäts- und Coolness-Training. In: Kriminologisches Journal, 34. Jg., Heft 4, S. 304-311.

Scherr, Albert (2000): Was nützt die soziologische Systemtheorie für eine Theorie der Sozialen Arbeit? In: Widersprüche, 20. Jg., Heft 77, S. 63-80.

Schimpf, Elke/Stehr, Johannes (2012): Kritisches Forschen in der Sozialen Arbeit. Zugänge und Fragestellungen zur Entwicklung einer eigenständigen Forschungsperspektive. Wiesbaden: SpringerVS.

Schirrmacher, Frank (2010). Ein fataler Irrweg. In: FAZ, 30.8.2010.

Schmidt, Manfred G. (1998): Sozialpolitik in Deutschland. Historische Entwicklung und internationaler Vergleich. Opladen: Westdeutscher Verlag (2. Auflage).

Schmidt-Semisch, Henning (2002): Kriminalität als Risiko. Schadenmanagement zwischen Strafrecht und Versicherung. München: Gerling Akademie.

Schmidt-Semisch, Henning (2000): Selber Schuld. Skizzen versicherungsmathematischer Gerechtigkeit. In: Bröckling, Ulrich/Krasmann, Susanne/Lemke, Thomas (Hrsg.): Gouvernementalität der Gegenwart. Frankfurt a.M.: Suhrkamp, S. 168-193.

Schnurr, Stefan (2005): Internationale und international vergleichende Forschung. Überlegungen zur Internationalisierung der Sozialen Arbeit und Internationalisierung der Forschung. In: Schweppe, Cornelia/Thole, Werner (Hrsg.): Sozialpädagogik als forschende Disziplin: Theorie, Methode, Empirie. Weinheim/München: Juventa, S. 143-160.

Schoneville, Holger (2009). Die Lebensmittelausgaben „Die Tafeln" in Deutschland. Armut, soziale Ausgrenzung und die Neugestaltung des Sozialen – Skizze eines Forschungsprojekts. In: Soziale Passagen, 1. Jg., Heft 2, S. 275–278.

Schubert, Herbert (2005): Sozialmanagement; zwischen Wirtschaftlichkeit und fachlichen Zielen – Einführung. In: ders. (Hrsg.): Sozialmanagement; zwischen Wirtschaftlichkeit und fachlichen Zielen. Wiesbaden: VS (2. Auflage), S. 7-25.

Schütte-Bäumner, Christian (2007): Que(e)r durch die Soziale Arbeit. Professionelle Praxis in den AIDS-Hilfen. Bielefeld: Transcript.

Schütze, Fritz (1997): Organisationszwänge und hoheitsstaatliche Rahmenbedingungen im Sozialwesen: Ihre Auswirkung auf die Paradoxien des professionellen Handelns. In: Combe, Arno/ Helsper, Werner (Hrsg.): Pädagogische Professionalität: Untersuchungen zum Typus pädagogischen Handelns. Frankfurt a.M.: Suhrkamp.

Schrödter, Mark (2007): Soziale Arbeit als Gerechtigkeitsprofession. Zur Gewährleistung von Verwirklichungschancen. In: Neue Praxis, 37. Jg., Heft 1, S. 3-28.

Seelmeyer, Udo (2007): Das Ende der Normalisierung? Soziale Arbeit zwischen Normativität und Normalität, Weinheim/München: Juventa.

Seithe, Mechthild (2010): Schwarzbuch Soziale Arbeit. Wiesbaden: VS.

Siegfried, Detlef (2006): Time is on my Side. Konsum und Politik in der westdeutschen Jugendkultur der 60er Jahre. Göttingen: Wallstein.

Sloterdijk, Peter (2009). Die Revolution der gebenden Hand. In: Frankfurter Allgemeine Zeitung, 13.06.09.

Smith, Dorothy (2005): Institutional Ethnography: A Sociology for People. Maryland: Lanham.

Sofsky, Wolfgang/Paris, Rainer (1991): Figurationen sozialer Macht. Autorität, Stellvertretung, Koalition. Opladen: Leske und Budrich.

Sommerfeld, Peter/Haller, Dieter (2003): Professionelles Handeln und Management oder: Ist der Ritt auf dem Tiger möglich? In: Neue Praxis. 33 Jg., Heft 1, S. 62-86.

Spiegel, Hiltrud von (2004): Methodisches Handeln in der Sozialen Arbeit. München/Basel: Reinhardt.

Steinacker, Sven (2008): Es bewegt sich was – Die sechziger und siebziger Jahre als Wendezeit in Westdeutschland. In: Sozialwissenschaftliche Literatur Rundschau 57, Heft 2, S. 5-21

Stövesand, Sabine (2007): Doppelter Einsatz: Gemeinwesenarbeit und Gouvernementalität. In: Anhorn, Roland/Bettinger, Frank/Stehr, Johannes (Hrsg.): Foucaults Machtanalytik und Soziale Arbeit: eine kritische Einführung und Bestandsaufnahme. Wiesbaden: VS, S. 277-294.

Sünker, Heinz (1989): Bildung, Alltag und Subjektivität: Elemente zu einer Theorie der Sozialpädagogik. Weinheim: Beltz.

Steinert, Heinz/Vobruba. Georg (2011): E-Mail-Debatte: Kritische Soziologie – Soziologie in der Kritik. In: Soziologie, 40. Jg,. Heft 3, o.S.

Sünker, Heinz/Krüger, Heinz-Hermann (Hrsg.) (1999): Kritische Erziehungswissenschaft am Neubeginn. Frankfurt a.M.: Suhrkamp.

Tennstedt, Florian (1981): Sozialgeschichte der Sozialpolitik vom 18. Jahrhundert bis zum Ersten Weltkrieg. Göttingen: Vandenhoeck und Ruprecht.

Tenorth, Heinz-Elmar (1999): Die zweite Chance. Oder: Über die Geltung von Kritikansprüchen „kritischer Erziehungswissenschaft". In: Sünker, Heinz/ Krüger, Heinz-Hermann (Hrsg.): Kritische Erziehungswissenschaft am Neubeginn. Frankfurt a.M.: Suhrkamp, S. 135-161.

Tenorth, Heinz-Elmar (1989): Professionstheorie für die Pädagogik? In: Zeitschrift für Pädagogik, 35, Nr. 6, S. 809-824.

Terhart, Ewald (2001): Schule und Selektion: Die Perspektive der Lehrer. In: Melzer, Wolfgang/ Sandfuchs, Uwe (Hrsg.): Was Schule leistet. Funktionen und Aufgaben der Schule. Weinheim: Juventa, S. 87-110.

Thiersch, Hans (2005): Lebensweltorientierte Soziale Arbeit. Aufgaben der Praxis im sozialen Wandel. Weinheim/München: Juventa.

Thiersch, Hans (2002): Positionsbestimmungen der Sozialen Arbeit: Gesellschaftspolitik, Theorie und Ausbildung. Weinheim/München: Juventa.

Thiersch, Hans/Rauschenbach, Thomas (1984): Sozialpädagogik/Sozialarbeit. Theorie und Entwicklung. In: Eyferth, Hanns/Otto, Hans-Uwe/Thiersch, Hans (Hrsg.): Handbuch Sozialarbeit/Sozialpädagogik. Neuwied/Darmstadt: Luchterhand: S. 984-1016.

Thiersch, Hans/Treptow, Rainer (Hrsg.) (2011): Zur Identität der Sozialen Arbeit. Positionen und Differenzen in Theorie und Praxis. In: Neue Praxis Sonderheft 10.

Thole, Werner (2002): Grundriss Soziale Arbeit: Ein einführendes Handbuch. Opladen: Leske und Budrich.

Tillmann, Klaus-Jürgen (2005): Viel Selektion – wenig Leistung. Ein empirischer Blick auf Erfolg und Scheitern in deutschen Schulen. In: Avenarius, Hermann/Klemm, Klaus/Klieme, Eckhard/Roitsch, Jutta (Hrsg.): Bildung: Gestalten – Erforschen – Erlesen. Neuwied: Luchterhand.

Türk, Klaus/Lemke, Thomas/Bruch, Michael (2006): Organisation in der modernen Gesellschaft. Eine historische Einführung. Wiesbaden: VS.

Uhlendorff, Uwe (2003): Geschichte des Jugendamtes: Entwicklungslinien öffentlicher Jugendhilfe 1871 bis 1929. Weinheim/Basel/Berlin: Beltz.

Urban, Ulrike (2004): Professionelles Handeln zwischen Hilfe und Kontrolle. Sozialpädagogische Entscheidungsfindung in der Hilfeplanung. Weinheim/München: Juventa.

Vahsen, Friedhelm (1975): Einführung in die Sozialpädagogik: bildungspolitische und theoretische Ansätze. Stuttgart: Kohlhammer.

Villa, Paula-Irene (2007): Der Körper als kulturelle Inszenierung und Statussymbol. In: Aus Politik und Zeitgeschichte 18, S. 18-26.

Vobruba, Georg (1991): Jenseits der sozialen Fragen: Modernisierung und Transformation von Gesellschaftssystemen. Frankfurt a.M.: Suhrkamp.

Vobruba, Georg (1983): Politik mit dem Wohlfahrtsstaat. Frankfurt a.M.: Suhrkamp.

Wacquant, Loic (2009): Bestrafen der Armen. Zur neoliberalen Regierung der sozialen Unsicherheit. Opladen/ Farmington Hills: Barbara Budrich.

Wacquant, Loïc (2008): Die städtische underclass im sozialen und wissenschaftlichen Imaginären Amerika. In: Lindner, Rolf/Musner, Lutz (Hrsg.): Unterschicht. Kulturwissenschaftliche Erkundungen der »Armen« in Geschichte und Gegenwart. Freiburg/Berlin/Wien: Rombach: S. 59-78.

Wagner, Leonie (2009): Soziale Arbeit und Soziale Bewegungen – Einleitung. In: dies. (Hrsg.): Soziale Arbeit und Soziale Bewegungen. Wiesbaden: VS, S. 9–19.

Waldenfels, Bernhard (1987): Ordnung im Zwielicht. Frankfurt a.M.: Suhrkamp.

Waldenfels Bernhard (2004): Michel Foucault. Auskehr des Denkens. In: Fleischer, Margot (Hrsg.): Philosophen des 20. Jahrhunderts. Eine Einführung. Darmstadt: Wissenschaftliche Buchgesellschaft (5. Aufl.), S. 191-203.

Walther, Andreas (2005): Risks and Responsibilities? The Individualisation of Youth Transitions and the Ambivalence between Participation and Activation in Europe. In: Social Work & Society, Vol 3, No 1, pp. 116-127. [www.socwork.net/Walther2005.pdf; 30. März 2012]

Walther, Andreas (2002): The Diversity of National Transition Systems, in: Walther, Andreas/Stauber, Barbara et al. (Hrsg.): Misleading Trajectories – Integration Policies for Young Adults in Europe. Opladen: Leske und Budrich, S. 27-43.

Weber, Max (1920-21/1995): Wirtschaft und Gesellschaft: Grundriss der verstehenden Soziologie. Tübingen: Mohr.

Weidner, Jens (2005): Konfrontative Pädagogik. Ein Plädoyer für eine gerade Linie mit Herz, auch im schulischen Alltag. In: Koch-Laugwitz, Ursula/Büchner, Roland (Hrsg): Konfrontative Pädagogik. Dokumentation zur Fachtagung der Friedrich-Ebert-Stiftung. Berlin: Friedrich-Ebert-Stiftung, S. 3-15.

Weidner, Jens (2001): Vom Straftäter zum Gentleman? Über konfrontative Pädagogik als Erziehungs-ultima ratio. In: Colla, Herbert E./Scholz, Christian/Weidner, Jens (Hrsg.): „Konfrontative Pädagogik" - Das Glen Mills Experiment. Mönchengladbach: Forum Verlag, S. 7-54.

Weidner, Jens/Kilb, Rainer (Hrsg.) (2004): Konfrontative Pädagogik - Konfliktbearbeitung in Sozialer Arbeit und Erziehung. Wiesbaden: VS.

Weinholz, Gerhard (1984): Wider das Klassifizieren von Menschen durch die traditionellen Experten: über Anti-Psychiatrie, Anti-Psychologie und eine andere politische Philosophie in der Medizin überhaupt. Pfaffenweiler: Centaurus.

Wetterer, Angelika (2002): Arbeitsteilung und Geschlechterkonstruktion. „Gender at work" in theoretischer und historischer Perspektive. Konstanz: UVK.

Wetterer, Angelika (Hrsg.) (1995): Die soziale Konstruktion von Geschlecht in Professionalisierungsprozessen. Frankfurt a.M./New York: Campus.

Wichern, Johann Hinrich (1841/1975): Pädagogik für das Rauhe Haus. Eine Vorlesungsreihe (1841-1845). In: Ders.: Sämtliche Werke VII. Berlin/Hamburg/Hannover: Luther Verlag-Haus, S. 17-217.

Wilhelm, Elena (2005): Rationalisierung der Jugendfürsorge. Die Herausbildung neuer Steuerungsformen des Sozialen zu Beginn des 20. Jahrhunderts. Bern: Haupt.

Wilkinson, Richard/Pickett, Kate (2009): Gleichheit ist Glück. Warum gerechte Gesellschaften für alle besser sind. Berlin: Zweitausendeins.

Winkler, Michael (2011): Kritische Sozialpädagogik. Oder: vorbereitende Bemerkungen zu einer Theorie der Vereinnahmung eines Zugangs. In: Eric Mührel/ Bernd Birgmeier (Hrsg.): Theoriebildung in der Sozialen Arbeit. Entwicklungen in der Sozialpädagogik und Sozialarbeitswissenschaft. Wiesbaden: VS, S. 17-36.

Winkler, Michael (2009): Theorie und Praxis revisited – oder: Sozialpädagogik als Handwerk betrachtet. In: Mührel, Eric/Birgmeier, Bernd (Hrsg.): Theorien der Sozialpädagogik - ein Theorie-Dilemma? Wiesbaden: VS, S. 307-332.

Winkler, Michael (2006): Kritik der Pädagogik. Der Sinn der Erziehung. Stuttgart: Kohlhammer.

Winkler, Michael (1988): Eine Theorie der Sozialpädagogik: über Erziehung als Rekonstruktion der Subjektivität. Stuttgart: Klett-Cotta.

Winter, Rainer (2001): Die Kunst des Eigensinns: Cultural Studies als Kritik der Macht. Weilerswist: Velbrück.

Winter, Rainer/Zima, Peter (2007): Kritische Theorie heute. Bielefeld: Transcript.

Witz, Anne (1992): Professions and Patriarchy. London: Routledge.

Wohlfahrt, Norbert/Kühnlein, Gertrud (2006): Soziale Träger auf Niedriglohnkurs? - Zur aktuellen Entwicklung der Arbeits- und Beschäftigungsbedingungen im Sozialsektor. In: WSI-Mitteilungen, 59. Jg., Nr. 7, S. 389-395.

Wohlfahrt, Norbert/Zühlke, Werner (2005): Ende der kommunalen Selbstverwaltung. Zur politischen Steuerung im Konzern Stadt. Hamburg: VSA.

Wolffersdorff, Christian/Sprau-Kuhlen, Vera/Kersten, Joachim (1996). Geschlossene Unterbringung in Heimen. Kapitulation der Jugendhilfe? München: DJI.

Wollrad, Eske (2008): White trash – das rassifizierte „Prekariat" im postkolonialen Deutschland. In: Altenhain, Claudio/Danilina, Anja /Hildebrandt, Erik/Kausch, Stefan/Müller, Annekathrin/Roscher, Tobias (Hrsg.): Von »Neuer Unterschicht« und Prekariat. Gesellschaftliche Verhältnisse und Kategorien im Umbruch. Kritische Perspektiven auf aktuelle Debatten. Bielefeld: Transcript: S. 35-48.

Zapf, Wolfgang (2003): Wandel, sozialer. In: Korte, Herrmann/Schäfers, Bernhard (Hrsg.): Grundbegriffe der Soziologie. Opladen: Leske und Budrich, S. 427-433.

Ziegler, Holger (2008): Sozialpädagogik nach dem Neo-Liberalismus: Skizzen einer post-sozial-staatlichen Formierung Sozialer Arbeit. In: Bütow, Birgit/Chassé, Karl August/Hirt, Rainer (Hrsg.): Soziale Arbeit nach dem Sozialpädagogischen Jahrhundert. Opladen/Farmington Hills: Barbara Budrich, S. 159-176.

Ziegler, Holger (2004): Jugendhilfe als Prävention: die Refiguration sozialer Hilfe und Herrschaft in fortgeschritten liberalen Gesellschaftsformationen. Universität Bielefeld. [http://nbn-resolving.de/urn/resolver.pl?urn=urn:nbn:de:hbz:361-5334; 20. Juli 2008]

Zima, Peter (2000): Theorie des Subjekts: Subjektivität und Identität zwischen Moderne und Postmoderne. Tübingen/Basel: Francke.

Zimmer, Marco/Ortmann Günther (2001): Strategisches Management strukturationstheoretisch betrachtet. In: Ortmann, Günther/Sydow, Jörg (Hrsg.): Strategie und Strukturation. Strategisches Management von Unternehmen, Netzwerken und Konzernen. Wiesbaden: VS, S. 301-349.

Zizek, Slavoj (2004): Die Tücke des Subjekts. Frankfurt a.M.: Suhrkamp.

If you have any concerns about our products,
you can contact us on
ProductSafety@springernature.com

In case Publisher is established outside the EU,
the EU authorized representative is:
Springer Nature Customer Service Center GmbH
Europaplatz 3, 69115 Heidelberg, Germany

Printed by Libri Plureos GmbH
in Hamburg, Germany